suhrkamp taschenbuch 185

Ingeborg Weber-Kellermann, geboren 26. 6. 1918 in Berlin, studierte Volkskunde, Ethnologie, Anthropologie und Vorgeschichte in Berlin und promovierte 1940. Von 1946 bis 1960 war sie wissenschaftliche Mitarbeiterin an der Deutschen Akademie der Wissenschaften zu Berlin. 1963 habilitierte sie sich an der Philipps-Universität in Marburg, an der sie seit 1960 tätig war, und lehrt dort heute als Professor für das Fachgebiet Europäische Ethnologie mit sozialwissenschaftlicher Orientierung. Wichtige Veröffentlichungen: *Erntebrauch in der ländlichen Arbeitswelt des 19. Jahrhunderts,* 1965; *Deutsche Volkskunde zwischen Germanistik und Sozialwissenschaften,* 1969; (und Walter Stolle) *Volksleben in Hessen 1970,* 1971; (und Annemie Schenk) *Interethnik und sozialer Wandel in einem mehrsprachigen Dorf des rumänischen Banats,* 1973; *Zur Interethnik. Donauschwaben, Siebenbürger Sachsen und ihre Nachbarn,* 1978; *Die Kindheit. Eine Kultur- und Sozialgeschichte über Kleidung und Wohnen, Arbeit und Spiel* 1979.

»Wir verfügen auch heute noch über keine umfassende und zuverlässige Darstellung der Entwicklung der Familie von den archaischen Hochkulturen bis heute«, schrieb der Soziologe René König 1969. Das vorliegende Buch bietet daher als erstes ganz konkret eine kurzgefaßte Geschichte der Familie in Deutschland.

Der Rückblick auf die Geschichte der Familie macht deutlich, daß sich als großes Leitmotiv das Prinzip des Patriarchalismus in immer neuen Kombinationsmustern wiederholt. Im Mittelalter stand der Hausvater dem ganzen Haus vor als Planer und Verwalter der Ökonomie, als Vertreter seines Hausrechtes in der Gemeinde, als Gatte und Vater und Gestalter der häuslichen Kultur wie auch als Meister und Wirt. Mit der Trennung von Arbeitsplatz und Wohnstätte im Verlaufe der industriellen Revolution wandelt sich der Typus der Familie von demjenigen der gemeinsam wirtschaftenden und hausenden großen Haushaltsfamilie zur Kleinfamilie. Aber das Prinzip des Patriarchalismus bleibt bestehen. Die Emanzipationstendenzen des frühen 20. Jahrhunderts erlebten durch den Nationalsozialismus und die Nachkriegszeit erhebliche Rückschläge. Erst in der gegenwärtigen Gesellschaft stellt sich wieder die Aufgabe, Formen des familiären Zusammenlebens ohne vorgeformte Abhängigkeiten zu entwickeln.

Ingeborg Weber-Kellermann
Die deutsche Familie

Versuch einer Sozialgeschichte

Suhrkamp

suhrkamp taschenbuch 185
Sechste Auflage, 43.–50. Tausend 1981

Satz: LibroSatz, Kriftel
Druck: Ebner Ulm · Printed in Germany
Umschlag nach Entwürfen von
Willy Fleckhaus und Rolf Staudt

Inhalt

Einleitung

Das Thema Familie wird stets auf ein breites populäres und wissenschaftliches Interesse stoßen, denn fast jeder Mensch hat Familie erlebt und ihre Erlebnisinhalte selbst aktiv mitgestaltet. Fühlt man sich schon von solcher Erfahrungsebene her angesprochen und für alle die Familie betreffenden Probleme kompetent, so befördert ein derartiges Bewußtsein auch zugleich die Reflexion über diese soziale Primärform. Die Erinnerung an ihre stützende und verläßliche Funktion in Notzeiten, an die familiale Geborgenheit der Kinderzeit begleitet den Menschen durch sein Leben. Und mit solchen emotional durchwärmten Überlegungen scheint sich die Überzeugung zu verbinden, daß sich hier in der Eltern-Kind-Beziehung eine Stätte der Stabilität, ein Hort des Friedens zu erkennen gäbe, der unangetastet von allen übrigen sozialen Bewegungen als fester Kern der Gesellschaft beharre. Ein so gefärbtes Wunschdenken, bei dem einem unwillkürlich die Genrebilder Ludwig Richters in den Sinn kommen, abgestimmt auf Harmonie in Zeit und Ewigkeit, ist bei näherem Zusehen nicht unbedingt aufrechtzuerhalten. Denn die Systeme, in denen die Familie im Verlauf der Geschichte als Lebensform erscheint, sind weder im diachronen noch im synchronen Sinne identisch. Sie hängen vielmehr zusammen mit ihrem geschichtlichen Kontext in Raum und Zeit und sind Teile der jeweiligen Gesamtgesellschaft. Regeln bestimmen ihre sozialen Interaktionen, organisieren die Form der mehrgeschlechtlichen Gesellung, die Produktion und Sozialisation von Nachkommen, die Verwaltung, Bewirtschaftung, Erbschaft, Erweiterung und Verteidigung des Besitzes, die Erfahrungsvermittlung und die Umsetzung der Normen in kulturelle Zeichen.

So vollzieht sich die Sozialgeschichte der Familie einmal in der Form von Anpassung an gesellschaftliche Regeln, die sich in den verschiedenen geschichtlichen Epochen durch unterschiedliche kulturelle Norm- und Brauchsysteme verwirklichen. Dazu bewirkt die Familie als dynamische Primärform zum anderen auch selbst derartige Regeln und die sie darstellenden kulturellen Objektivationen. Und in einem dialektischen Prozeß werden diese Phänomene des Überbaus, vielleicht als mögliche Lösungen spezifischer sozialer Probleme, dann wiederum selbst zu sozialen Tatsachen, die auf die Basis der Sozialsysteme zurückwirken. Die Untersuchung solcher Prozesse gehört in den Arbeitsbereich der Europäischen Ethnologie.

Die Art und Weise, in der sich die Familie als soziales Gebilde im Laufe der Geschichte in Deutschland mit diesen Aufgaben und Gegebenheiten auseinandergesetzt hat, ist der Gegenstand des folgenden sozialhistorischen Überblicks. »Wir verfügen auch heute noch über keine umfassende und zuverlässige Darstellung der Entwicklung der Familie von den archaischen (jüdisch - griechisch - römischen) Hochkulturen bis heute«, schreibt René König 1969[1]. Die Situation hat sich in den vergangenen Jahren nicht wesentlich geändert[2]. Eine umfassende Entwicklungsgeschichte der Familie steht nach wie vor noch aus. Auch die vorliegende Darstellung erhebt nicht den Anspruch auf historische Vollständigkeit, was weiterhin in den Aufgabenbereich der Sozial- und Wirtschaftsgeschichte gehört. Sie bietet neben Informationsmaterialien Gesichtspunkte und Ansätze, die mit Hilfe der angeführten Literatur (S. 244 – 257) vertieft werden können. Es wird allerdings nicht etwa eine theoretische Darstellung der Gesellschaftsstrukturen vermittelt, sondern ganz konkret eine kurzgefaßte Geschichte der Familie in ihren verschiedenen historischen Phasen. Mühsam zusammengeholte Steinchen aus verstreuten primären und sekundären Quellen fügen sich zu historischen Bildern der Familie in ihren jeweils vorherrschenden epochalen Grundformen. Dabei mag manche Einseitigkeit unterlaufen, manche Lücke ungeschlossen bleiben. Denn dieser geschichtliche Abriß entstand gewissermaßen als Ei-

1) *Wörterbuch der Soziologie.* 1969, S. 254.

2) vgl. Hessische Rahmenrichtlinien Sekundarstufe I, Gesellschaftslehre, S. 84 ff. »Historische Entwicklung der Familie« und die wenige dazu angebotene Literatur; ergänzend sind zu nennen Schwägler, Georg: *Soziologie der Familie.* 1970; Claessens, Dieter u. Petra Milhoffer (Hrsg.): *Familiensoziologie.* 1973; Rosenbaum, Heidi: *Familie als Gegenstruktur zur Gesellschaft.* Stuttgart 1973.

genhilfe bei den Vorarbeiten zu verschiedenen Untersuchungen über Familienbräuche in Deutschland. Derartige kulturelle Objektivationen stehen durchaus in bestimmten funktionellen Zusammenhängen mit Familienstrukturen. Das gilt auch für andere Phänomene der traditionellen Welt: Bräuche, überlieferte Verhaltensweisen, Erzählformen, Güter der kollektiven gegenständlichen Kultur, Bauen und Wohnen. »Kultur« wird also im ethnologischen Sinne stets zu einem dynamischen Prozeß, zu sozialem Handeln, zu »wertvermittelter Handlungsorientierung«[3]. Doch ist es nicht etwa die »Familie« an sich als eine statische Sozialform, die hier determinierend wirkt, sondern vielmehr ihr jeweiliger historischer und sozialer Typus. Die Hypothese der folgenden Darstellung ist also die Annahme einer geschichtlich bedingten Folge verschiedener Familientypen und innerhalb dieser eine soziale Schichtung: z. B. innerhalb der Kleinfamilie des 19. Jahrhunderts die Bürger-, Arbeiter- und Landfamilie. Dynamisch bilden sich diese Familientypen innerhalb der Gesamtgesellschaft heraus, und ihre kulturellen Produkte sind soziale Tatsachen.
In der hier vorgelegten Übersicht wird jeder historischen Epoche ein Exkurs angehängt, der solchen kulturellen Ausformungen gewidmet ist, wobei sich statt der gewählten Themen durchaus auch andere finden ließen. Es handelt sich lediglich um Muster aus dem Gebiet der Europäischen Ethnologie, um exemplarische Belege für den Nachweis, daß Kultur die Funktion einer »Sprache« hat, die nur in dem ihr zugehörigen Kommunikationssystem beherrscht, d. h. gesprochen und verstanden wird. Die Gestalten im Märchen, der dramatische Ablauf einer Volksballade, die (museal dokumentierte) bäuerliche Wohnweise der Vergangenheit, die bürgerlichen Hochzeitsriten, die Interaktionen in der ländlichen Arbeitswelt, das Weihnachtsfest: all das wird nur interpretierbar als Funktion sozialer Systeme, in denen jeweils ein ganz bestimmtes Handlungsmuster zulässig und logisch und als Möglichkeit einer Konfliktbewältigung annehmbar ist. Den Kommunikationskode solcher Struktursysteme zu entschlüsseln, ist kom-

3) Artus, Helmut M.: *Kultur als System.* 1973, S. 12.

pliziert und erfordert ein präzises Eindringen in den gesamten, sie umgebenden sozio-ökonomischen Kontext. Diese Arbeit kann in einem historischen Abriß, der mehr auf die Darstellung größerer Entwicklungszüge abzielt, nur andeutungsweise geleistet werden.

Der Rückblick auf die Geschichte der Familie macht deutlich, daß sich als großes Leitmotiv das Prinzip des Patriarchalismus in immer neuen Kombinationsmustern wiederholt. Im Mittelalter stand der Hausvater dem »ganzen Hause« vor als Planer und Verwalter der Ökonomie, als Vertreter seines Hausrechtes in der Gemeinde, als Gatte und Vater und Gestalter der häuslichen Kultur wie auch als Meister und Wirt, jeweils uneingeschränkt ausgestattet mit allen erzieherischen Funktionen. Mit der Trennung von Arbeitsplatz und Wohnstätte im Verlaufe der Industrialisierung wandelte sich wohl der Typus der Familie in ökonomischer und sozialer Hinsicht von demjenigen der gemeinsam wirtschaftenden und hausenden großen Haushaltsfamilie zur Kleinfamilie; das Bürgertum entwickelte nun einen neuen Familientyp mit eigener Familienkultur. Aber das Prinzip des Patriarchalismus blieb bestehen, ja, der pater familias dieser Epoche erhielt noch dadurch neue Machtbefugnisse, daß er für die Seinen die einzige Vermittlung zur Außenwelt, zu Arbeit und Gesellschaft bildete, während sich die abgeschirmte familiäre Innenwelt um die zentrale Gestalt der Mutter und Hausfrau zusammenschloß. Die Arbeiterfamilie in ihrer materiellen Bedrückung und ihrem ständigen Mangel an freier Zeit konnte so gut wie keine eigenen Gestaltungsformen erringen und strebte meist unbewußt dem geruhsamen Kleinbürgerideal des 18. Jahrhunderts nach, während die ländliche Familie, ihren wirtschaftlichen Bedingungen entsprechend, weitgehend in den Lebensformen der alten Haushaltsfamilie verharrte.

Der bürgerliche Patriarchalismus des 19. Jahrhunderts nun war ja im allgemeinen nicht mehr dadurch realistisch gestützt, daß sich mit ihm die Notwendigkeit einer ökonomischen Unternehmensführung verband, wie das weitgehend, wenn auch oft in kleinem Maßstab, bei der Haushaltsfamilie der Fall gewesen war, als

Haushalt und Produktionsstätte eine Einheit bildeten. Nach dem Fortfall dieses wirtschaftlichen Hintergrundes aber wurde die Vorstellung vom allein verantwortlichen Hausvater zur leeren Formel mit sozial konservierender Tendenz und die Autoritätsstruktur des pater familias zur Ideologie. Es ist kein Zufall, daß die zunehmende Bildungslosigkeit der bürgerlichen Hausfrau mit dieser Entwicklung einherging und sich ein Frauentyp hervorkehrte, der nur durch den Mann eine ausgewählte Vermittlung von Wissen und Kenntnissen erfuhr.

> »Bei eines Strumpfes Bereitung
> sitzt sie im Morgenhabit,
> er liest in der Kölnischen Zeitung
> und teilt ihr das Nötige mit.«
> (Wilhelm Busch: Kritik des Herzens.)

Diesem Zustand traten schließlich die Emanzipationstendenzen der Frauen- und der Jugendbewegung energisch entgegen. Eine durchgreifende Befreiung gerade aus den patriarchalischen Zwängen brachten auch sie jedoch nicht. – So konnte der Nationalsozialismus mühelos an die alten Verhaltenstraditionen anknüpfen und einen totalen männlichen Führungsanspruch fordern, dem dann auch die gesamte Familie untergeordnet wurde. – Die Ereignisse des Zweiten Weltkrieges, der völlige materielle Zusammenbruch und seine Folgen brachten einen emotional bedingten Rückzug auf die Primärform Familie mit sich, die die einzige intaktgebliebene soziale Größe zu sein schien. Damit aber war ganz selbstverständlich auch der alte Patriarchalismus gerettet als eine der Familie zugehörige immanente Qualität. Und es mag sein, daß manche der sozialen Bewegungen der Gegenwart bewußt oder unbewußt aus der Auseinandersetzung mit jenen autoritären Strukturen entstanden sind, die seit so vielen Jahrhunderten das Bild der Familie bestimmt haben. Die große Rolle, die den Frauen bei der Bemühung um demokratische und partnerschaftliche Neuordnungen zufällt, erkennen diese selbst noch lange nicht in ausreichendem Maße.

Mit den im folgenden angebotenen Blickpunkten wird zunächst einmal das Bild von der »guten alten Zeit«, das die Schulbücher

überliefern, in Frage gestellt. Vom Patriarchalismus war die Familie der Vergangenheit geführt und gleichzeitig gehemmt; die gegenwärtige Gesellschaft wird einen Familientypus ohne vorgeformte Abhängigkeiten entwickeln müssen.
Vor Beginn des eigentlichen geschichtlichen Einstieges sei die ethnologische Terminologie geklärt, seien die Grundformen der Familie benannt, die dann in den verschiedensten säkularisierten Variationen und Kombinationen auftauchen werden.
Die kleinste Form bildete die *Kernfamilie,* bestehend aus einem Zweigenerationenzusammenhang. Im frühen Verband der Urgesellschaft dürfte sie nur die Mutter und deren Kinder umfaßt haben, dazu den ältesten Mutterbruder als Repräsentanten des Schutzes in einem Stadium, in dem die Frage der Vaterschaft ohne Relevanz war[4].
Nicht nur im quantitativen Gegensatz zur Kern- oder Kleinfamilie steht die *Großfamilie,* eine Gruppe von Blutsverwandten in mehreren Generationsschichten, die an einem Ort zusammenleben und meist von einem patriarchalen Oberhaupt geleitet werden. Sie verwalten und bewirtschaften gemeinsam ein gemeinschaftliches Eigentum, Herden, Äcker oder andere Produktionsmittel wie handwerkliche oder kaufmännische Betriebe im Geiste eines ständigen und ununterbrochenen verwandtschaftlichen Fortlaufes[5]. Unter dem Begriff »Großfamilie« subsumiert man heute meist nur noch ganz bestimmte slawische Formen der Familienorganisation, die man deshalb jedoch nicht als ethnische oder gar nationale Spezifika der slawischen Welt einordnen darf. Sie stellte eine wirtschaftlich bedingte Sozialform dar und dürfte in vorgeschichtlicher Zeit über ganz Europa verbreitet gewesen sein[6]. Ihre alleinige Zuordnung zum slawischen Kulturraum ent-

4) Solche einstigen Bedeutungsinhalte spiegeln sich wider in den Verwandtschaftsbezeichnungen mancher Sprachen: vgl. Steinitz, Wolfgang: *A finnugor rohonśagi.* 1957; Müller, E. W.: *Über Grundformen der Verwandtschaft.* 1966; Thurnwald, Richard: *Soziale Organisation und Verwandtschaftsnamen.* 1957.
5) Thurnwald, Richard: *Aufbau und Sinn der Völkerwissenschaft.* 1948, S. 14 u. S. 37; »Zadruga« in: *Reallexikon der Vorgeschichte.* Berlin 1924–1929. (Hrsg. Ebert), S. 458, ders.: und die dort aufgeführte Literatur.
6) Zippelius, Adelhart: *Frühformen mitteleuropäischer Hofanlagen.* 1955.

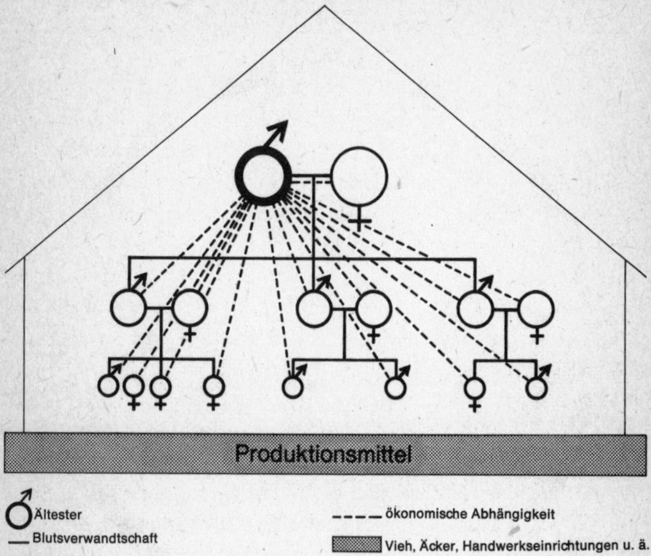

springt irrigen Vorstellungen, die aus dem späten Beobachtungsstand des 19. Jahrhunderts erwuchsen, als die Reste der einstigen Großfamilienstrukturen nur noch dort zu finden waren. Dieses Bild wurde von der modernen Sozialanthropologie und europäischen Ethnologie längst korrigiert[7]. Schon Thurnwald stellte die slawische Großfamilie in ihren sozialgeschichtlichen Zusammenhang.

7) Gavazzi, Milovan: *Das Los der Großfamilie auf dem Balkan.* 1964, S. 74 f.; Matl, Josef: »Die Frau am Balkan«, in: *Südslawische Studien.* 1965, S. 191–204; Sicard, E.: *Problèmes familiaux chez les Slaves du sud.* 1947; Sribar, Cvetko: *Die rechtliche Entwicklung und die sozial-politische Bedeutung der südslawischen Hausgenossenschaft Zadruga.* Diss. Köln 1934; Bonác, Vladimir: »Strukturwandlungen der jugoslawischen Familie«, in: *Kölner Zs. f. Soz. u. Sozialpsychologie.* 12, 1960, S. 421–437; Hammel, Eugène A.: *Alternative Social Structures and Ritual Relations in the Balcans.* 1968; B. Filova, »Das Gesellschafts- und Familienleben« in: *Die slowakische Volkskultur.* Bratislava 1972, S. 161–184.

Sippe

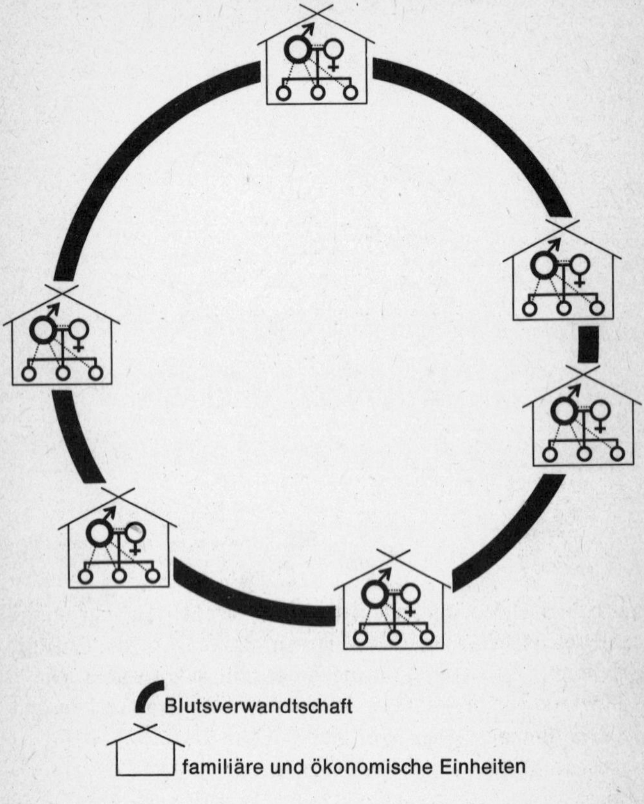

Die Familienform der *Sippe* brauchte nicht an einem Ort zusammenzuwohnen und zu wirtschaften, mußte auch kein gemeinsames Oberhaupt haben, sondern war nur durch die Bande der Blutsverwandtschaft vereinigt. Das setzt bereits ein bestimmtes Maß an gruppenhaftem Selbstbewußtsein, an ständig lebendigem Zusammengehörigkeitsgefühl voraus, wie es in Europa in frühgeschichtlicher Zeit bei den Germanen vorherrschend war.

Für die *große Haushaltsfamilie* galt das Kriterium des Zusam-

Große Haushaltsfamilie

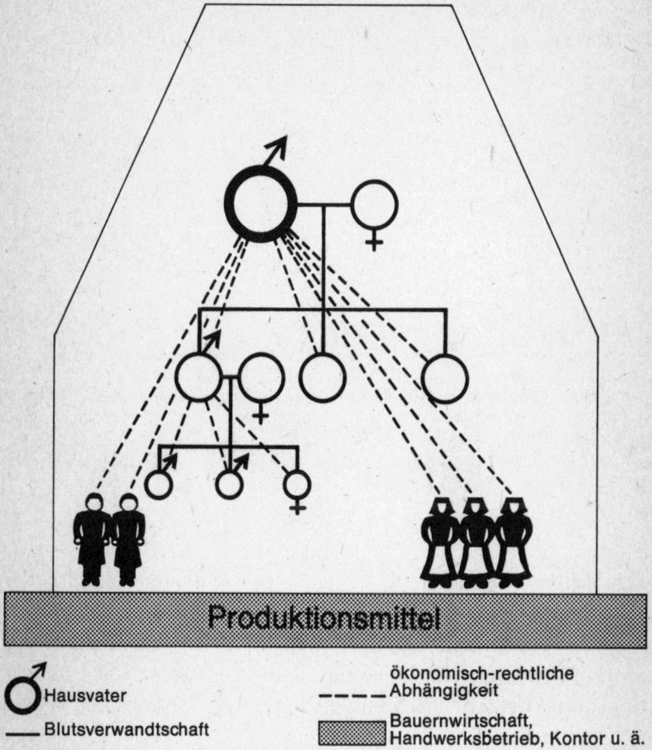

menlebens und -wirtschaftens, doch muß es sich bei dieser Gruppe nicht ausschließlich um Blutsverwandte und auch nicht um eine Organisation mehrerer Generationsschichten handeln. Hier war vielmehr der ganze Hausverband als Lebens- und Wirtschaftsgemeinschaft gemeint, dem auch nicht blutsverwandte Mägde, Knechte, Bediente und Gesellen angehören konnten. Er wurde wirtschaftlich und rechtlich vertreten von dem »Hausvater« im verantwortlichen Geiste autoritärer Patriarchalität.
Diese Familienform war im Mittelalter und in der Neuzeit in

Kleinfamilie

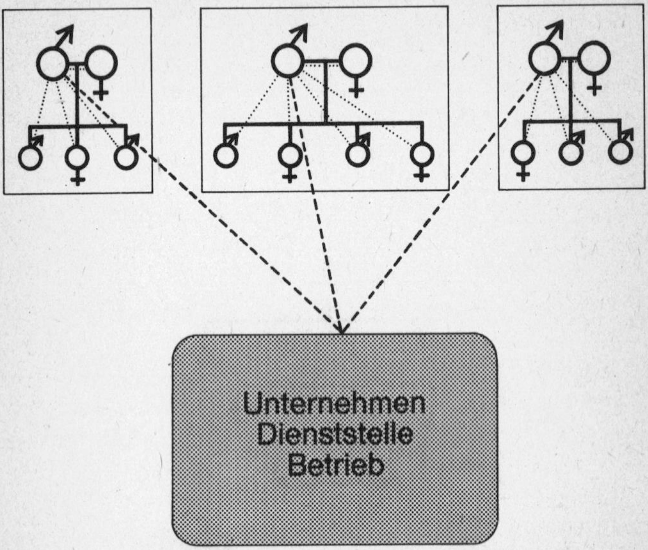

Deutschland dominierend bis zur Herausbildung der bürgerlichen Kleinfamilie. Die *Kleinfamilie* (Gattenfamilie) des 19. Jahrhunderts entstand im Zusammenhang mit der Industrialisierung und der Trennung von Wohnplatz und Arbeitsplatz. Die Produktionsmittel befanden sich nun nicht mehr im Bereich des »Hauses«. Damit verlor die patriarchalische Autoritätsstruktur des Vaters als Vorstand des »ganzen Hauses« eine wirtschaftliche Komponente.

Bei solchen Definitionen handelt es sich geschichtlich nur um die jeweils vorherrschenden Familientypen, wie sie auch in Verbindung mit den Rechtsordnungen bestimmend waren. Das schließt die Existenz verschiedenster Randgruppen wie Arme, Fahrende, Prostituierte usw. nicht aus.

Die Beziehungssysteme der »Familie« in den verschiedenen historischen Epochen sind also nicht nur durch die Verwandtschaft, sondern ebenso durch die wirtschaftlichen Bedingungen geprägt, die gleichzeitig die gesamtgesellschaftlichen Strukturen bestimmten. Dieser Hintergrund erklärt auch die überlieferten sozialkulturellen Verhaltensweisen.

Eine Einteilung in verschiedene Familiensysteme setzt theoretische Grundgedanken voraus, wie sie am klarsten Lévi-Strauss ausgesprochen hat[8]. Er führt aus, daß es bei den Verwandtschaftsbeziehungen neben dem Benennungssystem ein System von Verhaltensweisen gibt, durch das erst recht eigentlich der Zusammenhang der Gruppe gesichert wird – und zwar durch stilisierte und verpflichtende, mit Tabus und Vorrechten sanktionierte und institutionalisierte Verhaltensweisen. Ein Verwandtschaftssystem, sagt Lévi-Strauss (S. 66), besteht nicht aus den objektiven Bindungen der Abstammung oder der Blutsverwandtschaft zwischen den Individuen, sondern aus den subjektiven Beziehungsvorstellungen im Bewußtsein der Menschen; es ist daher ein willkürliches System von Vorstellungen, dessen vornehmlich auf ökonomischer Basis beruhende innere Logik es zu entschlüsseln gilt. Verwandtschaft als biologisches System der Blutsbeziehungen wird also im Verlauf der menschlichen Geschichte zur Verwandtschaft als sozialem System der Bündnisse, zu einem System der Beziehungen von Familienmitgliedern zueinander und zu ihrer Umwelt. So kommt es, daß z. B. in einer Gesellschaft die Patenbeziehung verpflichtender sein kann als die Beziehung zu biologisch durchaus näheren Blutsverwandten.

Dieses System wird in historischer Vielfalt gestaltet als kulturelle Leistung der Familie. Ihre zahlreichen Funktionen für Arbeit und Wirtschaft, Recht und Kultur, ihre Aufgaben als Erziehungsinstanz und Sozialisationsstätte sind keine primär biologischen Gegebenheiten, sondern ändern sich mit der gesamtgesellschaftlichen Entwicklung. Familie ist also nicht eine hauptsächlich anthropologisch bedingte, sondern eine historisch determinierte Sozialform.

8) Lévi-Strauss, Claude: *Strukturale Anthropologie.* 1967, S. 51 ff., 61 ff., 73.

I.

A Ökonomische Struktur und soziale Funktion der »Sippe« in frühgeschichtlicher Zeit

1. Lebens- und Herrschaftsformen

Über die Verbreitung der Großfamilie in Mitteleuropa weiß man nur aus vorgeschichtlichen Funden, vor allem Hausgrundrissen der bandkeramischen Kultur, die eine solche Wirtschaftsform vermuten lassen[1].
Bei den meisten germanischen Stämmen scheint sie sich dann früh zur Sippenordnung aufgelockert zu haben, bei der weder gemeinsame Hausanlage noch patriarchalische Führungsspitze Voraussetzung waren. Für das gesellschaftliche Leben der Germanen in dieser frühgeschichtlichen Zeit besaß die Institution der Sippe verpflichtende Dominanz. Im Gegensatz zu der etwa gleichzeitigen, herrschaftlich organisierten Hausgemeinschaft der römischen gentes bestand die Sippe aus erwachsenen blutsverwandten männlichen Mitgliedern, einem auf gegenseitige Hilfe ausgerichteten Verband gleichberechtigter Genossen, und deren Frauen und Kindern. Jeder Sohn, der heiratete, entzündete ein eigenes Herdfeuer, so daß sich die Sippe aus einem System koexistierender Kleinfamilien zusammensetzte. Ihre gegenseitigen, streng normierten Verpflichtungen gingen nicht über den Sippenverband hinaus und besaßen einen höheren gesellschaftlichen Stellenwert als ein irgendwie geartetes Staatsdenken[2], wie es doch zur gleichen Zeit den Griechen und Römern selbstverständlich war[3].

1) Zippelius, Adelhart: *Neolithische Hausforschung.* 1957, S. 20 ff.; ders.: *Frühformen mitteleuropäischer Hofanlagen.* 1955.
2) Neckel, Gustav: *Altgermanische Kultur.* 1925, S. 32 ff.; ders.: *Liebe und Ehe bei den vorchristlichen Germanen.* 1934.
3) z. B. Erdmann, Walter: *Die Ehe im alten Griechenland.* 1934.

An oberster Stelle stand den Germanen der erbliche Grundbesitz, der ahd. *uodal,* woraus die führende Rolle des »Adelbauern« resultierte. Weder Steuern noch Wehrpflicht banden ihn an ein größeres Ganzes. Seine Freiheit bestand in der erblichen Angestammtheit des Hofes, und von da aus wird verständlich, daß das germanische Sippenbewußtsein mehr in die geschichtliche Tiefe ging, zu Vorvätern und Altvorderen als etwa in die ökonomisch bedingte Breite einer zusammenwirtschaftenden Großfamilie. Die Germanen entwickelten eine Ahnenverehrung großen Stils, die zu Familienkulten eigener Art führte und wiederum die ökonomische Bedeutung des Sippenverbandes stützte. Als beredtes literarisches Zeugnis dafür sind aus später Zeit die Stammbuchgeschichten der Isländersagas überliefert, die regelmäßig mit einer weitausholenden Einordnung des Helden in seinen Sippenverband beginnen und auf diese Weise von seiner Individualität weg- und zu seinen familiären Beziehungssystemen hinleiten:

> »Thorstein, der Sohn des Kuggi, lebte im Auwalde. Er war vermögend und stammte aus vornehmem Geschlecht. Er war mit angesehenen und tüchtigen Männern verschwägert. Seine Frau hieß Thorfinna – sie war mit Thordis, der Frau der Skalden Björn verwandt.«[4]

Oder:

> »Ein Mann hieß Thorhall. Er wohnte auf Thorhallstätten im Schattental. Seine Frau hieß Gudrun. Sie hatten einen Sohn Grim und eine Tochter Thurid. Beide waren schon ziemlich erwachsen. Thorhall war ein recht wohlhabender Mann, hauptsächlich an Vieh – er hatte den größten Viehbestand in der ganzen Gegend. Ein Häuptling war er nicht, wohl aber ein tüchtiger Bauer.«[5]

Das sind ausgesprochene Familiengeschichten und Beschreibungen von Familiensituationen. Ein äußerst abgeschlossenes Leben auf weit auseinanderliegenden Höfen führte zu sippenmäßiger Introvertiertheit, zu Vorstellungen des Wiedergeborenwerdens, die bestimmte Charaktereigenschaften für die Sippe fixieren soll-

4) *Thule. Altnordische Dichtung und Prosa.* Bd. IX, S. 117.
5) ebda. Bd. V, S, 91.

ten. Das drückte sich u. a. in der Namensgebung, in einer Art von Namenstotemismus aus: von den zwei Bestandteilen des Namens behielt man einen bei und variierte den anderen, also z. B. »Siegfried, der Sohn des Siegmund«. Später verknüpfte sich damit der Wunsch, daß die Vererbung des Namens eines bedeutenden Ahnen auf den Neugeborenen dessen Kräfte übertragen solle. So hieß Karl der Große nach seinem Großvater Karl Martell.
Ehe- und Familienlosigkeit waren gleichbedeutend mit wertlosem – und das bedeutete beziehungslosem Leben. Der Name *Hagestolz* bezeichnet einen Armen an Grund und Boden, einen „Hagbesitzer", der im Gegensatz zum eigentlichen Erben des Hofes nur ein eingefriedetes kleines Grundstück besaß, zu klein, um darauf einen eigenen Hausstand zu gründen. Hagestolz ist ursprünglich ein germanisches Rechtswort aus der Zeit vor der Übersiedlung der Angelsachsen nach England. Eindeutig ging es aus bäuerlichem Wirtschaftsdenken hervor und zeigt, daß die Ehelosigkeit im Germanischen ein seltener und armseliger Notstand gewesen ist und erst im Christentum ihre geistliche Aufwertung erfuhr: Durch die ehefeindlichen Ausführungen des Apostel Paulus im 1. Korintherbrief gerieten nun Hagestolz und -stolzin in größte Gottesnähe. Und die römische Kirche machte dann in logischer Weiterführung der biblischen Ansätze gerade die Ehelosigkeit zur höchsten Tugend ihrer Priester[6].
Diesem Lebensklima entsprachen die Rechtsnormen, die das Familienleben determinierten, ehe das christliche Mittelalter völlig andere Denk- und Verhaltensweisen einführte.

2. *Die Eheschließung als Rechtsakt*

Im Germanischen stellte die Eheschließung vorwiegend einen wirtschaftlich begründeten Rechtsvertrag zwischen zwei Sippen

6) vgl. Schrader, Oskar: *Die Schwiegermutter und der Hagestolz.* 1904; Becker, Albert: *Junggesellen und alte Jungfern.* 1952; Sarasin, Fritz: *Die Anschauungen der Völker über Ehe und Junggesellentum.* 1934 – (mit reichen Literaturangaben bes. zu ethnologischem Material).

dar[7], der der Hauptfrau einen gewissen Rechtsschutz und eine gesellschaftliche Sicherstellung gab. Sie war zumindest relativ gesicherter als Nebenfrauen, mit denen der Mann außerdem Geschlechtsgemeinschaft unterhalten konnte. Sie gebar ihm vollbürtige Kinder, was vor allem für die männliche Nachkommenschaft galt, die sein Geschlecht weiterführte, die Pflichten der Blutrache erfüllen und ihm nach seinem Tode die Totenehrung darbringen und so für seine Seelenruhe sorgen konnte. Aus diesen religiös-politischen Inhalten der Ehe heraus wird es verständlich, daß der Mann, wenn die erste Ehe kinderlos blieb oder nur Mädchen geboren wurden, so viel Nebenfrauen nahm, wie es ihm seinen gesellschaftlichen, wirtschaftlichen, politischen Rücksichten entsprechend als wünschenswert und ökonomisch tragbar erschien.

Solch innerer Struktur entsprach im allgemeinen der Verlauf der Eheschließung selbst: ein reines Rechtsgeschäft, d. h. es erfolgte die Übergabe der Braut gegen bare Zahlung des Kaufpreises, des Wittums. Aus den alten Rechtsquellen, den fränkischen Volksrechten u. a. sind diese Zusammenhänge deutlich zu erkennen. Auch die Etymologie des Wortes Ehe: ahd. *ewâ,* mhd. *ê* = Gesetz oder Recht liegt im gleichen Bereich. Der vertragsmäßige Eheabschluß wurde wie jeder Kauf – und das bestärkt die Vorstellung vom wirtschaftlich-politischen Charakter der Heirat – als Bargeschäft vollzogen. Zwar setzte sich das Ritual aus verschiedenen Bestandteilen zusammen, war aber doch zu vergleichen mit anderen Verträgen jener Zeit wie Liegenschaftsübereignungen oder ähnlichen Rechtsgeschäften. Immer folgte einer Vertragshandlung eine Vollzugshandlung, was später zu einer Einheit verschmolz. Die Brautwerbung leitete den Handlungsablauf ein. Dabei einigte man sich über die Bedingungen, den Preis und den Zeitpunkt für die Hochzeit. Ihr folgte dann als Rechtshandlung im Kreis der beiden Sippen die Vermählung; schon dieser Name sagt, daß die Verbindung innerhalb des *mahal* stattfand, der Ver-

7) vgl. u. a. Hübner, Rudolf: *Grundzüge des deutschen Privatrechts.* ³1913, S. 519; zu dem gesamten Komplex des Rechtsbrauches s. Frölich, Karl: *Die Eheschließung des deutschen Frühmittelalters.* 1928, S. 147 ff.

sammlung der Gesippen. Der Gemahl, *gimahalo,* ist also der mit der anderen Person durch das mahal Verbundene. Die Rechts- und Brauchhandlung hatte folgenden rituellen Verlauf: In einem Ring traten die Gesippen zusammen; innen stand das junge Paar, das von einem Sippenältesten, der die Formeln beherrschte, in der rechtsmäßig vorgeschriebenen Weise befragt wurde.
Ein solches Eheschließungsgespräch schildert Wernher der Gartenaere noch 1270 in seiner Dorfgeschichte »Meier Helmbrecht«[8]:

»Nû sul wir Gotelinde geben Lemberslinde,
und sulen Lemberslinde geben Gotelinde.
ûf stuont ein alter grîse (Greis),
der was der worte wîse;
der kunde sô getâniu dinc, (er kannte die Bräuche)
er staltes beide in einen rinc.
er sprach ze Lemberslinde:
'welt ir Gotelinde
êlîchen nemen, sô sprechet jâ!'
‚gerne,' sprach der knabe sâ.
er frâget in aber ander stunt:
‚gerne,' sprach des knaben munt.
zem dritten mâle er dô sprach:
‚nemt ir si gerne?' der knabe jach:
‚sô mir sêle un de lîp,
ich nime gerne ditze wîp.'
dô sprach er ze Gotelinde:
‚welt ir Lemberslinde
gerne nemen zeinem man?'
‚jâ herre, ob mir sîn got gan.'
‚nemt ir in gerne?' sprach aber er,
‚gerne, herre, gebt mirn her!'
‚zem dritten mâle: ‚welt irn?'
‚gerne, herre, nû gebt mirn!¸
dô gap er Gotelinde ze wîbe Lemberslinde
und gap Lemberslinde ze manne Gotelinde.
si sungen alle an der stat,
ûf den fuoz er ir trat.«

8) Wernher der Gartenaere: *Meier Helmbrecht.* Hrsg. von Friedrich Panzer. 1949, V. 1503–1534.

Der abschließend erwähnte Brauch, daß der Bräutigam der Braut auf den Fuß trat, weist deutlich auf den Rechtscharakter der Handlung als eines Kaufabschlusses hin, auf das Besitzergreifen von einer Sache durch Aufsetzen des Fußes, wie es in Grimms Rechtsaltertümern als Zeichen der Vindikation mit zahlreichen Belegen genannt wird[9]. Erst spätere Generationen haben diese Sitte als Anspruch auf die Herrschaft in der Ehe umgedeutet[10] oder ins scherzhaft Spielerische gekehrt.

Auch das Nibelungenlied enthält Darstellungen der germanischen Eheschließung als Rechtsakt im Ring[11], sowohl derjenigen von Siegfried und Kriemhild[12] wie von Giselher und Dietlind (Str. 1685), bei der die bestimmende Rolle des Vaters deutlich hervortritt. Bei Siegfried und Kriemhild heißt es:

> »man hiez si zuo ein ander an dem ringe stân;
> man vrâgte ob si wolde den vil waetlîchen man.«

Die dichterisch veredelnde und fast lyrische Schilderung dieser Königshochzeit darf aber nicht dazu verleiten, die individuellen Gefühle gegenseitiger Neigung als entscheidend für die germanische Eheschließung zu unterstellen und damit in germanenfreundlicher Überinterpretation ein völlig unrealistisches gesellschaftliches Bild jener Zeit zu zeichnen, wie Fehrle das tendenziös in seinem Hochzeitsbüchlein tat[13]. Es handelte sich in dieser historischen Epoche nie vordergründig um »Neigungsehen« – ein Begriff des 19. Jahrhunderts –, sondern um höchst nüchterne Wirtschafts- und Rechtsverträge zwischen zwei Sippen. Dem entsprach der gesamte hochzeitliche Handlungsverlauf, bei dem sich gewissermaßen die Leistungen der beiden Parteien nach dem Gesetz der Gegenseitigkeit Schlag auf Schlag folgten. Der Bräutigam zahlte an die Sippe der Braut in die Hand ihres Schutzherrn

9) vgl. Grimm, Jacob: *Rechtsaltertümer.* [4]2, S. 127 f.; ferner: *Schweizer Vkde* 13, 1923, S. 11–14.
10) vgl. *HdA* IV, Sp. 160 f. und die dort angeführten Belege.
11) vgl. Zallinger, Otto: *Die Eheschließung im Nibelungenlied und in der Gudrun.* 1923.
12) nach der Ausgabe von Karl Bartsch, hrsg. v. Helmut de Boor. 1959, Str. 614–616.
13) Fehrle, Eugen: *Deutsche Hochzeitsbräuche.* 1937, S. 11 ff.

Segnung des Beilagers

die *munt*, den verabredeten Preis, und dieser übergab, d. h. traute dann die Braut dem Bräutigam, wobei aber das Schutzrecht über sie als eine Art von wirtschaftlicher Rückversicherung ihren Blutsverwandten verblieb. Daran schloß sich die Heimführung der Braut in das Haus des Bräutigams in Form des Brautlaufes, auch dies eine wichtige Rechtshandlung. Dort wurde in öffentlicher Form in Anwesenheit der Sippenvertreter mehr oder weniger symbolisch das Beilager vollzogen, womit die Eheschließung ihren Abschluß und die Ehe ihren Anfang nahm[14].
Also nichts von Gefühl, Sentiment oder gar Intimsphäre wäre hier lobend oder tadelnd in Übertragung heutiger Wertbegriffe

14) vgl. dazu die Untersuchungen von Eckhardt, Karl-August (1927), Hemmer, Ragnar (1959) und Carlsson, Lizzie (1960) in der Zs. der Savignystiftung.

anzumerken. Die Braut war nicht viel mehr als eine Sache in den Händen der männlichen Sippenangehörigen. Ihr Vater nahm zumeist die Verlobung und Trauung vor oder ihr nächster männlicher Verwandter, ihr Schwertmagen und Geschlechtsvormund. Dieser Verlober erhielt für seine Tätigkeit vom Bräutigam eine Verlobungsgebühr. Im Laufe der Zeit rückten dann die beiden Stufen der Eheschließung: die Verlobung als Rechtsvertrag und die Trauung als Vollzugshandlung mehr und mehr terminlich auseinander. Sie bildeten aber, wie die Rechtsdenkmäler aufweisen, immer eine unzertrennbare rechtliche Einheit.

Daß dieser wichtige Rechtsakt von allen möglichen rituellen Zeichensetzungen begleitet wurde, kann nicht wundernehmen. So berichtet eine schwäbische Trauungsformel aus dem 12. Jahrhundert, der Vormund der Braut habe dem Bräutigam mit entsprechenden formelhaften Worten die Trauungssymbole überreicht, nämlich sieben Handschuhe, ein Schwert, einen goldenen Fingerring, einen Pfennig, Mantel und Hut[15], alles Zeichen, die auf den Bestand von Besitz und Macht hin wirken sollten. Und ebenso wenig kann es verwundern, daß von altersher eine religiöse Weihe, eine kultisch-magische Befestigung diesen Rechtsakt begleitete, zumal die Fruchtbarkeit der Gattin von entscheidender Bedeutung für das Bestehen des Paktes war. Das berühmte bronzezeitliche Felsbild von Bohuslän in Schweden, auf dem der Gott mit dem Hammer das Menschenpaar beim Koitus, also beim Beilager, zu segnen scheint, gehört in diese Belegkette. Doch galt die Weihe nur als Zubehör, als irrationale zusätzliche Versicherung gewissermaßen im Sinne von »es kann nichts schaden«; auf die Rechtsgültigkeit des Vertrages hatte sie keinen Einfluß.

War auch der Sippengedanke für die großbäuerlichen Familienstrukturen der germanischen Frühzeit beherrschend, so zeigten sie sich doch auch, soweit die spärlichen Quellen solche Schlüsse erlauben, durchflochten und durchzogen von älteren sozialen Ordnungssystemen.

Allgemeingültige Inzesttabus schienen zumindest für die Füh-

15) Hübner, Rudolf: *Grundzüge.* 1913, S. 532.

rungsgeschlechter aufgehoben, wenn man an den Wälsungenmythos denkt, nach dem Siegfrieds hohe Geburt gerade der Geschwisterehe seiner Eltern zu verdanken war.

3. *Die Rolle der Frau*

Entsprechend der bäuerlichen Wirtschaftsstruktur herrschte eine rationale Arbeitsteilung zwischen den Geschlechtern: die Frauen übernahmen vor allem die häuslichen Arbeiten, sie spannen und webten und verwalteten den inneren Besitz.
Da sich die höchsten männlichen Tugenden auf Mut und Tapferkeit konzentrierten und Kriegs- und Landnahmezüge die Männer oft lange Zeit von zu Hause fernhielten, oblag während dieser Zeit den Frauen auch die gesamte Wirtschaftsführung, und manche Saga wie die von der Ketiltochter Aud erzählt von den intellektuellen und organisatorischen Fähigkeiten der Germanenfrauen. Sie waren nicht nur, wie Tacitus es beschreibt, erfahren in Heilkunst und Weissagung, sondern hatten auch aufgrund besonderer Fähigkeiten zuweilen ein gewisses Mitspracherecht in den inneren Fragen von Familie und Besitz.
Nun darf jedoch nicht übersehen werden, daß es sich bei den Sagas, nimmt man sie als Quelle für die Sozialgeschichte, fast immer um späte Erzählungen aus der sozialen Oberschicht handelt, – daß zudem die interpretierende Literatur gern in germanenfreundlicher bis germanenverherrlichender Weise ein sehr einseitiges Bild von heroischer Adelbäuerlichkeit und stolzem Frauentum gezeichnet hat. Realistischer dürfte es sein, sich gerade das Familienleben jener Zeit in einer für uns kaum nachzuempfindenden Rauheit und Härte vorzustellen. Das betraf in besonderem Maße die Frauen. Die Ehe war wie gesagt keineswegs etwa gleichbedeutend mit einer aus Neigung geschlossenen monogamen Verbindung, sondern differenzierte sich in Rechtsformen der Kauf- und Friedelehe[16], die durchweg die Frauen mehr oder weniger zum Eigentum des Mannes erklärten.

16) Köstler, Rudolf: *Raub-, Kauf- und Friedelehe bei den Germanen.* 1943; Kroeschell, Karl: *Die Sippe im germanischen Recht.* 1960; insbesondere Frölich, Karl:

Bei dem Begriff der »Kaufehe« ist das Wort »Kauf« in seiner älteren Bedeutung zu verstehen, d. h. als Abmachung auf Gegenseitigkeit, als Vertrag über Leistung und Gegenleistung. Nach Tacitus brachte nicht die Braut die Mitgift in die Ehe, sondern der Bräutigam, d. h. der Bräutigam gab eine Gabe, anord. *mundr,* zur Erlangung – *til hennar* – der Braut. Solche Geschenke waren für die Braut selbst bestimmt und nicht für ihren Muntwalt, meist den Vater, der alle möglichen Gaben zur Ausgestaltung der Hochzeit und des Hochzeitszuges, Pferde usw. annahm. – Aber auch die Frau brachte ein Gut mit in die Ehe, anord. *heimanfylgja* (»was von Hause folgt«), eine Art Mitgift, die im Scheidungsfalle ihr Eigentum blieb.
Die Werbung erfolgte auf der Grundlage der materiellen Gleichheit beim Vater des Mädchens, das selbst ganz eingeschlossen innerhalb der engeren Sippe lebte und kaum Gelegenheit zu selbständiger Handlung auf diesem Gebiet fand, noch ein Bedürfnis danach äußerte. Es konnte wohl theoretisch die Wahl ablehnen, hatte aber meist keine eigene Meinung, zumal seitens des Vaters sorgfältig ausgewählt wurde. – Daß es aber auch andere Möglichkeiten gab, zeigt die Geschichte der Thusnelda, die gegen ihren Willen vom Vater verlobt worden war und sich dann von Arminius entführen ließ, – ein Frauenraub mit ehebegründender Konsequenz. Beispiele der Tochterempörung werden auch in den Sagas berichtet, ohne daß allerdings die psychologischen Hintergründe irgendeine Erörterung fänden. Das Patriarchat war kein absolutes, und die Frauen besaßen, wie gesagt, bestimmte bescheidene Rechte, die allerdings die uns Heutigen recht streng erscheinenden Ehenormen nicht aufwogen. Die harten Strafen gegen Ehebrecherinnen, die durch Abschneiden des langen Haares, Ehrenzeichen der verheirateten Frau, in aller Öffentlichkeit gesellschaftlich diffamiert wurden, ist bekannt. Aber es galt auch schon als Vergehen, wenn eine Frau nur Töchter bekam, und Kindesaussetzungen waren an der Tagesordnung. In der Saga von Gunlaug Schlangenzunge gibt der Bauer vor Antritt einer länge-

Die Eheschließung des deutschen Frühmittelalters. 1928, S. 144 ff. u. die dort angegebene Literatur.

ren Fahrt seiner schwangeren Frau den Auftrag, das neugeborene Kind gleich auszusetzen, wenn es ein Mädchen wäre. Die Mutter bringt es aber dann nicht über sich, das wunderschöne Kind wirklich zu verstoßen. Sie gibt dem Schafhirten, dem gewöhnlichen Vollstrecker solcher Dienste, unter vier Augen den Auftrag, das Kindchen heimlich ihrer Schwägerin zu überbringen. Dort blüht es zu einer herrlichen Jungfrau heran, und der Vater, als er später davon erfährt, erkennt es freudig als seine eigene Tochter Helga an. Wenn eine solche Geschichte in dieser Weise überliefert wurde, so war ihr glücklicher Ausgang ganz sicher ein Ausnahmefall. Eine andere Saga aus dem heutigen niederländischen Gebiet erzählt von der Großmutter des Hauses, die ärgerlich auf ihre Schwiegertochter war, weil sie nur Töchter bekam. Und so wollte sie ein neugeborenes Mädchen von einem Knecht in der Kufe ertränken lasen. Das mußte aber geschehen, ehe das Kind irgendeine Nahrung zu sich genommen hatte, denn sonst durfte man es nicht mehr töten. Das Kleine schrie so kräftig, daß eine Nachbarin herbeieilte, es dem Knecht entriß, in ihr Haus trug und ihm etwas Honig gab, womit sie ihm das Leben rettete. Später wurde es mit Milch aus dem spitzen Ende eines Kuhhornes genährt, also mit einer Art von Säuglingsflasche. Diese Geschichte ist sehr aussagekräftig: sie beweist die bedeutende Stellung der ältesten Frau im Hause, was an das System der Großfamilie matriarchaler Prägung erinnert. Sie zeigt weiter die geringe Wertschätzung der Neugeborenen, die erst dann an Interesse für die Eltern und die Sippe gewannen, wenn sie vielversprechende Anlagen aufwiesen. Den harten Lebensbedingungen und dem kriegerischen Daseinsstil entsprachen die oft grausamen Verhaltensnormen im zwischenmenschlichen persönlichen Bereich, die wohl bestimmend für alle sozialen Schichten waren. Und wenn die Sagas auch zuweilen das Bild hervorragender Frauenpersönlichkeiten zeichnen[17], so kann das nicht über die weitgehende Rechtlosigkeit der germanischen Frau hinwegtäuschen. Der Kulturpädagoge Tacitus hat idealisiert und unzutreffend berichtet, wenn er schreibt,

17) Naumann, Ida: *Altgermanisches Frauenleben.* 1929.

daß sich die Germanen als einzige unter den Barbaren mit *einer* Gattin begnügt hätten (Germania Kap. 18). Sein Ziel, den sich individualisierenden, lebensgenießenden Römern einen Spiegel vorzuhalten, führte ihn zu falscher Interpretation der germanischen Ehesitten. Um des Sippen-Nutzens willen, um eine größere Zahl von Söhnen zu zeugen und damit das kriegerische Potential der Sippe zu erhöhen, konnte der wohlhabende germanische Bauer Nebenfrauen halten, und die Vielzahl der Namen für derartige Beziehungen sind ein Beleg dafür, daß solche Verhältnisse gar nicht so selten waren. Wohl durfte die Nebenfrau rechtlich kaum Sicherungen beanspruchen, doch gehörte es zur Sitte, daß der Mann für sie sorgte, zumal wenn sie ihm einen Sohn geboren hatte. Solche Verbindungen hießen *Friedelehe* (von anord. *frilla* – Geliebte), vielleicht aber auch sprachlich zu »Freund« und »freien« zu setzen. Man darf Herbert Meyer[18] folgen, der die Friedelehe als eine Form des Mutterrechts betrachtet, das seine Geltung lange Zeit neben dem Vaterrecht bewahrte, vor allem aufgrund eines wirtschaftlichen Nebeneinanders von Hirten- und Ackerbaukulturen. So stand die Friedelehe im Gegensatz zu der vaterrechtlich begründeten *Muntehe*, zu der auch die Form der *Kebsehe* mit einer unfreien Magd oder gefangenen und verkauften Sklavin gehörte (Kebsweib von anord. *kefsir* – Sklavin). Die Söhne solcher Nebenfrauen, »Magdsöhne«, konnten aber, wenn sie hervorragende Persönlichkeiten waren, wieder in gute Familien einheiraten und hohe gesellschaftliche Stellungen erlangen, dem Stande ihres Vaters entsprechend. Auch waren sie voll erbberechtigt.

Öffnete sich also für eine Sklavin oder Magd durchaus die Möglichkeit, Nebenfrau eines Edlen zu werden und damit ihre Kinder in die höhere Gesellschaftsschicht hinaufzuheben, so durfte ein männlicher Sklave niemals mit einem solchen günstigen Schicksal rechnen. Ihm war der Aufstieg grundsätzlich verwehrt. Nur durch gute Arbeitsleistungen konnte er Freier werden und Hintersasse eines Bauern, aber niemals Adelsbauer. Der oberste solcher

18) Meyer, Herbert: *Friedelehe und Mutterrecht.* 1927.

freien Diener war der Hausmeier oder *Karl*, von welchen Karlen übrigens das später so erlauchte Geschlecht der Karolinger abstammt.
Aus allem geht hervor, daß hier eine Ethik eigener Art obwaltete. Der Mann konnte seine eigene Ehe gar nicht brechen, höchstens eine fremde, aber das war dann kein Ehe- oder Treuebruch, sondern eine Art Eigentumsdelikt. Die Frau und ihr Recht in der Ehe standen unter rechtlich-wirtschaftlichen Bedingungen, die sonst sachlichem Eigentum zukommen. Nach germanischem Recht galt also die Frau mit den gemeinsamen Kindern als Eigentum des Mannes. Alles Besitzrecht – mit Ausnahme ihrer persönlichen Mitgift – war durch den Ehevertrag an ihn übergegangen, und er konnte neben anderem Hab und Gut auch seine Frau vor dem Tode einem Freund oder Verwandten vermachen, wovon manche Saga berichtet. Als Nachwirkung älterer Vorstellungen aus Zeiten der Mutter-Erbfolge stand der ältere Bruder der Frau im verwandtschaftlichen Wertsystem an hoher Stelle; er spielte die Rolle eines Beraters und Erziehers der Kinder, einer Art von Erb- und Familienonkel. Die schmerzvolle Klage über den Streit zwischen Oheim und Neffen im Waltharilied[19] bezieht sich auf diese Besonderheit familiärer Bindung.
Die familiäre Organisationsform der Sippe in der frühgeschichtlichen Epoche war also auf die Kumulation von Besitz und Macht ausgerichtet. Das galt zumindest für die führenden Geschlechter, von denen die Quellen vornehmlich berichten. Dieser Tendenz folgten Heiratsregeln, die Ebenbürtigkeit an »Gut und Blut« vorschrieben. Im Interesse einer Vermehrung der männlichen Nachkommenschaft und damit des kriegerischen Machtpotentials der Sippe, was im inneren Wertsystem an oberster Stelle stand, waren allerdings Übertretungen der Eheform als Friedelehen, Kebsehen usw. erlaubt. Dadurch erweiterte sich der Kreis der durch Blutsverwandtschaft Verbundenen, eben der Sippe. –Die Heiratsriten regelten als eine Art von Sprache die Kommunikation zwischen den Individuen und Gruppen.

19) vgl. auch Mezger, Fritz: *Oheim und Neffe.* 1960, S. 296 ff.

So wurde das biologische System der Blutsverwandtschaft zu einem ökonomisch-politischen und gewann durch diesen Systemcharakter eine eigene Qualität im gesamtgesellschaftlichen Zusammenhang der damaligen Zeit.

B Exkurs:

Die Stiefmutter im Märchen

Den sozialen Phänomenen einer Epoche, wie sie für die Familie der frühgeschichtlichen Zeit dargestellt wurden, entsprechen ganz bestimmte kulturelle Erscheinungen. Kultur wird damit als Teil des Sozialen definiert, als soziales Handeln. Von den Möglichkeiten kultureller Objektivationen in ihrer Eigenschaft als wertvermittelte Handlungsorientierungen[1] sei das Märchen ausgewählt als Widerspiegelung sozialer Wirklichkeiten und hier besonders die Rolle der »Stiefmutter«.
Kaum eine Märchengestalt ist so viel umrätselt und von pädagogischer wie moralischer Seite verurteilt worden wie die der Stiefmutter. Und tatsächlich ist es dem modernen Leser und Erzieher unverständlich und ärgerlich, wenn er in den gängigen Grimmschen Märchenausgaben lesen muß:

> »Seit Mutter tot ist, haben wir keine gute Stunde mehr; die Stiefmutter schlägt uns alle Tage, und wenn wir zu ihr kommen, stößt sie uns mit den Füßen fort. Die harten Brotkrusten, die übrig bleiben, sind unsere Speise, und dem Hündlein unter dem Tisch geht's besser; dem wirft sie doch manchmal einen guten Bissen zu. Daß Gott erbarm, wenn das unsere Mutter wüßt'! Komm, wir wollen miteinander in die weite Welt gehen«. (Brüderchen und Schwesterchen, Grimm Nr. 11)

oder:

> »Da ging eine schlimme Zeit für das arme Stiefkind an. ›Soll die dumme Gans bei uns in der Stube sitzen!‹ sprachen sie, ›wer Brot essen will, muß es verdienen: hinaus mit der Küchenmagd‹!« (Aschenputtel, Grimm Nr. 21)

oder gar das Märchen vom Machandelboom (Grimm Nr. 47):

> Die Mutter des Jungen stirbt bei dessen Geburt. Die Stiefmutter bringt eine Tochter zur Welt, »und wenn die Frau ihre Tochter an-

1) Artus, Helmut M.: *Kultur als System.* 1973, S. 12.

Stiefmutter im Märchen vom Machandelboom

> sah, dann hatte sie sie so lieb, aber wenn sie den kleinen Jungen ansah, dann gab es ihr einen Stich durchs Herz, und es kam ihr so vor, als stünde er ihr überall im Weg, und sie dachte dann immer, wie sie ihrer Tochter all das Vermögen zuwenden könnte, und der Böse gab ihr ein, daß sie dem kleinen Jungen ganz gram wurde und ihn herumstieß von einer Ecke in die andere und ihn buffte und knuffte, so daß das arme Kind immer in Angst war.« Sie wird immer unfreundlicher zu ihm und faßt dann den raffinierten Mordplan mit dem Truhendeckel.

Abstoßend und abartig müssen solche Motivationen wirken, wenn man sie in dem üblichen Kontext erfährt, also innerhalb der Vorlesemärchen, die die Brüder Grimm vor 150 Jahren (1. Ausgaben 1812 – 1815) einem bürgerlichen Familienpublikum für seine Kinderstuben präsentierten[2].
Damit – und das ist als Vorbemerkung wichtig – wurde entscheidend die Rolle verändert, die das Märchen als soziale Tatsache *für* die Familie spielte: von der Erwachsenenerzählung wandelte

2) Weber-Kellermann, Ingeborg: Vorwort zum Neudruck der Kinder- und Hausmärchen. Marburg 1970; dies.: *Interethnische Gedanken beim Lesen der Grimmschen Märchen.* 1970, S. 432 ff.

es sich zum »Kinder- und Hausmärchen«[3], vorzulesen in der Kinderstube. Die Rolle jedoch, die die Familie *im* Märchen spielt, blieb weitgehend unverändert, und da die Stoffe z. T. lang zurückliegenden Epochen entstammen, wurde zuweilen ein Weltverständnis in die Gegenwart transponiert, das ohne weiteres nicht verstehbar ist.

Auf den ersten Blick scheint die Familie zu den wesentlichen Bauelementen der Erzählgattung zu gehören[4], – anscheinend eine Form der Kleinfamilie mit Eltern und Stiefeltern, Kindern und Stiefkindern. Andere Verwandte treten kaum auf. Die Eltern oder Stiefeltern veranlassen oder betreiben den Aufbruch des jungen Helden in die Welt der Abenteuer, – die Geschwister unterstützen oder schaden ihm oder dienen als bloße Kontrastfiguren.

Wohl steht der sehnliche Wunsch nach einem Kind häufig am Beginn des Märchens, aber elterliche Fürsorge und Betreuung werden selten dargestellt, und das Kind als Märchenheld ist zumeist von Anfang an gefährdet[5], gezeichnet, aber auch ausgezeichnet, und steht deshalb außerhalb der Familie. Die häßlichen und schlechten inneren Familienverhältnisse sind jedenfalls, wie Lüthi hervorhebt, auffällig in den Märchen: Eltern wenden sich gegen die Kinder, Geschwister gegen Geschwister und gegen die Eltern. Mit der auf Harmonie gestimmten Kleinfamilie des 19. Jahrhunderts hat das nichts zu tun.

Formal besitzt die Familie im Märchen eine Art von gliedernder Kraft und trägt dazu bei, den klassisch einfachen Stil des Märchens möglich zu machen. Das Eltern-Kind-Schema, das Geschwister-Schema oder das Brautwerbungs-Schema geben dem Märchen das Gerüst und die Möglichkeit variierender Entfaltung. Sie sind eine Art von Formelement volkstümlichen Denkens[6], wobei sich aber doch die Frage erhebt, welches der reale

3) s. Lüthi, Max: *Märchen.* [4] 1971, S. 51 ff.
4) Lüthi, Max: *Familie und Natur im Märchen.* 1970.
5) vgl. Propp, Vladimir: *Morphologie des Märchens.* 1972.
6) Weber-Kellermann, Ingeborg: »Die Bedeutung des Formelhaften im volkstümlichen Denken«, in: *Völkerforschung.* Berlin 1954, S. 187 f.

Hintergrund dieser formelhaften Ausdrucksweisen zur Zeit ihrer Entstehung gewesen sei.

Die uns bekannten fixierten Märchentexte stammen meist aus neuerer Zeit, umfassen also Erzählinhalte, die das Ergebnis einer längeren Überlieferungsgeschichte sein können und damit möglicherweise Elemente verschiedenster Epochen und Zeitstile in sich aufgenommen haben. Märcheninhalte und historisch determiniertes Weltverständnis entsprechen sich also nur stückweise, episodenhaft, und kaum jemals wird man dem Fall begegnen, daß ein Märchenganzes die Ganzheit einer geschichtlich fixierbaren Situation widerspiegelt.

Dazu kommen Fragen der Quellenkritik: sind doch die älteren Märchensammlungen, besonders diejenigen des 19. Jahrhunderts, kaum jemals authentisch, sondern oft Ergebnisse eines romantisch gefärbten dichterischen Umgestaltungsprozesses durch den Sammler, – eines Vorganges, der meist unkontrollierbar von der Aufzeichnung »aus dem Volksmund« bis hin zum Druck eines erwünschten kunstvoll gefeilten »Volkstones« reicht.

Diese Überlegungen muß man vorausschicken, wenn eine vorsichtige Korrelation von Märcheninhalten und Sozialgeschichte für das Thema Familie versucht werden soll.

Im Gegensatz zur Mythe, die ein kollektives Geschick zum Inhalt hat, schildert das Märchen individuelle Schicksale, die allgemeine Gesellschaftskonflikte auf Familienniveau offenbaren[7].

Von daher gesehen erscheint die Gestalt der Stiefmutter in neuem Licht und im Bereich eines in sich logischen Zusammen-

7) Meletinsky, Eleasar: *Die Ehe im Zaubermärchen.* 1970, S. 287 f.: »Die Mediation (Vermittlung) kommt dadurch zum Ausdruck, daß der Held, in einen höheren Gesellschaftsstand geratend, dem Konflikt entflieht. Dieser gesellschaftliche Standeswechsel entsteht infolge der Eheschließung mit dem Königssohn, mit dem Kaufmann oder, der Heldenfigur entsprechend, mit der Königstochter. So wird dann im Märchen die »Ehe« Mittel der Mediation, um sich von den elementaren gesellschaftlichen Verhältnissen zu befreien. Die erörterte Erscheinung integriert die Syntagmatik des Märchens, die sich direkt an die Geschicke des Helden und an die tiefen semantischen Veränderungen (paradigmatischen Charakters) knüpft. Im Märchen bewahren die familiär-ehelichen Verhältnisse den Charakter einer Gesamtarmatur, und in diesem Rahmen vollziehen sich die strukturell-semantischen Bewegungen und die Sujettransformationen.«

hanges. In den frühgesellschaftlichen Verhältnissen, die viele Elemente der Märchen widerspiegeln, war die Existenz einer »Stiefmutter« in unserem modernen Sinne prinzipiell nicht gegeben, denn alle Frauen des Vaters konnten legal zur Gruppe der »Mütter« gehören. Nur wenn der Vater gegen den Kode der Endogamie verstieß, den seine Sozialschicht ihm aufgab, d. h. eine Frau aus einer Sippe nahm, mit der entsprechend den sozialen Verhaltensnormen keine eheliche Verbindung eingegangen wurde, entstanden derartige Familienkonflikte. In »Schneewittchen« wachsen Neid, Eifersucht und Hochmut wie Unkraut im Herzen der Stiefmutter und führen zur Katastrophe[8]. Gekoppelt mit dem Verstoß gegen die Endogamie und ihren Folgen für die Familie findet sich meist die Ausbeutung der Stieftochter (z. B. Aschenputtel). Die Opposition: »insider – outsider« erhält so ihre dramatische Realisierung, und der unerträglichen Familienatmosphäre stellt dann das Märchen die glückliche Ehe der »Stieftochter« mit dem Prinzen als Befreiung und Lösung gegenüber. Das bedeutet die Rückkehr in »normale« Verhältnisse in dem Sinne, daß diese Ehe nicht gegen die Endogamienormen der Gesellschaft verstößt. Die Rolle der Stiefmutter ist also sowohl für die Dramaturgie des Märchens wie auch für seine Semantik notwendig, weil nur durch die von ihr verursachten Hindernisse die Prüfungen des Helden oder der Heldin möglich und sinnvoll werden. In der eigenartig hierarchisch-syntagmatischen Struktur des Zaubermärchens ist gerade die Stiefmutter häufig die Hauptgegnerin der Helden, weil sie nur durch deren Vernichtung ihre eigene Existenz bewahren kann. Zum Verständnis ihrer Rolle mußte daher den Zuhörern des Märchens die soziale Rolle verständlich sein, die eine solche »fremde« Frau in einer endogamen Gesellschaft zu erdulden hatte.

Für die »fremde« Frau des Königs – oder des vermögenden Großbauern – waren also die legalen Kinder des Vaters in jedem Falle ein Hindernis, sowohl für ihre Person wie für die Stellung ihrer eigenen Kinder. Daher konzentrierte sich ihr ganzes Sinnen und Trachten auf die Mittel, sie unbemerkt aus dem Wege zu

8) Lincke, Werner: Das Stiefmuttermotiv. 1933, S. 25, 86.

schaffen (Machandelboom). Auch andere Märchenmotive sind aus dem verbotenen Verstoß gegen die Endogamie erklärlich, so z. B. die zweifache Ehe in »Dat Erdmänneken« (Grimm Nr. 91), die unrichtige mit einem Drachen und die richtige mit einem Helden.

In einen weiteren Zusammenhang mit sozialen Verhältnissen der Frühzeit gehört das Märchenmotiv des Aussetzens. In einer isländischen Variante von »Hänsel und Gretel« sind die Geschwister zwei Mädchen. Die Stiefmutter setzt sie am Meeresufer in eine Kiste und schickt sie zu den Trollschwestern, – auch hier wird eine Verbindung zu den Sagas sichtbar, in denen die Sippenmutter allzu großem Mädchensegen durch Aussetzen steuert.

Als konstantes Märchenmotiv begegnet der Wunsch nach Kindern. Kinderlosigkeit wird als großer Schmerz und als Makel empfunden und mit allen nur möglichen Mitteln bekämpft, zur Not auch durch die Aufnahme fremder Kinder. Denn *ein* Kind gilt in der Welt wie im Märchen meist nicht als ausreichend, und man wünscht sich zahlreiche Nachkommen. Auch das entspricht den bekannten frühgesellschaftlichen Vorstellungen, ebenso, wenn der Mann auf dem Sterbebette seine Frau dem wohlhabenden Bruder anempfiehlt wie im Märchen vom blauen Bande.

Weit entfernt von der Vorstellung einer absoluten Identität zwischen Märcheninhalt und sozialer Wirklichkeit scheint doch die Erklärung bestimmter einzelner Phänomene auf diese Weise möglich. Das betrifft jedoch nicht die Frage nach der Struktur des Märchens, seiner Architektonik mit stufenweiser symmetrischer Konstruktion. Im formalisierten Märchenmodell befinden sich die Elemente in einer systemgebundenen Ordnung ohne Rücksicht auf die gesellschaftsgeschichtliche Herkunft einzelner Motive.

II.

A Die »große Haushaltsfamilie« im christlichen Mittelalter und der frühen Neuzeit

1. Von der materiellen Ebenbürtigkeit zur Glaubensgleichheit

In der vorchristlich frühgeschichtlichen Epoche hatte mehr und mehr der Sippengedanke für die seßhaft-ackerbauende und kriegerisch-landnehmende Bevölkerung an Dominanz gewonnen und ihre aristokratische Schichtung eingeleitet. Die Partnerwahl zwischen gleichgebürtigen und gleichvermögenden Freien, die Ebenbürtigkeit in diesem materiellen und aristokratischen Sinne, wie sie viele frühgeschichtliche Volksrechte überliefern, wurde auf Jahrhunderte im germanisch-deutschen Raum zur bestimmenden Vorbedingung für die Eheschließung und hat sich bei den Freibauern und im Adel noch lange bewahrt.
Es blieb einer mühsamen Entwicklung während des christlichen Mittelalters[1] vorbehalten, bis sich die Auffassungen von der Ehe allmählich änderten und humanisierten.
Seit den cluniazensischen Reformen im 10. Jahrhundert begann die christliche Kirche mit dem Abbau der alten feudalistisch-aristokratischen Ordnung, hatte doch der Sippengedanke in seiner Konsequenz zur Bildung einer Oberschicht von »Königsgenossen« geführt, in die man nur durch Geburt und Vermögen aufsteigen konnte. Hier schien das Christentum zunächst demokratisierend zu wirken. Der ständischen Ebenbürtigkeit setzte es die Forderung nach der Gleichheit des Glaubens entgegen. Dem Alleininteresse des Sippenwohls begegnete es mit dem Eheideal der Monogamie und Treue. Nicht mehr sollte der Mann die Person des Weibes als Eigentum erwerben, sondern auch Schutzrecht und Schutzpflicht über sie und die Kinder übernehmen.

1) vgl. zu dem folgenden Abschnitt vor allem Huizinga, Johan: *Herbst des Mittelalters.* 1953; Wenskus, Reinhard: *Stammesbildung.* 1961.

Aber solche Forderungen setzten einen völligen Wandel des moralisch-ethischen wie rechtlich-wirtschaftlichen Denkens voraus, der sich erst in allmählichen und wechselnden Phasen vollziehen konnte.
Zunächst jedoch versuchte die Kirche, im eigenen Machtinteresse neue strenge Ordnungen an die Stelle der alten zu setzen. Das römische Recht kannte die Ehe »cum manu« und die Ehe »sine manu«, was etwa den beschriebenen Formen der Muntehe und der muntfreien Ehe entsprach, beides fußend auf dem Gedanken der *gentes,* der Sippe. Die Kirche verlangte stattdessen ausschließlich den Consens der gleichgläubigen Brautleute und die Copula carnalis, das Beilager, doch nicht mehr als Rechtsakt, sondern als Beweis der bräutlichen Jungfräulichkeit. Die neue religiöse Obrigkeit setzte nun ihrerseits für die Partnerwahl eine Fülle erschwerender Bedingungen ein; so errichtete sie Inzesttabus bis in den 7. Verwandtschaftsgrad, die wohl vor allem machtpolitisch gefährliche Familien-Zusammenballungen verhindern sollten, aber ein deutliches Zeichen für die damals noch geltenden Sippenordnungen abgeben. Die stark politisch gefärbten Forderungen der Kirche gipfelten in den Ehe-Gesetzgebungen des 4. Laterankonzils von 1215.

2. Ehe und Unfreiheit im Feudalismus

Sieht man nun von diesen mehr herrschaftlichen Verhältnissen ab und fragt nach Partnerwahl, Eheschließung und Familienleben im Bürgertum und bei den unteren Ständen, so findet man für die sozialgeschichtliche Quellenlage noch ein weithin braches Feld. Zunächst ist festzuhalten, daß der Gedanke der materiellen Ebenbürtigkeit tief im Denken verwurzelt war und in aller Strenge auch bei den niederen sozialen Schichten erhalten blieb; eine Frau, die einen Leibeigenen heiratete, verlor damit die eigene Freiheit. Aber auch ein freier Mann, der eine Leibeigene ehelichte, konnte nicht damit rechnen, als Bürger einer freien

Stadt aufgenommen zu werden, denn die reichsstädtischen Magistrate betrachteten den Zugang solcher Leute als Einbruchsmöglichkeit für fremde Herrschafts- und Machtansprüche in Zeiten bewaffneter Konflikte, wenn die Leibeigenen ihren auswärtigen Herrn dienstbar zu sein hatten[2].
Auf dem Lande konnte in dieser Zeit des Feudalismus, abgesehen von den wenigen Gebieten freien Bauerntums, von einer Emanzipation in der Gattenwahl aber überhaupt noch keine Rede sein.

> Als Erbuntertan war der Bauer zumeist abhängig von der Willkür des Grundherrn, in dessen Belieben auch die verschiedensten Vorschriften über seine ganz persönliche Lebensgestaltung standen wie Befehl oder Verbot einer Eheschließung, denn auch die Kinderzahl eines Dorfes gehörte zu den Faktoren des gutsherrlichen Besitzes. Oft befanden sich die Bauern dem patriarchalischen Grundherrn gegenüber ihr ganzes Leben lang in einer Art von Kindheitsverhältnis[3], das ihrer Abhängigkeit entsprach. Dazu gehörten die Formen der Anrede, Züchtigungen, Moralvorschriften und wirtschaftliche Unselbständigkeit.

In diesem Zusammenhang feudaler Herrschaftsausübung, die tief in das familiäre Leben eingriff, gehört auch das viel besprochene Jus primae noctis, d. h. das Recht des Feudalherren, die Braut an ihrem Hochzeitstage vor ihrem Gatten zu beschlafen. »Das Bestehen dieses Jus primae noctis, in Frankreich als *Jus cunni,* in England als *marchette* und in Piemont als *carragio* bekannt, ist oft in Zweifel gezogen worden, aber Du Change hat bis ins einzelne gehende Beweise dafür geliefert, und man ist sich darüber einig, daß dieser Brauch bestand«[4].
Er schuf eine zusätzliche Blutsbeziehung zwischen Herrschaft und Bauern, eine weitere mittelbare Abhängigkeit besonders der Erstgeborenen, – aber auch eine weitere Demütigung, einen Abbau der Selbstachtung auf seiten der Bauern.

2) Beispiele bei Fraenger, Wilhelm: *Jörg Ratgeb, ein Maler und Märtyrer aus dem Bauernkrieg.* Dresden 1972; S. 33 ff.
3) Ariès, Philippe: *Geschichte der Kindheit.* 1975, S. 83.
4) Taylor, G. A.: *Wandlungen der Sexualität.* 1957, S. 223.

Das Grundeigentum als Besitz einzelner Familien, Boden als Ware, brachte neue Klassenunterschiede und Machtverhältnisse: eine Konzentration und Zentralisation des Reichtums in den Händen weniger, daneben die steigende Verarmung der Massen und die steigende Masse der Armen[5].

Der Bereich der »freien Gnade und Willkür« war weithin ungesichert und die Patriarchalität in ihrer Eigenschaft als Schutz- und Treuepflicht des Herrn durchaus keine Selbstverständlichkeit, sondern völlig offen. Aber die Autoritätshierarchie, die sich inhaltlich in den Strukturübertragungen von der Familie auf andere Besitz- und Abhängigkeitsverhältnisse ausdrückte, hat schon damals einer »paternistischen Gesellschaftsordnung« (Mitscherlich) Eingang verschafft, die später – sich verbindend mit den religiösen Vorstellungen von einem segnenden und strafenden Vater-Gott – das Vaterprinzip in alle Gebiete einführte: in das politische Leben in der Form des »Landesvaters und der Landeskinder«, in das ökonomisch-soziale Gefüge als »Herbergsvater« der Gesellenherbergen und schließlich auch in das geistig-intellektuelle Leben durch die Erfindung des »Doktorvaters« der Studenten. Aber das sind spätere Entwicklungen.

3. Frauenleben und Sexualität in den Städten

Das Heiratsalter, besonders der Mädchen, war auch in den Städten sehr früh. Eine Nürnberger Chronik berichtet, daß ein Ulman Stromer 1366 als zweite Frau ein Mädchen von vierzehneinhalb Jahren nahm und seine Tochter, die er schon mit acht Jahren verlobt hatte, wiederum im 14. Jahr verehelichte[6]. Solche Zeugnisse lassen kaum auf selbständige und freie Partnerwahl der Frauen schließen, sondern zeigen, daß die Gewalt des Vaters über die

5) ausgeführt bei Engels, Friedrich: *Der Ursprung der Familie* . . . 1891.
6) Kriegk, G. L.: *Deutsches Bürgertum.* II 1871.

Junge Braut wird zur Hochzeit geführt

Tochter auch im christlichen Mittelalter weiter bestehen blieb. Am schwersten war es wohl, die Vorstellung von der Unauflöslichkeit der Ehe durchzusetzen und den Mann von der Notwendigkeit monogamer Lebenshaltung zu überzeugen. Die »freie Liebe« und zahlreiche illegale Verhältnisse gehörten nach wie vor zu den Selbstverständlichkeiten des Lebens, und Schwänke und Fastnachtsspiele (Hans Sachs), aber auch Chroniken und

Bauernhochzeit

Ratsprotokolle geben ein beredtes Zeugnis von der Unsicherheit der Moralvorstellungen jener Epochen.

Dem entsprach die Stellung der zahlreichen illegitimen Nachkommenschaft, die im Mittelalter den ehelichen Kindern zunächst ganz gleich geachtet wurden und nur den Stand des Vaters nicht erbten. Erst mit der strengeren Konsolidierung der Monogamie durch das Christentum verschlechterte sich die Lage des nunmehr als »unehelich« bezeichneten Nachwuchses[7].

Das christliche Eheideal der lebenslangen Monogamie also, das Gebot der Treue und des Schutzes, verbunden mit der Idee einer gewissen Gleichgestelltheit der Geschlechter, war lange kaum zu verwirklichen, zumal die Bibel selbst, zumindest in ihrem Alten Testament, das Gegenteil predigte und der Frau die ganze Schuld am Sündenfall zuschrieb. Die Härte und Roheit des Mittelalters wird man sich auch auf sexuellem Gebiet und im Hinblick auf die Werteinschätzung der Frau ungezügelt genug vorstellen müssen, wozu noch in unaufhörlichen Kriegen die Sitten verwilderten. Prostitution in Begleitung der Monogamie gehörte zu den normalen Bedürfnissen wie Essen und Trinken; auch kleinste Städte und Marktflecken hatten ihre Freudenhäuser, deren Frauen in Zünften organisiert waren.

7) s. Popp, Hermann: *Das Werden der deutschen Familie.* 1914, S. 17.

Madonna

Im Zusammenhang damit ist jedoch eine grundlegende Veränderung der Denkweise zu sehen, die das spätere Mittelalter und die beginnende Neuzeit mit sich brachten. Statt der gegenwartsverneinenden Jenseitserwartung früherer Jahrhunderte hatte die Renaissance eine Bejahung aller Seiten des irdischen Lebens initiiert und mit der »Freigabe der Sexualität« gleichzeitig eine Blüte von Kultur und Wissenschaft heraufgefördert. Was das freilich für die Stellung der bürgerlichen und kleinbürgerlichen Frau bedeutete: diese Frage ist nicht einhellig positiv zu beantworten.

Im Mittelalter blieb weithin die zwischenmenschliche Einstellung zur Frau schwankend wie alle Fragen der Moral und Ethik in diesen geistig und seelisch so ungefestigten und um neue Lebensin-

Dürers Mutter

halte kämpfenden Zeiten[8]. Die christliche Kirche erkannte zwar auch der Frau eine unsterbliche Seele zu und erteilte ihr die Segnungen der Sakramente. Der christliche Marienkult trug, ebenso wie der höfische Minnedienst, wohl zur Anhebung ihrer Stellung bei, aber letzteres betraf in mehr spielerischer Weise nur eine bestimmte ritterlich aristokratische Schicht. Und wenn der Marienkult zwar das Bild der Mutter zu verklären schien, auch durch seine zahlreichen optisch einprägsamen, populären künst-

8) vgl. Bühler, Johannes: *Die Kultur des Mittelalters.* 1954, S. 302 ff.; Bernards, Matthäus: *Speculum virginum.* 1955.

Bäuerlicher Grabstein in Oberhessen mit acht im Säuglingsalter verstorbenen Kindern

lerischen Darstellungen, so darf man daraus doch kaum auf gar zu glückliche Lebensverhältnisse der einfachen Frau als Familienmutter schließen.

Bei der üblichen frühen Verheiratung und der geringen Schonung der Frauen war die Zahl der Geburten oft außerordentlich hoch, und bis zu zwanzig Niederkünfte in einer Ehe galten als keine Seltenheit (Dürers Mutter), wenn auch primitive Abtreibungen und mit allen möglichen, vulgärmedizinischen und magischen Mitteln versuchte Konzeptionsverhinderungen weite Verbreitung fanden. Mangelnde Hygiene, Epidemien, Schmutz und Enge der Wohnverhältnisse trugen andererseits zu einer geradezu ungeheuerlichen Kindersterblichkeit bei, so daß in vielen Familien nur ein bis zwei Kinder am Leben blieben[9], viel mehr auch kaum hätten aufgezogen werden können. Stifterbilder, Votivtafeln und Grabsteindarstellungen legen ein beredtes Zeugnis von diesem immerwährenden Sterben ab, das gerade die Familienmutter ge-

9) Bücher, Karl: *Die Frauenfrage im Mittelalter.* 1910, S. 294; Kulischer, Josef: *Wirtschaftsgeschichte* I² 1958, S. 170 ff

Bürde der Ehefrauen

fühlsmäßig abstumpfen mußte. So hatten die Frauen an den Lasten des Lebens oft schwerer zu tragen als die Männer, besonders diejenigen der unterdrückten untersten Schichten. Auch die Kirche bot hier keine Hilfe, sondern betonte im Gegenteil noch die angebliche geistige und moralische weibliche Minderwertigkeit[10].

Gehorsam und demütige Unterwerfung, geduldiges Ertragen auch von Züchtigungen seitens des Mannes predigte man als Teil der göttlichen Weltordnung; die bald einsetzenden Hexenverfolgungen trugen zur weiteren Abwertung der Frauen bei und zeichneten die Hexe als das vom Teufel, »d. h. von der Sexualität besessene Gegenstück der jungfräulich reinen Muttergottes Maria«[11]. Sexualität als Schuld: dieser Vorstellung hatte der Apostel Paulus bereits im 1. Korintherbrief 7, V. 1–2 Ausdruck gegeben:

> »Es ist dem Menschen gut, daß er kein Weib berühre. Aber um der Hurerei willen habe ein jeglicher sein eigen Weib und eine jegliche habe ihren eigenen Mann«.

10) Bühler, Johannes: *Die Kultur des Mittelalters.* 1954, S. 304.
11) Saller, Karl: *Sexualität und Sitte.* 1966, S. 120 f.

Hexenverbrennung

Daß der Geschlechtsakt verunreinige und damit zur Erbsünde führe, wurde zu einer der Grundfesten mittelalterlicher Weltsicht[12].

Solche Vorstellungen verbanden sich mit der zunehmenden kirchlichen Forderung nach Unterdrückung des Geschlechtstriebes überhaupt, die besonders durch die Reformen Papst Gregors VII. (1073–1085) und seine Einführung des seit Augustinus erstrebten Zölibats wirkungsvolle Geltung erhielten und eine bisher unbekannte, unweltliche Aufwertung der Ehelosigkeit einleiteten.

Dem gegenüber stand die wachsende Kulturhöhe der Klöster. Üppig entfaltete sich das klösterliche Leben in zahlreichen Orden und führte neben vielen zivilisatorischen Errungenschaften zu einer neuen Werteinschätzung von Kunst und Wissenschaft, die nicht auf die klösterlichen Kreise beschränkt blieb, sondern auch die oberen Stände und das Bürgertum erreichte[13].

Der Frauenüberschuß in den mittelalterlichen Städten war außerordentlich hoch und wird auf durchschnittlich 1000 : 1200 geschätzt[14]. Auch hierin lag ein Grund für das Entstehen zahlrei-

12) ebda., S. 117 f.
13) vgl. Bühler, Johannes: *Die Kultur des Mittelalters.* 1954, S. 293 ff.
14) Kulischer, Josef: *Wirtschaftsgeschichte* I² 1958, S. 173.

cher Frauenklöster, Hospize, Chorfrauenstifte und Beginenhäuser, Stätten der Hilfe, aber auch der Bildung, in denen diese überzähligen Frauen und unverheirateten Töchter zur Versorgung gelangten. Sie trugen dann oft ihr Wissen wiederum zurück in den Kreis ihrer Familien. In besonderem Maße wuchs die Bildung der Frauen in den ritterlichen Kreisen, seit bereits in der karolingischen Zeit das Lesen religiöser Andachtsbücher bei den Damen zum guten Ton gehört hatte. Während die männlichen Tugenden sich weiterhin auf Waffenspiel und Reiterkünste konzentrierten, scheint es, daß im frühen Mittelalter die Frauen die Männer an geistiger Bildung übertrafen und oft zu alleinigen Lehrmeisterinnen ihrer Söhne und Töchter wurden.

Es gab geistig sehr hochstehende Frauen wie Hildegard von Bingen (1098–1179), die eine ganze gelehrte Kräutermedizin verfaßte, oder die durch ihre kirchen-politische Aktivität berühmt gewordene Dominikanerin Katharina von Siena (1347–1380).

Zusammenfassend läßt sich also sagen, daß sich durch das Christentum ein neues Eheideal aufzubauen begann, in dem vor allem die Vielweiberei und Verstoßung der Frau keinen Platz mehr fanden. Die Forderung nach ehelicher Treue und Dauermonogamie scheint seit etwa 1000 eine Art von Normvorstellung über die »christliche Familie« eingeleitet zu haben, die entscheidend durch die sich verwandelnde Stellung der Frau gekennzeichnet wurde. Höfischer Minnedienst, aber auch christlicher Marienkult umgaben das Bild der Frau und Mutter mit neuer ethischer Würde, ohne daß daraus allerdings verallgemeinernde Schlüsse auf die gesellschaftliche Gesamtheit jener Epochen gezogen werden dürften. Der Weg solcher neuen Werteinschätzung und Leitbildwirkung führte von den Höfen und Burgen ins Bürgertum und auch in jene Dörfer, die nicht zu stark unter dem Druck der Leibeigenschaft standen, vielleicht also zuweilen in Süddeutschland und der Schweiz.

Aber die uns bekannte Quellenlage erlaubt keineswegs die statistisch fundierte Aufstellung von Familiennormen, und diese kurze Übersicht macht sich nicht anheischig, derartiges nachzuliefern.

Mittelalterliche Wochenstube

Im Wirtschaftsleben hatte die Arbeitsteilung Handwerk und Handel und damit städtische Daseinsformen hervorgebracht, die die Bildung eines neuen Familientyps, geeignet für die Zwecke der gemeinsamen Verwaltung, Bearbeitung und des Verkaufes der Produktionsmittel, förderte: eben die *große Haushaltsfamilie.* Daneben existierten, besonders im agrarischen Bereich, vielerorts die alten patriarchalisch geordneten Verwandtschafts- und Sippengruppen weiter und besiedelten ganze Weiler und Dörfer. Demnach dürfte die dominierende Sozialreform, zu der sich im Mittelalter und der frühen Neuzeit die Familie entwickelte, die *große Haushaltsfamilie* sein, Produkt bäuerlichen und bürgerlichen Wirtschaftsdenkens, wie es die veränderten Strukturen des Hausens und Wirtschaftens, des Handels und Wandels mit sich brachten.

Mit dieser These wird nicht die Möglichkeit gleichzeitig vorhandener anderer Familientypen bestritten, noch soll damit eine quantitative Norm von Haushaltsmitgliedern festgelegt werden. Es ist vielmehr das rechtliche und soziale Leitbild gemeint, das für lange Zeit bestimmend war[14a].

[14a]) Mitterauer, Michael: Patriarchat. 1977, S. 38 ff.

Die rechtliche Form der Eheschließung veränderte sich langsam im Verlauf des Mittelalters, wobei die Kirche danach strebte, der kirchlichen Segnung der Ehe ein immer größeres Gewicht im Verhältnis zu den weltlichen Akten, Verlöbnis und Beilager, zu verleihen. Allmählich waren die alten Verlobungsformalitäten, die Überreichung der Wittumsurkunde, der Ringwechsel und die Zahlung des Handgeldes, in die Form einer Trauungshandlung der Verwandten übergegangen, an der die Kirche zunächst nicht beteiligt war. Dann zog sie diesen Akt räumlich vor die Kirchenpforte, lokalisierte ihn ›ante ostium ecclesiae‹, wovon solche Denkmäler wie die anmutige Skulptur der ritterlichen Verlobung über der Rottweiler Brautpforte Zeugnis ablegen. Hier also fand nun die Rechtshandlung statt, zunächst noch durch den Vormund, aber doch zumindest in Gegenwart des Geistlichen, der sie mit seinem Segen, der Benediction, beschloß[15]. Dem folgte dann der Eintritt der Hochzeitsgesellschaft in die Kirche und die Brautmesse als eigentliche kirchliche Handlung, nachdem das weltliche Geschäft, die vormundschaftliche Trauung, abgeschlossen war. Eine spezifisch kirchliche Trauung gab es also in diesem Stadium, das etwa bis 1200 anzusetzen ist, noch nicht.

Mit der Änderung des weltlichen Rechts jedoch, mit der persönlichen Verselbständigung der Braut und mit der Verlagerung der Ebenbürtigkeit von der Standes- und Besitzebene auf die Glaubensgleichheit durch das kanonische Recht wurde der »geborene« Trauungsvormund durch den »gekorenen« ersetzt. Dessen Rolle übernahm sogleich und ausschließlich die Geistlichkeit unter strengem kirchlichem Verbot der Laientrauung. Das Zur-Ehe-Geben, die Trauung durch den Geistlichen wurde für die zweite Hälfte des Mittelalters zur typischen Form der Eheschließung. Die Trauung durch den Geistlichen bedeutete also die nunmehr kirchliche Ausübung einer ursprünglichen weltlichen Familiengewalt mit weltlichem Rechtsgrund. Sie basiert daher auf vor-

15) Sohm, Rudolf: *Das Recht der Eheschließung.* 1875, S. 160 ff.

Brautpforte in Rottweil am Neckar

christlicher Tradition und ist erst verhältnismäßig spät von der Familie auf die Kirche übergegangen.

Dieser Vorstellung entspricht die Tatsache, daß die Zeremonie der kirchlichen Trauung mit der symbolischen und magischen Handlung des Zusammenlegens und -bindens der Hände als erster Teil der Hochzeit noch lange Zeit *vor* der Kirchentür vollzogen wurde.

Auch Luthers »Traubüchlein«[16] schreibt diese zweifache Hand-

16) Luthers Werke, Erlanger Ausgabe, Bd. 23, S. 210 f.; vgl. den Holzschnitt von Hans Sebald Beham von 1533, einen bäuerlichen Hochzeitszug darstellend.

Trauung vor der Kirchentür

lung vor: 1. das Zusammensprechen der Brautleute *vor* der Kirche und 2. ihre Segnung *in* der Kirche:

(1.)

»Für der Kirchen trauen mit solchen Worten:
Hanns, wilt du Greten zum ehelichen Gemahl haben?
Dicat: Ja.
Greta, wilt du Hansen zum ehelichen Gemahl haben?
Dicat: Ja.
Hie lasse sie die Trauringe einander geben, und füge ihre beide rechten Hand zusammen, und spreche: Was Gott zusammenfüget, soll kein Mensch scheiden. (Darnach spreche er vor allen ins-

gemein:) Weil denn Hanns N. und Greta N. einander zur Ehe begehren, und solchs hier öffentlich für Gott und der Welt bekennen, darauf sie die Hände und Trauringe einander gegeben haben, so sprech ich sie ehelich zusammen, im Namen des Vaters und des Sohnes und des heiligen Geistes. Amen.

(2.)

Für dem Altar über den Bräutigam und Braut lese Gottes Wort. (Folgt die Verlesung der bekannten Schriftstellen.) Dann am Schluss die Benediction: Hie recke er die Hände über sie und bete also: Herr Gott, der du Mann und Weib geschaffen und zum Ehestand verordnet hast, dazu mit Früchten des Leibes gesegnet und das Sacrament deines lieben Sohnes Jesu Christi und der Kirchen, seiner Braut, darin bezeichnet; wir bitten deine grundlose Güte, du wolltest solch dein Geschäft, Ordnung und Segen nicht lassen verrücken, noch verderben, sondern gnädiglich in uns bewahren, durch Jesum Christum, deinen Sohn, unsern Herrn. Amen«.

Erst im Verlaufe des 16. Jahrhunderts wurde dann der gesamte Trauungsakt *in* das Gotteshaus verlegt und damit die alte Bedeutung des weltlichen Rechts gänzlich in den Hintergrund geschoben. Das galt auch für die vorhergehende Verlobung, die ja in vorchristlicher Zeit als bindendes Eheversprechen gegolten hatte. Mehr und mehr erhielt stattdessen die priesterliche Ehebestätigung in der Kirche auszeichnenden Stellenwert beim Hochzeitsgeschehen und hat ihn sich bis weit in die Gegenwart bewahrt. Der Hochzeitstag als kirchlicher Trauungstag ist meist auch heute der Termin der eigentlichen Familienfeier.
Der Trauung mußte seit den Zeiten der fränkischen Kirche ein Aufgebot vorangehen, um etwaige Ehehindernisse festzustellen, die die Kirche zur Verwirklichung des christlichen Eheideals aufgerichtet hatte. Das betraf im besonderen die Unsicherheit, die im Volksbewußtsein über die Verlobung als rechtskräftigem Eheversprechen herrschte und die Luther in seiner Schrift »Von Ehesachen« (1530) anschaulich beschreibt:

»Es ist oft geschehen, daß für mich kommen ein ehelich Paar Volks, da eins oder alle beide sich vorhin heimlich mit Andern verlobet hatten, da war Jammer und Noth. Da haben wir Beichtväter und Theologen sollen rathen solchen gefangenen Gewissen;

wie konnten wir aber? Da stund der Official Recht und Brauch und urtheilet, das erste heimliche Verlöbniss sollte eine rechte Ehe sein für Gott, und die andere ein offentlicher Ehebruch. Da fuhren sie denn zu und zerissen die andere Ehe, und geboten das erste heimliche Verlöbnis zu halten, sie hätten gleich zehen Kinder mit einander in der offentlichen Ehe, und ihr Erb und güter zusammengemenget. Es musste von einander, Gott gebe, der erste Verlobete wäre vorhanden und spräche sie an oder wäre anderswo, ob er gleich anderswo sich auch verehelicht hätte und sie nimmermehr haben wollte. Weiter, wenn solch Verlöbniss so heimlich war, dass mit keinem Zeugen kunnt beweiset werden, und die andere Ehe war offentlich für der Kirchen bestätiget, zwang man sie zu allen beiden. Erstlich, dass sie das heimlich Verlöbniss mussten für die rechte Ehe halten im Gewissen für Gott. Wiederumb zwang man sie auch bei Bann und Gehorsam zu dem andern Mann zu Tische und zu Bette als zum Ehemann, darum, dass diese Ehe offentlich beweiset war; aber jene, die heimliche, Niemand gläuben durft ohn sie allein in ihrem Gewissen für Gott. Was sollt hie ein armes Gewissen thun?«[17].

Die Inkongruenz von Verlobung und Trauung führte also zu großen seelischen und materiellen Problemen, und die Erinnerung daran hat sich zuweilen in den Hochzeitsbräuchen und -spielen von der falschen und verlassenen Braut bis in die Gegenwart erhalten. Ein literarisches Zeugnis bildet die Aufgebotszene in Wittenwilers »Ring«[18] aus dem 15. Jahrhundert:

»Do nu die mess ein end genam,
Der pharrer huob ze sagen an:
'Hört, ir frauwen und ir knecht!
Wisst, es ist der kirchen recht,
Daz einr ein chan im nemen schol
Offenleich (so tuot er wol),
nicht so haimlich ane pfaffen!
Dar zuo ist mit uns geschaffen,
daz wir chündin uberlaut
Von dem preutgom und der praut
Und vor allem volk dar zuo
In der kirchen spat und fruo
Ob iemant wär und wesen scholt,
Der da wider sprechen wolt.

17) Luthers Werke, Erlanger Ausgabe, Bd. 23, S. 98.
18) Wittenwilers »Ring«, 5403–5456.

Dar umb gepeut ich pei dem pan:
Wer der ist, der bwären chan,
Daz die ee nicht redlich sei,
Der sag es ze der vart hie pei!'
Des chroch ein altes weib her für
An einem stab, sie sprach: 'Ich spür,
Daz Pertschi mit des tiefels rat
Sein treuw an mir geprochen hat,
Es ist ein jar und nicht vil me,
Daz er mir schlechtz verhiess die ee.'
Des wurdens älleu lachent do
Und gen dem pharrer sprechent so:
'Wisst, die ee was gschaffen
Vor münchen und vor phaffen!
Dar umb so nem im ieder gsell
Ein frauwen, do er gernest well!'
Umb die red, die da geschach
Von dem weib, die in an sprach,
Ward hertailt ze Lappenhausen,
Daz sie scholt ein bruoche lausen,
Und, gesäch sie noch so wol,
Sam ein eweib gsehen schol,
Daz sie möcht derkennen
Die läus und dar zuo prennen
Und liess die knöpfe stille sten,
Daz sie schölt für sie alle gen
Und bewären iren dant,
Wolt sie Pertschin han zehant.
Des zoch der preutgom ab sein pruoch
Und sprach: 'Nu se hin, hüer, nu suoch!
Und prennst du mir des fadens knöpf,
Ich reiss dir aus die grawen zöph.'
Was schol man lengren dises lesen?
Sie liess die peisser all genesen
Und graffelt an hin mit der hant,
Und, wo sie einen strike vand,
Der hiet sein leben da verlorn;
Des lachtens all von rechtem zorn.
Den pheiffer hiess man schlahen auf
Und draten hin gen Pertschis haus«.

Hanika[19] hat diese Szene wohl mit Recht als eine parodistische

19) Hanika, Josef: *Die »verlassene Braut«.* 1957, S. 106f.

Verspottung der mittelalterlichen Verhältnisse gedeutet mit ihrer Rechtsunsicherheit über die Gültigkeit von Verlöbnis und Trauung – und sie zu späteren Volksbräuchen und deren formelhaften Erscheinungsbildern in Beziehung gesetzt.
Um der kirchlichen Trauung gegenüber der formlosen Verlobung entscheidende Rechtskraft zu verleihen, entschloß sich die Kirche zu einem folgenschweren Eingriff in das Eheschließungsrecht auf dem Tridentiner Konzil von 1563. Die kirchliche Handlung erhielt dort den Rechtssinn der eigentlichen Eheschließung, und dem Geistlichen war damit die Kontrolle über etwaige Ehehindernisse und bigamistische Vorfälle in die Hand gegeben. So legte die kirchliche Verfügung nunmehr das Schwergewicht auf die Ehefragen des Geistlichen an das Brautpaar und die darauffolgende Consenserklärung, für die die Gegenwart zweier Zeugen Bedingung wurde. Weltliche Verlobung als Rechtsgeschäft und kirchliche Trauung verschmolzen zu einem eheschließendem Vorgang nach geistlichem Recht.
Die Beschlüsse des Tridentiner Konzils, das die Ehe zum Sakrament erhoben hatte, wurden von Luther und den protestantischen Reformatoren nicht anerkannt. Er selbst, verheiratet mit einer ehemaligen Nonne, bestand nicht auf der Einehe und tolerierte, wenn auch unter politischem Druck, die 1540 geschlossene Nebenehe des Landgrafen Philipp von Hessen. Thomas Münzer (um 1480–1525) errichtete in Thüringen ein »urchristlich«–kommunistisches Reich. Ähnliche Formen der erweiterten Familie als einem ewigen sozialen Zusammenhang suchten und fanden 1534 die Münsteraner Wiedertäufer in Westfalen, die von Jakob Huter 1528 in Mähren gegründete praekommunistische Wiedertäufergruppe und die weitverbreitete Brüderschaft der Habaner.
Weit strenger setzte der Schweizer Reformator Johannes Calvin (1509–1564) die Normen für Kirchenzucht und Eheleben. Selbst seit 1540 mit einer Witwe verheiratet, traf er für Genf, wo damals neben sieben Spitälern mehrere Dutzend Freudenhäuser existierten, ganz eigene Ehebestimmungen: die Frau durfte nicht älter sein als der Mann, kein Greis ein junges Mädchen heiraten, die Mitgift keine Rolle spielen, und auf Ehebruch sollte die To-

desstrafe stehen. Auch die Zeugung galt als Leistung im Dienste Gottes, »eine Auffassung, die sich mit dem Puritanismus bis heute fortgesetzt hat«[20].

Doch blieb die Eheschließung für die Reformatoren ein durchaus weltliches Rechtsgeschäft, und es gibt kein eigentliches protestantisches kirchliches Eherecht. Vielmehr behielt man bis zu einem gewissen Grade die alten Grundsätze des kanonischen Rechtes bei, wonach das Verlöbnis bereits das rechtskräftige Eheversprechen bedeutete und die Trauung nur als Vollzugshandlung galt[21]. Luther schrieb 1530 dazu in der erwähnten Schrift:

> »Von Ehesachen«:
> »Denn wir droben gehört haben, dass eine offentlich verlobte Dirn heisse eine Ehefrau, und dass solch offentlich Verlöbniss, wo es frei und rein ist von andern zuvor beschlafen Dirnen, stifte eine rechte redliche Ehe, darumb, so ist er (der Verlobte) auch gewisslich ein rechter Ehemann, und weil sich's bei uns nicht ziemet, mehr denn ein einziges Weib zu haben, so ist er seines Leibes nicht mächtig, und kann kein ander berühren ohne Ehebruch«[22].

Kirchenordnungen solchen Inhalts haben sich vielerorts als evangelische Praxis bis ins 18. Jahrhundert erhalten. Die Vorstellung von der verpflichtenden Rechtskraft einer »öffentlichen Verlobung« nimmt hier ihren Ursprung. Sie verbindet sich mit dem überlieferten Denkmodell, daß mit der Verlobung wohl das eheliche Treueverhältnis, aber noch nicht die eheliche Gemeinschaft einzusetzen habe. Das führte zu der Forderung nach kirchlich zu begehender Verlobung in mehreren evangelischen Kirchenordnungen[23].

Die Spaltung der Kirchen in Deutschland betraf also vornehmlich gerade das Eherecht. Nach dem Recht der katholischen Kirche ist

20) Saller, Karl: *Sexualität und Sitte.* 1966, S. 127 f.
21) Sohm, Rudolf: *Das Recht der Eheschließung.* 1875, S. 107 ff.
22) Luthers Werke (Erlangen), Bd. 23, S. 129.
23) Die Erinnerung an die Rechtskräftigkeit der Verlobung ist noch in einer ganzen Reihe von Vorstellungen und Vorschriften bis in die Gegenwart lebendig geblieben wie z. B. »Kranzgeld«, das der Verlobte seiner verlassenen Braut zu zahlen habe; letzthin ausgeführt in einer Glosse »die teure Braut«, in: *Der Stern.* September 1969.

die Trauung nichts anderes als eine »solennisierte Consenserklärung«[24]; die Eheleute geben sich selbst das Sakrament. Die evangelische Kirche dagegen traut die Braut tatsächlich dem Bräutigam an, ohne allerdings die geistliche Kopulation zunächst als ihr Recht zu fordern. Erst seit dem 18. Jahrhundert gibt es überhaupt eine protestantische Trauung. Die Reformatoren hatten eine Einmischung der Kirche in das Eherecht nicht gewollt. Unter dem religiösen Einfluß der Puritaner Englands führte dort Cromwell bereits 1653 die Zivilehe ein, die sieben Jahre später allerdings wieder abgeschafft wurde. Aber der Gedanke blieb lebendig und reifte in den verschiedenen Staaten in verschiedenem Tempo; so besteht in den Niederlanden die Zivilehe bereits seit dem 17. Jahrhundert. Für Deutschland wirkte die Entwicklung Frankreichs leitbildhaft, wo sich die Zivilehe seit der Französischen Revolution durchgesetzt hat, erst in einem Gesetz von 1792, dann obligatorisch durch den Code civil.

Im föderalistischen Deutschland dagegen verlief die Entwicklung nur langsam und in verschiedenen Phasen: Die obligatorische Zivilehe beschloß Frankfurt 1850, Baden 1869, Preußen 1874, und für das gesamte Deutsche Reich erhielt sie dann am 1. Januar 1876 Gültigkeit[25].

Neben den großen christlichen Konfessionen waren es in Deutschland die Juden, die für sich seit dem Mittelalter in ihren jüdischen Gemeinden eigene Rechtsvorstellungen und Rechtsnormen entwickelt hatten, ja: gerade in den Formen des Eherechts bewahrte sich das jüdische Recht am längsten[26]. Bildeten sie im Mittelalter zunächst ein seßhaftes und kontinuierliches Bevölkerungselement, so verhinderte ihre außerordentliche religiöse Bewußtheit doch jede reale Integration[27], und das strenge Postulat der Kirche nach Glaubensgleichheit der Ehepartner mag die Juden noch leidenschaftlicher zu religiöser Absonderung ge-

24) Sohm, Rudolf: *Das Recht der Eheschließung.* 1875, S. 271 ff.

25) vgl. Hübner, Rudolf: *Grundzüge des deutchen Privatrechts.* ²1913, S. 538; Dombois, Hans u. Fr. K. Schumann: *Weltliche und kirchliche Eheschließung.* 1953.

26) Gierke, Otto: *Deutsches Privatrecht.* I 1895, S. 437 f.

27) vgl. Caro, Georg: *Sozial- und Wirtschaftsgeschichte der Juden.* 1908, S. 452; Kisch, Guido: *Forschungen.* 1955.

drängt und in ihrem religiös-sittlichen Empfinden als Grundlage ihres gesamten gemeindlichen Lebens noch entschiedener bestärkt haben. An diesem Bewußtsein vom »heiligen jüdischen Volkstum« scheiterten auch die Bemühungen Luthers[28], der sich entschieden gegen den judenfeindlichen katholischen Glaubensfanatismus wandte, doch nicht im Geiste humanistischer Gewissensfreiheit, sondern vielmehr im missionarischen Glauben an die Bekehrung Israels. Als er sich hierin getäuscht sah, schlug seine Stimmung gegen die »verstockten Juden« um. Erst das tolerante 18. Jahrhundert brachte auch für die jüdischen Heiratsvorschriften eine weitgehende Emanzipation und Liberalisierung.

28) 1523: »Daß Jesus Christus ein geborener Jude sei«; vgl. Dubnow, Simon: *Die Geschichte des jüdischen Volkes in der Neuzeit.* Berlin 1927, Bd. VI, S. 199 ff.

B Exkurs:

Die Ballade von der schönen Jüdin[1]

Die Rechtsverhältnisse und das Eherecht der jüdischen Minderheit waren nicht nebensächlich für die Sozialgeschichte der Familie in Deutschland; sie fanden ihren Niederschlag auch in der Volksüberlieferung.

In der antiken Sage erblickt Leander auf dem Adonisfest zu Sestos die Aphroditepriesterin Hero, zu der er so sehr in Liebe entbrennt, daß er es wagt, sie an heiliger Stätte anzusprechen. Zunächst weist Hero ihn zurück, aber schließlich nennt sie ihm ihren Aufenthalt, den sturmumbrausten Turm bei Sestos, wo sie nach dem harten Gebot ihrer Eltern allein mit einer Dienerin haust. Sie verabreden, daß Leander durch den Hellespont zu ihr schwimmt und sie ihm mit einer Fackel entgegenleuchtet. Eine Zeitlang können die Liebenden auf diese Weise zueinander gelangen; doch als die Winterstürme kommen, verlöscht die Fackel. Leander kämpft mit den Wogen und ertrinkt. Hero, die vergeblich auf ihn wartet, sieht ihn am Morgen tot am Ufer liegen. Verzweifelt stürzt sie sich selbst ins Meer.

Aus diesem Handlungsablauf haben die Sänger der deutschen Volksballade von den zwei Königskindern eine Anzahl von Grundmotiven übernommen: Zwei Liebende sind durch ein tiefes Wasser getrennt; der Liebhaber versucht, es schwimmend zu durchqueren; das Mädchen weist ihm den Weg mit einem Lichtzeichen; das Licht wird heimtückisch von einer bösen Frau verlöscht; infolgedesen ertrinkt der Liebhaber; das Mädchen findet am anderen Morgen seine Leiche und ertränkt sich aus Verzweiflung.

Im Balladenwerk des Freiburger Volksliedarchivs[2] ist die Königskinderballade ausführlich analysiert worden. Die Herkunft

1) Weber-Kellermann, Ingeborg: *Die Volksballade von der schönen Jüdin.* 1962; hier weitere Lit.-Hinweise.

2) *Deutsche Volkslieder mit ihren Melodien.* Hrsg. vom deutschen Volksliedarchiv. Bd. 1 Berlin 1935.

des Liedes wird in Süddeutschland (um 1400) lokalisiert. Innerdeutschland bietet den einheitlichen örtlichen Rahmen der älteren Texte, von denen aber nur vereinzelte, im letzten Jahrhundert verklingende Reste übriggeblieben sind, während sich im niederländisch-niederdeutschen Kontaktgebiet ein neues Zentrum bildete, von dem dann alle weiteren Ausstrahlungen bis in die entferntesten und jüngsten Texte ausgehen.
Eine der Motivgruppen, in die John Meier, bedeutender Herausgeber des Freiburger Balladenwerks, die rund 500 Königskindervarianten einordnete, ist die sogenannte »Väterhaßform«. Neben dem trennenden Wasser tritt hier die Feindschaft der Familien in Erscheinung:

»Denn zwischen beiden Vätern
lag immer Hader und Streit
und zwischen beiden Ländern
ein See gar tief und breit.«

Mag für diese Form auch spätere Entstehung und kunstmäßige Bearbeitung anzunehmen sein, so wiederholt sie doch ein Motiv, das schon in den frühen Liedbelegen anklingt. Nicht nur aus moralischen Gründen löscht die Amme oder Mutter das Lichtsignal des Mädchens. Bereits die klassische Hero- und Leandersage fügt dem trennenden Wasser das Motiv des gesellschaftlichen und religiösen Abgrundes hinzu, womit das Wasser zum Symbol tiefergehender Hindernisse und Widerstände wird.
Die Formulierung eines solchen Doppelsinnes in der »Väterhaßform« scheint auf das andere große tragische Liebespaar der europäischen Überlieferung hinzuweisen: Romeo und Julia, die durch die Feindschaft ihrer Familien untergehen. Seit dem 16. Jahrhundert ist dieser Stoff durch die weite Verbreitung der italienischen Novellenliteratur, durch die Popularität der Shakespearischen Dramen in alle Kreise eingedrungen – hat das Thema die Kunstdichtung zu immer neuen Umgestaltungen aufgerufen bis hin zum Broadway-Musical »West-Side-Story« unserer Tage. Die Geschichte von Romeo und Julia wurde – genau wie die von den zwei Königskindern – zum Motiv der in Familienschuld verstrickten tragisch Liebenden schlechthin, meisterhaft durch Gott-

fried Keller in seiner Novelle »Romeo und Julia auf dem Dorfe« gestaltet, zu der ihn eine Schweizer Zeitungsnotiz über den gemeinsamen Selbstmord eines bäuerlichen Liebespaares anregte. Das Schicksal von Hero und Leander, von Romeo und Julia wurde jedoch nicht nur von der Kunstdichtung vielfach aufgegriffen, sondern bewahrte sich auch in der populären Tradition eine langdauernde Lebendigkeit. Es füllte sich mit neuen gegenwartsbezogenen Inhalten im Zuge einer Reaktualisierung. Der Weg solcher Übernahmen, Anpassungen und Verwandlungen ist späterhin kaum noch zu rekonstruieren. Welche Impulse stehen an seinem Beginn? Sind es nur äußere Assoziationen, die den Balladensänger zu einer Kontamination zweier Texte veranlassen? Ist es das Gefühl für die innere Übereinstimmung der besungenen Menschenschicksale, die die Verbindung von neuerem Stoff und älterer Form hervorruft? Die Lebenswelt solcher mündlicher Traditionen ist gebunden an ihren sozialen Raum und ihre soziale Zeit, und so kam es Jahrhunderte später zu einer Neugestaltung des alten Liedstoffes von den zwei Königskindern, zu seiner Reaktivierung durch eine auf Aktualität bedachte Trägerschicht: Zur Ballade von der schönen Jüdin.

Es war einmal eine Jüdin,
ein wunderhübsches Weib;
die hatt' eine einzige Tochter,
ihr Haar war ihr geflochten,
zum Tanz war sie bereit.

»Ach Mutter, Herzensmutter,
mein Kopf tut mir so weh!
Laß du mich eine Weile
spazieren auf grüner Heide,
bis daß es mir vergeht!«

»Ach Tochter, Herzenstochter,
allein kannst du nicht gehn;
nimm du deine jüngste Schwester,
die kann ja mit dir gehn!«

»Ach Mutter, Herzensmutter,
meine Schwester ist nur ein Kind;

die pflückt ja alle Blumen,
die in dem Walde sind!«

»Ach Tochter, Herzenstochter,
allein kannst du nicht gehn;
nimm du deinen jüngsten Bruder,
der kann ja mit dir gehn!«

»Ach Mutter, Herzensmutter,
mein Bruder ist noch zu klein;
er schießt mir alle die Vöglein,
die in dem Walde sind!«

Die Mutter legt sich schlafen,
die Tochter ging ihren Gang,
sie ging über viele Straßen,
bis sie den Schreiber fand.

»Ach Schreiber, Herzensschreiber,
der Kopf tut mir so weh;
wir woll'n eine kleine Weile
spazieren auf grüner Heide,
bis daß es mir vergeht!«

»Ach Jüdin, Herzensjüdin,
ich möcht 'ne Christin hab'n;
wenn du dich lässest taufen,
Maria Magdalena sollst du heißen,
dann will ich dich nehmen zur Eh'.«

»Ach Schreiber, Herzensschreiber,
ach nein, das kann ich nicht!
Eh' ich mich lasse taufen,
viel lieber will ich mich ersäufen
im tiefen, tiefen See!«

Sie schlug auf ihren Mantel
und stürzt sich in den See:
»Ade, herzliebster Vater und Mutter,
ade, herzliebster Schreiber
wir sehn uns nimmermehr!«

Vom äußeren Schema der Königskinder-Ballade ist hier wenig übriggeblieben. Die wechselnde Metrik dieser Fassung, aber auch die inhaltliche Abfolge scheinen auf eine unabhängige Entstehung und erst nachträgliche Verbindung der beiden Varianten zu deuten. Auf die Eingangsstrophe von einer schönen Judenmutter und deren tanzlustiger Tochter folgt das bekannte Zwiegespräch, in dem die Tochter die Mutter um die Erlaubnis zu einem Abendgang am See oder auf der Straße bittet. Trotz des Verbotes entspringt das Mädchen hinter dem Rücken der Mutter, um ihren Liebsten, einen Schreiber (oder Jäger) zu treffen, den sie um ein liebevolles Zusammensein bittet. Sicher ist die Gestalt des Schreibers, zu dem vom jüdischen Lebenskreis aus zahlreichen Berührungen bestanden, die ursprünglichere. Dieser verspricht ihr die Ehe unter der Bedingung, daß sie sich auf einen christlichen Namen (zumeist den der biblischen Büßerin Maria Magdalena) taufen läßt.

Das Mädchen will jedoch darauf nicht eingehen und ertränkt sich lieber im Meer, als eine Christin zu werden. In anderen Varianten sagt sie zu und bittet ihren Liebsten, einen Abschiedsbrief an ihre jüdischen Eltern schreiben zu dürfen, von denen sie sich nun trennen muß.

Nur selten kann man die Entstehungszeit von Volksüberlieferungen genau fixieren. Es gibt für sie weder Druckjahr noch Copyright. Wenn jedoch terminierbare Flugblattdrucke oder sonstige datierbare Hinweise vorliegen, so darf im allgemeinen meist schon mit einer vorausgehenden längeren mündlichen Umlaufzeit gerechnet werden. Auch im vorliegenden Falle kann es wenig besagen, daß die meisten Aufzeichnungen von Mischtexten der Jüdinnenballade erst aus dem frühen 19. Jahrhundert stammen. Damals muß die Ballade von Jüdin und Schreiber bereits zum festen Bestand des umlaufenden Liederrepertoires gehört haben – und zwar seit längerer Zeit. Dafür zeugt ihre große Verbreitung und Beliebtheit.

Die Forschung vermutet die Entstehung der Jüdinnenballade in der ersten Hälfte des 18. Jahrhunderts und stützt sich dabei auf formale Gesichtspunkte wie den Mangel an mundartlichen Fassungen u. a. Auch die Ähnlichkeit der Melodien scheint einen verhältnismäßig späten gemeinsamen Ursprung, vielleicht in

Frankfurt, dem Zentrum jüdischen Lebens, zu unterbauen. In der Volksliedsammlung »Des Knaben Wunderhorn« (1806) findet sich jedenfalls »die Judentochter« als »mündlich umlaufend« belegt. Die Ursprungsfrage einer so verbreiteten Volksballade ist allerdings eher durch sozialgeschichtliche Überlegungen zu beantworten als durch ein rein formales textkritisches Verfahren.

Was ergibt ein Vergleich der Jüdinnen-Ballade in ihren Hauptelementen mit derjenigen von den Königskindern? Das tragende Motiv des trennenden Wassers ist völlig geschwunden; dagegen hat sich jenes der gesellschaftlich religiösen Kluft breit zum unüberbrückbaren Ehehindernis ausgeweitet. Das Dilemma aber liegt nun gänzlich bei dem Mädchen. Während in den »Königskindern« die Liebenden untrennbar sind, konzentriert sich jetzt die Tragik auf die Seite des Mädchens, und auch die Sympathie des Sängers fällt auf die Frauengestalt, die bedingungslos und bis zum eigenen Untergang ihrem Gefühl gehorcht.

Über den Anfang ihres Liebesverhältnisses zu einem Christen erfahren wir nichts.

Übereinstimmend in fast allen bekannten Fassungen beginnt die Ballade damit, daß das Mädchen mit schön geflochtenem Haar heimlich zum Tanz gehen will und versucht, ihre Mutter zu täuschen, indem sie ein Kopfweh vorgibt und deshalb um die Erlaubnis zu einem Spaziergang bittet. Die Herkunft des Tanzmotivs in der Jüdinnenballade wurde in der Volksliedforschung stilanalytisch als eine aus Gedankenlosigkeit erwachsene Vermengung mit der Kopfwehstrophe der Königskinder-Ballade erklärt, die dann den Fortgang des Liedes als Kontamination mit den Königskindern nach sich zog. Vom sozialgeschichtlichen Standpunkt ist das eine Fehldeutung. Gerade die Tanzstrophe signalisiert den gesellschaftlichen Bruch. Das Judenmädchen ist bereit, verbotenerweise dem Geliebten zuliebe aus ihrer jüdischen Gemeinschaft auszubrechen. Die Mutter jedoch durchschaut sie und bedeutet ihr:

»Ach Tochter, liebe Tochter,
dies kann und darf nicht sein.
Das wär uns ja eine Schande

fürs ganze jüdische Lande,
wenn eine Jüdin zum Tanze ging!«

In anderen Fassungen hält es die Mutter für eine Schande, daß das Mädchen auf der Gasse spaziert, in Samt und Seide geht, oder einfach nur allein geht – also eine Übertragung auf allgemein bäuerliche Sittenordnungen durch den bäuerlichen Sänger. Ausschlaggebend sind die erstgenannten Fassungen, in denen dem Mädchen von der Mutter, einer stolzen Jüdin, klargemacht wird, daß es sich den glaubensstrengen Gesittungsordnungen ihrer Familie und ihrer jüdischen Gemeinde zu fügen habe. Ihrem Herzen folgend durchbricht die Jungfrau dennoch diese Ordnung und springt heimlich zu ihrem Geliebten ....

»in die Straßen,
wo Herren und Schreiber saßen«.

Damit ist der städtische Charakter des Handlungsortes und der Stand des männlichen Partners innerhalb einer bürgerlich-städtischen Gesellschaftsordnung gekennzeichnet.
In ihrer Herzensnot und ihrem schlechten Gewissen ihrer jüdischen Familiengemeinschaft gegenüber springt sie »dem Schreiber in sein'n Schoß« oder »dem Jäger in seinen Arm« und erwartet nun von ihrem Liebsten Hilfe und Schutz, ohne ihn jedoch um die Ehe zu bitten. Nun aber erhebt sich die Trennmauer von der anderen Seite: der christliche Geliebte weist sie von sich, wenn sie nicht zu seinem Glauben übertritt und einen christlichen Namen annimmt. Die Fassungen mit happy end, in denen das Mädchen auf diesen Vorschlag eingeht und sich von seiner Familie trennt, dürften die jüngeren sein. Älter ist wohl der tragische Ausgang. Das Mädchen weiß keinen Ausweg mehr. Seiner Familie hat es durch die Liebe Schande gebracht, aber den gänzlichen Abfall von seinem angestammten Lebenskreis will es dennoch nicht vollziehen.

»Nein Schreiber, schönster Schreiber,
das kann und muß nicht sein.
Eh ich mich will lassen täufen,
viel lieber will ich mich ersäufen
wohl in die tiefste See.«

Sie schwang sich um ihr'n Mantel,
und ging wohl hin und her.
»Ade, ihr Vater und Mutter,
ade, ihr Schwestern und Brüder,
nun sehn wir uns nimmermehr!«

Mit dieser letzten Strophe ist das Lied wieder in das Schema der Königskinderballade zurückgekehrt; doch inzwischen hat sich eine große Umgestaltung und neue Sinngebung vollzogen. Tief muß die Problematik solch tragischen Liebesverzichts über lange Zeit im populären Bewußtsein gewirkt haben, da eine große Fülle von Jüdin- und Schreiber-Varianten entstanden und lebendig geblieben ist.

Das Lied ist seiner ganzen Formung und seinem Geiste nach wohl kaum in jüdischen Kreisen entstanden, sondern in christlichen. Es dürfte auch seinen vielen parteilichen und zuweilen auch spöttischen Umformungen nach vorwiegend in christlichen Trägerschichten gesungen worden sein. Bekannt ist aus jüdischer, jiddischer Verbreitung nur eine einzige Fassung[3]. Aber an der Quelle der Ballade muß mitfühlende Kenntnis der jüdischen Problematik im Zusammenleben mit dem christlichen deutschen Bürgertum gestanden haben. Die daraus erwachsenden Schwierigkeiten könnten ihren Niederschlag in der Volkspoesie gefunden haben, und es wäre eine geistige Leistung und ein bewußter Emanzipationsprozeß, wenn im Volkslied die konkret anschauliche Materie des trennenden Wassers zur Kluft gesellschaftlicher und religiöser Tabuvorschriften transponiert worden ist. Das entspräche nichts geringerem als einer Bewußtmachung gemeinsamen sozialgeschichtlichen Erlebens, für das allerdings das aufgeklärte 18. Jahrhundert eines Mendelssohn, eines Nathan, das bisher als Entstehungszeit der Jüdinnenballade angesehen wurde, nicht der richtige soziale Raum sein kann. Auch in gebildeten Kreisen war damals kaum etwas von den rechtlichen und gesellschaftlichen Schwierigkeiten deutsch-jüdischen Zusammenlebens gegenwärtig. Das beweist Goethes rein impressive Bemerkung zum Lied

3) Eliasberg, A.: *Ostjüdische Volkslieder*. Berlin 1918, Nr. 51.

von der Judentochter im Wunderhorn 1806: »Passender seltsamer Vortrag zu konfusem und zerrüttetem Gemütswesen«.
Der Geist, aus dem die Jüdinnenballade entstand, gestaltet und verstanden wurde, ist mindestens hundert Jahre früher aufzusuchen. Er steht in enger Beziehung zur Geschichte der Juden in Deutschland. Das Aufblühen des deutschen Städtewesens seit dem 10. und 11. Jahrhundert hatte viele Juden veranlaßt, sich in den städtischen Siedlungen niederzulassen. Von ihrer konstruktiven Rolle im Miteinanderleben der neuen bürgerlichen Sozialstrukturen geben die Landfriedensgesetze der Rheinlande, aber auch der Sachsenspiegel aufschlußreiches Zeugnis. Gerade die jungen bürgerlichen Behörden waren im Interesse ihrer Städte zum Schutze des Judentums bereit, den sie in Form gewisser Privilegien erteilten. Infolge der einzigartigen Verbindung von konfessioneller Strenge und dem Bewußtsein des eigenen Werts, die dem Judentum von jeher den Charakter eines »heiligen Volkstums« verlieh, bildeten die Juden auch in rechtlicher Beziehung eine Enkláve innerhalb des bürgerlichen Rechtskreises, was für sie gleichermaßen einen Vorteil und eine Gefahr bedeutete. Dem christlichen Deutschen galten sie als »Fremde«, später als »Ungläubige«, mit denen eine Verschmelzung unmöglich erschien und deren Rechtsstellung, mochte sie auch zeitweilig gesichert sein, immer auf einem Ausnahmerecht beruhte.
Der religiöse Unterschied verhinderte jeden Ausgleich, die Identifikationsräume waren streng geschieden, und je mächtiger mit dem aufsteigenden Mittelalter die religiöse Abhängigkeit des Menschen wurde und religiöser Fanatismus um sich griff, um so tiefer öffnete sich die Kluft.
Im Gefolge der Kreuzzüge und der Predigten der Bettelmönche begann im späten Mittelalter eine Periode der Judenverfolgungen, die die Auswanderung vieler Juden nach Osteuropa nach sich zog. Die Juden hatten seit dem 12. Jahrhundert unmittelbar unter der Schutzherrschaft des Kaisers gestanden, und zwar in einer Art von losem Hörigkeitsverhältnis als »kaiserliche Kammerknechte«. Später wurde dieses Regal von den Landesherren und Städten abgelöst und gelangte seit dem 16. Jahrhundert völlig un-

ter die jeweilige Landeshoheit, womit dann ein subjektiv verschiedenes Maß an willkürlicher Duldung einsetzte.
Die Rechtsordnungen des Mittelalters haben dem Judentum den Weg gewiesen. Begünstigt durch das Recht des Zinsennehmens, benachteiligt durch den Ausschluß von den politischen Vertretungsrechten in Gemeinde und Staat, durch die Nichtzulassung zu Gilden und Zünften, die Beschränkung ihrer Niederlassungs- und Verehelichungsfreiheit, lebten die Juden in genossenschaftlich verbundenen »Judengesamtheiten« und gelangten dadurch in eine zunächst erstrebte, dann aufgezwungene Absonderung von der übrigen Bevölkerung. Ihre Judengemeinden waren religiöse und zugleich bürgerliche und politische Verbände mit eigenen Vorstehern und eigenem rabbinischen Gericht. Die autonome Kraft dieser Gerichte nahm dann allmählich ab; ihre Zuständigkeit wurde seit dem 18. Jahrhundert mehr und mehr eingeschränkt und unter das allgemein geltende öffentliche Recht gestellt.
Die Verhaltensnormen der Juden wie der Christen bezogen ihre Verpflichtungen aus dem Religiösen. Die Juden als Minderheit waren die Unterlegenen und wurden als »Ungläubige« leidenschaftlich abgelehnt, was ihre soziale Verächtlichmachung nach sich zog. Bestärkt wurde solche vorurteilsvolle Volksmeinung durch die fanatische Haltung der katholischen Kirche, gegen die Luther im Zuge seines Reformationswerkes zunächst kämpfte. Da seine Bestrebungen aber auf Bekehrung und nicht auf Gewissensfreiheit ausgingen, konnte die Enttäuschung für ihn nicht ausbleiben, die eine zornige Abwehr gegen die »Verstockten« hervorrief, von deren Einfluß er ein Aufleben ketzerischer Sekten befürchtete. So kam es, daß nach der Reformation die Verhältnisse für die Juden (abgesehen von den reichen Hofjuden) in den katholischen Ländern günstiger waren als in den protestantischen. Besonders Sachsen bemühte sich mit Härte und Ehrgeiz, »judenrein« zu sein, und erst als August der Starke 1697 zum polnischen König gekrönt und damit katholisch wurde, traten mildere Verhältnisse ein.
Im Hintergrund der Jüdinnen-Ballade stehen also die rechtlich-

sozialen Verhältnisse des Nach-Reformationsjahrhunderts: der noch funktionierende strenge Verband der Judengemeinde – erkennbar hinter der Formel »im ganzen jüdischen Lande« – auf der einen Seite, der dem Judenmädchen die Begegnung mit ihren christlichen Altersgenossen bei Tanz und Spaziergang untersagt, der ihr aber auch nach der Übertretung der Gebote die Rückkehr unmöglich macht und sie damit in eine ausweglose, tragische Situation drängt; auf der anderen Seite die ebenso strengen christlichen Glaubens- und Rechtssätze, die der junge Mann von seiner stärkeren gesellschaftlichen Position her nicht zu überschreiten erwägt.

So stehen sich zwei unerbittliche, religiös versiegelte Gesellschaftssysteme gegenüber, und die beiden Liebenden »können zueinander nicht kommen«. Einer toleranteren Zeit bleibt es dann vorbehalten, die Siegel zu lockern und die Möglichkeiten für jene Kompromißformen zu eröffnen, in denen die Ballade in zahlreichen Varianten überliefert ist.

Endlich scheint auch der Verbreitungskreis des Jüdinnentextes seine Herkunft aus dem 17. Jahrhundert zu belegen. Die Forschung hatte die Ballade vor allem in Südwestdeutschland, dann in Sachsen, Schlesien, Brandenburg, Pommern, Ostpreußen und dem Baltikum lokalisiert. Inzwischen sind neue Varianten aus den Wolgakolonien und den deutschen Siedlungsgebieten Südosteuropas aufgetaucht. Da die Deutschen dorthin im Laufe des 18. Jahrhunderts auswanderten, ist zu vermuten, daß sie das Jüdinnenlied bereits aus einer längeren Überlieferung mit sich führten, um es am neuen Ort den neuen Lebensumständen entsprechend umzuformen.

Doch wie es auch immer mit dem Alter der Ballade bestellt sein mag, wesentlicher ist ihr Entstehen überhaupt, ihre weite Verbreitung und ihre langlebige Beständigkeit. Das Scheitern einer Eheschließung zwischen Juden und Christen an gesellschaftlich-religiösen Tabus ist sicher öfter vorgekommen, auch hin und wieder der darauffolgende Freitod eines geheimnisvoll schönen Judenmädchens. Aber daß solchen Erlebnissen eine zweite erhöhte Wirklichkeit verliehen wurde, daß man sie einbezog in den Motivkreis eines alten, fast archetypischen symbolkräftigen Liedstoffes, daß man dies Vorbild wirkungsvoll verwandelte, anpaßte, es gar ins Humanitäre lenkte und doch die alte herzbewegende Gestalt bedeutungsvoll hindurchschimmern ließ, das sind nicht nur große Leistungen des Kollektivs und der ihm innewohnenden Individualkräfte, sondern das ist auch ein heller Schein auf dem oft so düsteren Bild des deutschen und jüdischen Zusammenlebens.

III.

A Die Familie als Produktionsstätte

Das wirtschaftliche Leben der Städte im späten Mittelalter und der frühen Neuzeit bestimmten die Zünfte, deren Mitglieder gleichzeitig Handwerker und Gewerbetreibende waren. Streng regelte die Zunftorganisation das vielgliedrige Gefüge dieser Produktions- und Verkaufsunternehmen, in denen die Meisterfrauen ihren festen Platz einnahmen und in die die Kinder unmerklich spielend und lernend hineinwuchsen. Lehrjunge, Geselle und Dienstmagd ordneten sich gleichfalls in diesen gemeinsam wirtschaftenden Verband. Ein Aufsteigen des Gesellen in der Zunft war oft nur durch die Heirat der Meisterstochter möglich und unehelich Geborenen der Eintritt in die Zunft versagt[1]. Von weiterreichendem Handel und Fernverkehr war das zünftige Handwerk allerdings streng geschieden, weshalb der Einzelhandwerker auch kaum zu finanziellem Reichtum gelangte; das blieb in den Städten einigen wenigen Patrizierfamilien vorbehalten, die außerhalb der hemmenden Zunftorganisation standen.

Dieser veränderten Wirtschaftslage entsprach als Grundform die Familie als Produktionsgemeinschaft, als Besitzer und Nutzer der Produktionsmittel: d. h. der Verband des »ganzen Hauses«, als den Martin Luther die Familie im Bibeltext beschrieb: »Ich aber und mein Haus (hebr. *Bäit)* wollen dem Herrn dienen« (Josua 24, V. 15).

Hausvater und Hausmutter standen diesem Gemeinwesen vor und organisierten die Haushaltsführung als eine Ökonomik im Sinne des oikos[2].

Es ist nicht ohne Reiz, sich die innere Bedeutung dieses Hausbegriffes als Familienbehausung mit allen, auch den rechtlichen

1) Kulischer, Josef: *Wirtschaftsgeschichte.* I² 1958, S. 260 ff.

2) vgl. Brunner, Otto: *Das »ganze Haus«.* ... 1966, S. 23 ff.; Deuerlein, Ernst: *Gesellschaft im Maschinenzeitalter.* 1970, S. 98.

Konsequenzen deutlich vor Augen zu stellen. Am frühesten verwirklichte sie sich in der Bauernwirtschaft, die unter freiwilliger Mitwirkung aller Zusammenhausenden und unter Anleitung des Hausvaters lebte und arbeitete. In der Stadt entsprachen dem die Haushalte der Handwerker und Kaufleute.
Das Haus war nicht nur Wohnung, sondern es bot seinen Insassen auch Recht und Schutz; es war ein Grundelement der Verfassung, eine Freiung, in der besonderer Friede, der »Hausfriede« herrschte – eine Wortbedeutung, die bis heute in dem Rechtsbegriff »Hausfriedensbruch« erhalten geblieben ist. Daher rührten auch gewisse Machtbefugnisse des Hausherrn, Züchtigungsrechte sogar über das Gesinde, und andererseits gewisse politische Rechte in der Gemeinde, die allein der Hausvater für sein Haus und alle Innewohnenden ausüben durfte. Die Namen an alten Häusern »Zum grünen Ast« oder »Zum hohen Tor« zeugen noch von der Ganzheit solchen Hausbegriffes.
Die so umschriebene Form des Hauses, die die Existenz von Randgruppen nicht ausschließt, umfaßte das bäuerliche Leben (im hohen Mittelalter 70–80 % der Bevölkerung), die adlige Daseinsform (die ja praktisch nur eine Erweiterung der großbäuerlichen darstellte), aber ebenso die städtische in Handel und Gewerbe tätige Bevölkerung. Auch Lehrlinge und Handwerksgesellen des Meisters und die Handlungsdiener des Kaufmannsbetriebes lebten gemeinsam mit ihren Brotherren im »Hause« und waren deren Hausgewalt unterstellt.

1. Die Handwerker- und Bürgerfamilie

Es gibt kaum eine Phase in der Sozialgeschichte der Familie, die so gut belegt wäre wie diese Form der großen Haushaltsfamilie, und zwar durch eine Sammlung von »Sachbüchern« für die Ordnung des täglichen Lebens, durch die Hausväterliteratur, wie sie insbesondere aus dem 16 – 18. Jahrhundert erhalten ist[3].

3) Hoffmann, Julius: *Die »Hausväterliteratur«.* 1954; Mitterauer, Michael: *Zur Familienstruktur im 17. Jahrhundert.* 1973, S. 176 ff.

Diese Hausbücher enthielten schlechthin alles Wissens- und Lernenswerte über den christlichen Hausstand: wie der Vater Hauszucht und Kirchenzucht höchst pädagogisch miteinander verband, zugleich aber auch aus haushälterischer Erfahrung eine Lehre für die Haus- und Landwirtschaft verabfolgte; wie das Verhältnis der Eheleute sich zu gestalten hätte, der Kinder Erziehung und Aufzucht, die Behandlung der Krankheiten von Mensch und Vieh und alles Erwägenswerte über Arbeit und Wirtschaft. Aus einem späten Buch dieser Gattung[4] sei hier das wiedergegeben, was der Autor als die vorbildliche Lebensführung einer Haushaltsfamilie empfand[5]:

> »Wacker, der Mann und Hausvater, stellt das wirklich vor, was er von Natur ist – das Haupt seiner Familie, den Herrn in seinem Haus .... Er teilt die sämtlichen häuslichen Geschäfte ein, gibt Acht, ob Jeder sein Pensum verrichte, und hält mit Ernst darauf, daß es geschehe. Er ist deshalb, so viel seine Welt- und Berufslage ihm verstattet, gern zu Hause, um das häusliche Ganze immer vollkommen zu übersehen und zu leiten, oder auch da, wo es fehlt, nachhelfen zu können. Alle Hausgenossen übertrifft er an Pflichteifer und unzuermüdender Geschäftigkeit. Er besitzt alle nöthigen Kenntnisse, und so kann er Sicherheitsanstalten gegen vermeidliche Gefahren, Wehranstalten gegen unvermeidliche treffen. Dieser Hausvater ist im würdigsten Verstande der Erste von der ganzen häuslichen Gesellschaft – d. h. der Weiseste und Beste, ein Muster jeder männlichen Tugend .., auf das alle männlichen Hausgenossen nur blicken dürfen, um sich auf das männlichedelste nachzubilden.
>
> Neben den Hausvater tritt die Hausmutter, der als Hausherrin die Leitung der innerhäuslichen Geschäfte übertragen ist. Wie der Hausvater für die männlichen Hausgenossen vorbildlich ist, so zeigt sie sich als Muster jeder weiblichen Tugend, auf das alle weiblichen Hausgenossen nur blicken dürfen, um sich auf das weiblichedelste nachzubilden. Diese Parallelisierung kann aber nicht den Abstand bagatellisieren, der zwischen beiden Positionen besteht. Der Mann erklärt sie für die Herrin, er substituiert sie im Innern des Hauswesens ganz für sich. Der innere Haushalt ist die Sphäre ihres eigentlichen Lebens, innerhalb deren sie mit ih-

4) Sintenis, Christian Fr.: *Das größere Buch für Familien.* 2 1807, S. 93 ff.
5) zitiert nach Möller, Helmut: *Die kleinbürgerliche Familie.* 1969, S. 10-12; vgl. hierzu Schwägler, Georg: *Soziologie der Familie.* 1970, S. 13 ff.

rem Mann in Erfüllung ihres natürlichen Berufes wetteifert. Das ganze Schema davon schwebt ihr stets vor Augen, und alle Geschäfte dabei gehen vom Morgen bis zum Abend wie nach der Schnur. Sie liebt die Entfernung von geräuschvollen Gesellschaften, wie von allem groß-weltlichen Verkehr, sie vermeidet jeden unnützen Aufwand, sie mag über Stand weder wohnen, noch sich kleiden und findet die Modesucht so verächtlich wie lächerlich. Sie ist immerwährend stilltätig, . . .vieles besorgt sie selbst, und über Alles, was sie besorgen läßt, hat sie die sorgfältigste Aufsicht, so, wie ihr Mann die Oberaufsicht über das Ganze hat . . . Ihr Haupterwerb aber besteht darin, daß sie das, was erworben wird, auf das beste zu Rathe hält, weise eintheilt, und wirtschaftlich anlegt.

. . . Zum Haus gehören sorgfältig ausgesuchte, wackere Dienstboten. Allgemeiner Respekt gegen die Herrschaft ist der herrschende Thon unter ihnen, und sie gehorchen ihr aufs Wort. Haben sie aber einen begründeten Einwand, wird er mit grössester Bescheidenheit vorgetragen. Jeder von ihnen thut seine Schuldigkeit, ohne sich erst dazu antreiben zu lassen. Sie sind fromm und sittsam, lassen keinen Fluch, keine Zote, kein Schimpfwort von sich hören, und üben weder Bosheit, noch Muthwillen, noch Leichtsinn, aus. Wenn aber hier und da gegen den guten Thon im Hause verstoßen wird, nimmt die Herrschaft Rücksicht auf den Mangel an feinerer Bildung in den untersten Ständen. Sie verhehlen ihrer Herrschaft nichts, was sie erfahren muss, lassen sich um Dinge im Hause, die sie nichts angehen, unbekümmert . . . Sie sind ehrlich und treu, bringen nicht nur selbst die Herrschaft um nichts, sondern lassen sie auch mit ihrem Wissen um nichts bringen . . . Das Wackersche Haus hat auch viel Anverwandte, und Einige davon leben sogar darin. Diese werden zu den wirklichen Mitgliedern gerechnet, und als solche behandelt. Sie schicken sich in diejenigen, welche die Ersten im Hause sind, meinen's mit den Kindern gut, leisten gern Beistand bei häuslichen Arbeiten, sind aufrichtig theilnehmend, werden in aller Stille Friedensstifter, und gewähren durch ihren Umgang gute Unterhaltung. Auch den übrigen Befreundeten gegenüber herrscht der wahre Verwandtengeist.

Schließlich erwähne ich noch die Hausarmen, die zwar zum Hause gehören, aber außerhalb lebend natürlich nur periphere Bedeutung gewinnen«.

Soweit diese Beschreibung aus dem 18. Jahrhundert, die den Höhe- und Schlußpunkt in der Entwicklung eben jener großen Haushaltsfamilie darstellt, wie sie seit dem Mittelalter mehr und

Familienbild mit Magd

mehr zur dominierenden Grundform in all ihren bürgerlichen und bäuerlichen Gruppierungen geworden ist. In den Landschaften protestantischer Konfession gewann sie als Sozialstruktur des »ganzen Hauses« noch dadurch eine verstärkte Bedeutung, daß das Kloster als Zuflucht für unverheiratete weibliche Familienangehörige fortfiel und diese nun auch in irgendeiner Weise der gemeinsam hausenden und wirtschaftenden Gruppe integriert wurden. Kinderfrau und Magd rechneten ebenfalls zur Familie. Nicht zufällig bieten die großen Familienporträts der Niederländer einen Durchblick in die Küche, wo die Magd – in etwas kleinerem Format wie die übrigen Familienmitglieder – freundlich von ihrer Arbeit zum Betrachter aufsieht. Auch das Gesinde fand sich einbezogen in den Sorgebereich des ganzen Hauses.
Allerdings darf man sich vom heutigen Standpunkt aus die Situation gerade dieser Gruppe wohl nicht zu idealistisch vorstellen. Hatte sie auch festes Unterkommen und einen gewissen sozialen Schutz, so fehlte doch jede feste Regelung von Arbeitszeit und -lohn. Eine Veränderung ihrer Lage etwa in Richtung auf Bil-

dung und sozialen Aufstieg war ihr weitgehend verwehrt. Wer die einschlägigen Zeugnisse zu lesen versteht, wie z. B. den durch ganz Mitteleuropa verbreiteten Bilderbogen von der Geistlichen Hausmagd[6], erkennt deutlich die damalige gesellschaftliche und religiöse geringe Werteinschätzung der dienenden arbeitenden Frau, die Problematik der Bildungslosigkeit in dienenden Berufen. Die Kirche bot vielfach einen beschwichtigenden Ausgleich an in der Verbindung von Berufserfüllung und Askese, wodurch irdische Konfliktsituationen durch transzendente Assoziationen eine Aufhebung erfahren sollten. Im ganzen zeigt sich die Tendenz, dienende Armut und arbeitende Demut zu einer gottgewollten Gegebenheit zu verknüpfen, wozu die religiöse Erbauungsliteratur tatkräftig beitrug[7].

Das Gesinde war integrierter Teil der großen Hauhaltsfamilie, die die Vorstellung vom christlichen Hausstand stabilisierte. Das lateinische »familia«, Luther noch nicht geläufig, trat sprachlich erst seit dem späten 16. Jahrhundert auf, zunächst in der lateinischen Wortform – und ebenfalls in der lateinischen Bedeutung von »Hausgenossenschaft«, zu der auch der *famul(us)*, der Diener und Schüler gehörte[8].

Der Sprachgebrauch erfaßte also genau die Tatsache, daß nicht die Blutsverwandtschaft, sondern das gemeinsame Wohnen und Wirtschaften das Wesen der Gruppe bestimmte. – Nach der lateinischen Wortform scheint dann bis weit ins 17. Jahrhundert die französische Aussprache famille überwogen zu haben, während sich Familie in die deutsche Umgangssprache wohl erst nach der Französischen Revolution im wahren Sinne fest »einbürgerte« und jene Gefühlsbeziehung zu Gemütlichkeit und häuslich warmer Geborgenheit erhielt, mit der der Begriff uns Heutigen verbunden ist.

6) Spamer, Adolf: *Der Bilderbogen von der »Geistlichen Hausmagd«.* Göttingen 1970. In der Legende von der geistlichen Hausmagd wird ein alter, auf sein asketisches Leben stolzer Einsiedler von einem Engel zu einer einfachen Dienstmagd geführt und muß bald erkennen, daß diese ihm an Frömmigkeit überlegen ist.

7) z.B. Marx, Lothar Franz: *Kurze Lebensgeschichte heiliger Dienstboten des weiblichen Geschlechtes.* Frankfurt/M.^{2} 1830

8) Kluge/Götze: *Etymologisches Wörterbuch der deutschen Sprache.* Art. »Familie«.

Rokokofamilie

Im alten oikos jedoch stand das Gefühl nicht an der ersten Stelle im familiären Wertsystem. Stets hatte es sich dem Hausinteresse im verpflichtenden Sinne der wirtschaftenden Gemeinschaft zu beugen[9]. Das galt für alle individuellen Entscheidungen, besonders für Ehepartner- und Berufswahl, bei denen sich Rationalität und Sentimentalität im besten Falle vereinen konnten oder aber das Gefühl ganz selbstverständlich zurücktreten mußte. Die Romanciers des 19. Jahrhunderts von Gottfried Keller: »Romeo und Julia auf dem Dorfe«, Theodor Fontane: »Frau Jenny Treibel« bis hin zu Thomas Mann: »Die Buddenbrooks« haben aus dem veränderten sentimental-individuellen Standpunkt ihrer Epoche solche Konflikte in ihren für die Einzelperson oft tragischen Aspekten geschildert.

Räumlich und geistig befanden sich die Familienmitglieder gewissermaßen unter einem Dache. Das betrifft auch die ältere Wortbedeutung von »Vater«, die ursprünglich im Zusammenhang mit Vorstellungen von rechtlicher Ordnung und Rechtsver-

9) vgl. auch die Schlußfolgerungen in Möller, Helmut: *Die kleinbürgerliche Familie im 18. Jahrhundert.* 1969, S. 305ff.; Kramer, Karl-Siegismund: *Bauern und Bürger im nachmittelalterlichen Unterfranken.* Würzburg 1957, S. 146ff.

Hausmutter und Hausvater

tretung steht. Zur Bestimmung des älteren Vaterbegriffes reicht weder die biologische noch die sentimentale Seite aus. Gerade in der protestantischen Familie erfolgte durch den Fortfall der priesterlichen Vermittlerrolle eine Stärkung der väterlichen Autorität in der Familie – und von daher eine Übertragung auf die weltliche Autorität überhaupt[10].

Das Bild der Hausmutter nun gewann in dieser Epoche der großen Haushaltsfamilie in Deutschland jene Züge der »guten Hausfrau«, die seither leitbildhaft erhalten geblieben sind: »tüchtig und in allen weiblichen Arbeiten wohl bewandert, treu und gut, mit gesundem Verstande, aber freilich meist sehr ungebildet«[11]. Die Bilder frommer Häuslichkeit, die auch in der bildenden Kunst die Porträts der höfischen Dame abgelöst hatten, widerspiegeln die streng geregelte solide Lebensweise jener Zeit. Zum ersten Mal wird – mit der Erfindung des Stubenofens – auch das familiäre Wohnen »gemütlich«, und die biedere Hausfrau findet Gelegenheit zur Ausgestaltung des Hausstandes, in der sich das gesamte wirtschaftliche und kulturelle Leben der Familie abspielt.

10) Trier, Jost: *Vater.* 1947, S. 232ff.; Marcuse, Herbert: *Ideen.* 1969, S. 76.
11) Popp, Hermann: *Deutsche Familie.* 1914. S. 147f.

Dieses Leben wurde einerseits privater, nach innen gerichtet und ausgestaltet in jenem »altdeutschen« Stil, der seitdem fast zum Synonym häuslicher Gemütlichkeit geworden ist. Das galt für die Häuser der Patrizier, aber in bescheidenerem Maße auch für diejenigen der Kleinbürger und geringeren Handwerker.
Freilich wird man mit solchen Bildern »aus der guten alten Zeit« nicht der Gefahr einer Butzenscheibenromantik verfallen dürfen. Die Kehrseite der Biederkeitsmedaille von der guten Hausfrau bildeten die Tendenzen zu immer strengeren Sexualordnungen in der Gesetzgebung und zahlreichen Tabus des öffentlichen Lebens[12]. Kindesmorde als das Verbrechen der unehelichen Mütter wurden von der Gesellschaft mit dem Tode bestraft, und Goethe, der Dichter des »Faust« und Erdichter der Gretchengestalt, hat als Weimarer Minister selbst ein solches Todesurteil gegen eine Kindsmörderin gegengezeichnet.
Aber auch das Bild des gütigen Hauspatriarchen hatte seine Abseite, die z.B. eine Quelle des späten 18. Jahrhunderts schildert[13]:

> »Es waren gerade zu der Zeit alle Werkstätten, wo Lehrjungens angestellt werden konnten, besetzt, und zweimal machte es meine Mutter dem Handwerk bekannt, daß man für mich einen Meister finden möchte. Nach einigen fruchtlosen Versuchen fand sich endlich einer, der mich zu lehren entschloß.
> Im Anfange war er sehr freundlich, und so oft er mit Jemanden sprach, lächelte er. Er war erst vor einem Jahre Meister geworden, und etwas über 30 Jahre alt, und 12 Jahr theils in der Fremde, theils unter den Soldaten gewesen. Seine Forderungen spannte er sehr hoch, anfangs forderte er 40, dann 30 Rtlr. ... Sie (die Mutter) bot ihm endlich 20 Rtlr. und ein Bette, womit er dann auch zufrieden schien. Ich trat also den 20ten Juny 1774 meine Lehrzeit an...
> ... Da er so wenig Lust zur Arbeit selbst hatte, so forderte er destomehr von mir. Seine Lehrmethode dabey war folgendergestalt. Erst trat er hin, und machte mir die Sache zweimal vor, dann gebot er mir unter den fürchterlichsten Drohungen, es auch so zu machen: Er habe es mir nun gewiesen, und wenn ich keine Lust habe, so wolle er mir schon welche einbläuen. Und nun gings die Treppe hinunter; statt daß er mir bey der Arbeit hätte zu Hülfe kommen

12) Saller, Karl: *Sexualität und Sitte.* 1966, S. 133.
13) Probst, Johann G.A.: *Handwerksbarbarei.* 1790, S. 13ff.; 21f.

sollen, überließ er mich mir selbst, der ich noch mit allen Kunstgriffen unbekannt war. Wie oft stand ich thränenvoll da, und beseufzte meinen unglücklichen Zustand! Denn ich konnte immer schon errathen, welche Behandlung mir bevorstand, wenn ich nicht nach dem Befehl des Meisters gearbeitet hatte. Zum Glück dauerten dergleichen qualvolle Stunden nicht lange, denn bald wurde ich gerufen, häusliche Geschäfte zu verrichten. Allein wenn er dann kam, nachzusehen, was ich mittlerweile gemacht hatte, welches oft in einigen Tagen erst geschah, wenn er dann sahe, wie schlecht und nicht selten zum Schaden ich gearbeitet hatte, so erhub sich ein solches Donnerwetter, daß mir noch jetzt die Haare zu Berge stehen, wenn ich daran gedenke. Fluchen, Drohungen, Reden, die wie zweischneidige Schwerdter mich durchbohrten, und dann eine ungemeßne Tracht Schläge, daß ich oft ohnmächtig darnieder sank, waren dann mein Theil«.

Derartige Zustände dürften vielfach an der Tagesordnung gewesen sein, und ihre Kenntnis relativiert jenes aufgeputzte Bild vom grundsätzlich »guten Hausvater«.
Solche Überlegungen beeinflussen jedoch nicht die Tatsache, daß der autoritär organisierte Sozialzusammenhang gerade dieser Familienform am stärksten die Vorstellung von »Familie« überhaupt geprägt hat. Die beherrschende Rolle des Vaters, die überschaubare Ordnung des Hauswesens und die Abhängigkeitsverhältnisse der Familienmitglieder: das alles formte sich zu einem Topos, der über Generationen Gültigkeit behielt, ohne daß dessen Verfechter seine historische Determiniertheit erkannten.

2. *Die Bauernfamilie*

Die ständige Reproduzierung der hausväterlichen Ordnung, wie sie der Kulturhistoriker Wilhelm Heinrich Riehl und dessen Epigonen vorgenommen haben, ist ein Teil der bürgerlichen ideologisierten Gesellschaftstheorie des 19. Jahrhunderts selbst. Sie war nicht gegenstandsorientiert, wie die folgenden Ausführungen zeigen werden, sondern erhob das Gefühlsverhältnis des konservativen Kulturpolitikers zu Autorität und Macht auf eine wissenschaftliche Scheinstufe, die näherer Untersuchung nicht standhält. In seiner »Bürgerlichen Gesellschaft« pries Riehl den Bauern nicht nur als die »Zukunft der Nation«, sondern er fand auch neben einzelnen kritischen Bemerkungen lobende Worte selbst für die alte Gutsabhängigkeit und Hörigkeit, die ihm als wahre Grundlage patriarchaler Anhänglichkeit an den Herrn erschien[14].

Das Studium zeitgenössischer Quellen erbringt ein objektiv anderes Bild von jener Sozialsituation. Von vielen Zeugnissen seien hier Zitate des Breslauer Professors Christian Garve von 1786 herausgegriffen[15], der mit der nüchternen Aufmerksamkeit des aufklärerischen Topographen das Verhältnis zwischen Bauer und Gutsherr als ein höchst unväterliches beschrieb:

> »Der Bauer hat eine einzige Person vor Augen, die ihm durch die Macht, welche sie ausübt, fürchterlich, durch die Abgaben und Dienste, die sie von ihm fordert, oft verhaßt ist. Er sieht und bildet sich ein, daß seine Vortheile mit den Vortheilen dieser Person in beständigem Widerspruche stehn. Und doch kann er sich der Verbindung mit derselben nicht entziehn; und doch kann er in den Vertragspunkten mit ihr nichts ändern. In dieser Lage, wenn nicht Religion und ein natürlich guter Charakter dem Menschen zu Hülfe kommt, erlangt Haß, Bitterkeit und Widerwillen die Herrschaft in der Seele. Und da der Bauer zu ohnmächtig ist, diese Leidenschaften durch offenbaren Widerstand auszulassen, so nimmt er zum Betruge, zur List, zu heimlichen Ränken seine Zuflucht« (S. 50f.);

und an anderer Stelle:

> »Die Erfahrung hat den Bauer gelehrt, daß wirklich viele Gutsbesitzer in dem Betragen gegen ihre Unterthanen bloß durch Eigennutz getrieben werden; daß sie ihre Rechte da weit auszudehnen, die Vortheile der Bauern so zu beschränken suchen als möglich. Diese Gesinnung, die mehrern Gutsherren zukömmt, vermuthet der Bauer bey allen: diese Bewegsgründe, die bey manchen Operationen derselben sichtbar sind, sieht er als die einzigen an, durch die sie regiert werden.
>
> Überdieß sind seine und seines Herrn Vortheile wirklich in vielen Stücken einander entgegengesetzt: nämlich in sofern die Vortheile des Arbeiters und dessen, der die Arbeit bezahlt, entgegengesetzt sind« (S. 13).

14) Riehl, Wilhelm Heinrich: *Die bürgerliche Gesellschaft.*[9] 1897, S. 52f.
15) Garve, Christian: *Über den Charakter der Bauern.* 1786.

Gutsherrliches Züchtigungsrecht im 18. Jahrhundert

Damit sind aber bereits Herrschaftsmodelle angesprochen, die weit über das Familiäre im engeren Sinne hinausgehen und in denen lediglich das Bild des Vaters, des Patriarchen, als Symbol für die Autorität des Herrn – außerhalb von Familie und Haushalt – in Anspruch genommen wird. In seinen Ausführungen über Patriarchalismus und traditionelle Herrschaft schreibt Max Weber, daß die persönliche Autorität des Herrn auf der körperlichen und geistigen Abhängigkeit der Frauen beruhe, auf der Hilfsbedürftigkeit der kleinen Kinder, der Anerkennung der von Kindheit an gewohnten patriarchalischen Gewalt durch den Knecht sowie auf dessen Schutzbedürfnis. Er stellt fest, daß sich hier die Kindespietät für die Person des Herrn mit der Pietät für die Tradition verbinde, und während die Pietät die Macht des Herrn vergrößert, wird sie durch die Tradition in Schranken gehalten.

»Der Inhalt der Befehle ist durch Tradition gebunden, deren rücksichtslose Verletzung seitens des Herrn die Legitimität seiner eigenen, lediglich auf ihrer Heiligkeit ruhenden, Herrschaft selbst gefährden würde. Neues Recht gegenüber den Traditionsnormen zu schaffen, gilt als prinzipiell unmöglich. Es geschieht der Tatsache nach im Wege der ›Erkenntnis‹ eines Satzes als ›von jeher geltend‹ (durch ›Weistum‹). Außerhalb der Normen der Tradition dagegen ist der Wille des Herrn nur durch Schranken, welche im Einzelfall das Billigkeitsgefühl zieht, also in äußerst elastischer Art gebunden: Seine Herrschaft zerfällt daher in ein streng traditionsgebundenes Gebiet und in ein solches der freien Gnade und Willkür«[16].

Diese Überlegungen betreffen die Gutsabhängigkeit der Bauern, wie sie in fast allen deutschen Landschaften bis weit in das 19. Jahrhundert hinein üblich war. Denn die sogenannte »Bauernbefreiung« setzte sich nur schleppend und mit wechselnden Akzenten durch[17].

Für die innere Schichtung der Bauernfamilie galten ähnliche Normen der patriarchalen Abhängigkeit. Nach außen präsentierte sich die Bauernwirtschaft als eine Produktionsstätte, die vorwiegend von den eigenen Familien- und Hausangehörigen betrieben wurde. Wie einst der feudale Herr für sein Gut, so wünschte sich jetzt der Bauernwirt für seinen Hof möglichst viel Kinder als zukünftige Arbeitskräfte. Eine gefühlsmäßige Familienbindung war nicht vorherrschend.

Das Bauerndorf älterer Prägung formte sich als Addition von individuellem Besitz an Haus und Feld. Jeder Hof war auf seine Weise autark organisiert. Man produzierte möglichst alles, was man brauchte, selbst und darüber hinaus so viel an verkaufsfähigen Produkten, daß man auch am Konsum so weit wie materiell notwendig und wie es dem Prestigedenken entsprach, teilnehmen konnte. Diesem System ordnete sich nicht nur rein äußerlich die bäuerliche Wirtschaftsführung unter, sondern auch die gesamte

16) Weber, Max, in: *Staatssoziologie.* Hrsg. v. Johannes Winckelmann. Berlin 1956, S. 101f.; ders.: *Wirtschaft u. Gesellschaft.*[4] 1956, Bd. I, S. 130f. u. Bd. II, S. 588ff.

17) vgl. hierzu Weber-Kellermann, Ingeborg: *Erntebrauch.* 1965, und die dort angeführte Literatur.

familiale Struktur, die auf »das Haus« konzentriert war. Sie umfaßte die Arbeitsteilung, die Rollenzuordnung im patriarchal-autoritären Sinne, die Edukation der Kinder im traditionell-konventionellen Lebensverständnis, – aber auch die Heiratsvorschriften und die materielle Versorgung der alten Familienmitglieder.

Solchen Zielen galt die Aufhäufung des Heiratsgutes für die Töchter, der Kleideraufwand und vor allem die üppigen Hochzeiten, die das geschilderte Sozialsystem weiterhin stabilisieren sollten und in der formalisierten Sprache der Bräuche seinen festlichen Höhepunkt bildeten.

Die Größe des Hofbesitzes prägte das Dorfleben. Von ihr hing es ab, welches Wirtshaus man besuchte, mit wem man Umgang pflegte und woher man Schwiegersohn oder -tochter wählte.

Das Denken in besitzhierarchischen Systemen bestimmte also die innere Logik des dörflichen Verhaltens, bildete die Grammatik der Zeichensprache, in der man sich verständigte. Die Ausstattung der Mädchen, die Möblierung der Wohnungen, die Rollenverteilung bei der Kirmes und den Winterbällen, aber auch bei der Feldarbeit: das alles gehörte zu der Zeichensprache, zu dem Kode, in dem das Dorf sich ausdrückte und seine Ordnungen regelte. Das Erlernen des Kode übten die Eltern ihren Kindern von Klein auf ein: durch Zusehen und Miterleben bei der Feld- und Hausarbeit, beim Kirchgang, bei Hochzeiten und Begräbnissen, beim Weg zum Brunnen und zum Nachbarn. Auf diese Weise wuchsen die Kinder in das dörfliche Kommunikationssystem hinein. Tradition und traditionsgebundenes Verhalten wurden damit gleichzeitig zum Stabilisationsfaktor der »altbäuerlichen Ordnung«, d.h. der von Landbesitz abhängigen sozialen Schichtung. Ein subjektives Bewußtsein von »insider« und »outsider« war also vorrangig ökonomisch begründet. Damit stabilisierten Eigentum und Erbrecht nicht nur die Familie, sondern die Gesellschaftsordnung überhaupt.

Auch die Nachbarn gehörten in dieses System altbäuerlicher Ordnung: sie beteiligten sich an allen Brauchhandlungen der Wendezeiten im Lebenslauf, am Kindsbier, der Hochzeitsfeier und der Totenwache. Jedes Familienereignis wurde ihnen angezeigt, und »Herr Nachbar« war im bäuerlichen Bereich eine freundschaftliche Anrede.

Solche Beobachtungen waren (und sind) in allen bäuerlichen Gesellschaften zu wiederholen[18]. Die ökonomische Basis bestimmte die interne Arbeits- und Lebensstruktur auf dem Hofe mit allen ihren kulturellen Objektivationen. Sie determinierte aber auch die Schichtungsverhältnisse im Dorf und deren Rückwirkung auf die familiären Bindungen und Beziehungen. Es zeigte sich, »daß die Autorität der Herrschaft im letzten Sinne abhängig ist von der Knechtschaft, die sie glaubt und erhält«[19], – übrigens Probleme einer Herrschaft, die sich von Generation zu Generation neu bestätigen mußte. Als äußere Mittel der Artikulierung ihres Verhaltens und der Kommunikation, zuweilen auch der Konfliktbewältigung, diente den Mitgliedern dieser Gesellschaft die Sprache der Überlieferung, vor allem der Bräuche, in der ihnen jeweils gemäßen Kombination.

Das Verhältnis von Macht und Tradition verschwimmt nun bei Wilhelm Heinrich Riehl zum Idiologem patriarchalen Familiengeistes. 1855 war die erste Auflage seines Buches »Die Familie« erschienen, in dem er das »ganze Haus« idealisierend und ideologisierend beschrieben und nicht nur die sentimentale Seite des häuslichen Zusammenlebens überbewertet, sondern die ganze Form zu absoluter Größe überhöht hat[20].

In breiter Behaglichkeit ersteht als patriarchalisches Mahnmal das alte gute sittliche Leben in der großen Haushaltsfamilie, wie sie als Typus das 18. Jahrhundert beherrscht hatte:

> »Mit der ›ganzen Familie‹ hängt nun das ›ganze Haus‹ zusammen. Die moderne Zeit kennt leider nur noch die Familie, nicht mehr das Haus, den freundlichen gemütlichen Begriff des ganzen Hauses, welches nicht bloß die natürlichen Familienmitglieder, sondern auch alle jene freiwilligen Genossen und Mitarbeiter der Fa-

18) s. Schenk, Annemie und Ingeborg Weber-Kellermann: *Interethnik und sozialer Wandel.* 1973, insbes. das Kapitel »Familie«, S. 91-123.

19) Marcuse, Herbert: *Ideen.* 1969, S. 111.

20) vgl. dazu Weber-Kellermann, Ingeborg: *Volkskunde.* 1969, Kap. V, S. 29ff.; Emmerich, Wolfgang: *Volkstumsideologie.* 1968, S. 88.

milie in sich schließt, die man von altersher mit dem Worte ›Gesinde‹ umfaßte. In dem ›ganzen Hause‹ wird der Segen der Familie auch auf ganze Gruppen sonst familienloser Leute erstreckt, sie werden hineingezogen, wie durch Adoption, in das sittliche Verhältnis der Autorität und Pietät. Das ist für die soziale Festigung eines ganzen Volkes von der tiefsten Bedeutung« (S. 156).

Riehl schildert unreflektiert, wie auf dem Lande das Verhältnis von Herr und Knecht demjenigen von Vater und Kind geglichen habe und nicht selten das Gesinde die Herrschaft verehrungsvoll-vertraulich mit »Herr Vater« und »Frau Mutter« anredete. Analog den ländlichen Verhältnissen fährt er für den Handwerkerhaushalt fort:

»Wenn der reichere Handwerker oder Kaufmann die Lehrjungen, Gesellen oder Gehilfen mit seiner Familie am selben Tisch essen ließe, dann glaubt er gegenwärtig schon der Würde seines Hauses etwas zu vergeben. Und doch ist es gerade durch dieses Ausschließen vom Gesinde und Geschäftspersonal aus dem Kreise des ›ganzen Hauses‹ gekommen, daß jene Leute keinen rechten Respekt mehr haben vor dem Hausvater und Meister, oder daß der Respekt jedenfalls nicht über ihre Lehr- und Dienstzeit hinausreicht. Früher hielt das Band, welches den Lehrling an den Meister fesselte, oft für das ganze Leben fest. Der Meister stand auch dann noch als Patriarch dem Lehrling gegenüber, wenn dieser längst selber Meister geworden war. Er redete den ehemaligen Lehrling, und mochte es derselbe zu noch so hohen Würden und Ehren gebracht haben, seine Lebtage mit ›er‹ an, während dieser ihm mit dem respektvollen ›Ihr‹ erwiderte. Weil der Lehrling dem Hause des Meisters wirklich angehört hatte, darum nur konnte sein Verhältnis zu jenem immer ein kindliches bleiben. Nicht aus Kriecherei und Bedientensinn entsprang dieses Herkommen, sondern aus der Pietät des deutschen Familiengeistes. Je mehr die freiwillige Anerkennung einer natürlichen Autorität in allen Bezügen unsers bürgerlichen Lebens altfränkisch ward, um so sicherer mußten die späteren Geschlechter politisch haltlos und sozial meisterlos werden«.

So verherrlicht Riehl den patriarchal-autoritäten Haus- und Familiensinn der »guten alten Zeit«. Er verherrlicht »die soziale Ungleichheit als Naturgesetz«, stellt die These von der natürlichen Ungleichheit auf, die seit der Bibel durch die Ungleichheit von Mann und Weib konstituiert sei. Die natürliche Verschieden-

heit der Geschlechter verursacht nach Riehl deren soziale Ungleichheit und damit die politische, so daß diese also letzten Endes ewig, naturbedingt und deshalb gerechtfertigt sei.
Als kulturhistorischen Beleg für solche Thesen zitiert er einen Pakt, nach dem zwei Gemeinden der hessischen Wetterau noch im 16. Jahrhundert handelten: Wenn nämlich dort eine Frau ihren Mann geschlagen hatte, dann brachen die Nachbarn dem Manne, der sich solches hatte gefallen lassen, die First über dem Dache ab, und die Mannschaft des Nachbardorfes kam mit einem Esel, auf dem die Frau festgebunden und im Dorfe herumgeführt wurde, damit die Männer nach Gottes Gebot Herren bleiben und die Oberhand behalten sollen! Und nur durch Spendung einer Ohm Bier konnte sich das straffällige Ehepaar loskaufen. Prügelte das Weib den Mann, so war damit – meint Riehl – eine offene Empörung gegen ein Naturgesetz der Gesellschaft verkündet, und die Gemeinden als soziale Körperschaften traten zusammen, um diese Empörung niederzuschlagen. Wenn dagegen ein Mann seine Frau geschlagen hatte, so genügte ein Verweis des Pfarrers.
Die gottgewollte Ungleichheit der Geschlechter ist auch der Grundgedanke des 2. Teiles von Riehls Familienbuch, den er mit einem kulturphilosophischen Exkurs über Platon beginnt. Dessen Vorstellung, daß im Urmenschen Mann und Weib vereinigt gewesen seien, nehme gewissermaßen den Sinn der Ehe voraus; aus dem Streben nach der Wiedervereinigung des Getrennten entstehe die Familie. Die Monogamie stelle also die wahre Urform der Ehe dar und die Familie die sozialpolitische Potenz der Sitte. Die patriarchalische Form der Familie bilde damit deren Urzustand, ihren Anfang und ihr Ziel. Mit einer Fülle ethnographischer und kulturgeschichtlicher Anekdoten wird dieser Grundgedanke der patriarchalischen Ehe und Familie als »Urform« scheinbar bewiesen und die Tatsache belegt, daß im Anfang die Sitte der Ersatz für die Formen des Rechtes war. Diese Sitte aber sei geprägt von der patriarchalen Familie.
Wie gesagt: manche Einzelheiten Riehlscher Beobachtungskunst behalten als frühes empirisches Material des 19. Jahrhunderts ih-

ren Wert für die Sozialgeschichte der Familie, als »Quellenstudien aus dem Leben«, wie er selbst es nennt; aber die Familienforschung, verstanden als das Bemühen um die Erkenntnis der sich wandelnden Struktur eines primären sozialen Gebildes, hat er kaum gefördert. Wohl sieht er als Empiriker, daß die Familienstruktur als »ganzes Haus« in Deutschland nicht mehr überwiegt, aber er preist sie weiterhin als vorbildlich. Sein Ziel war die Stabilisierung einer solchen Familienform, wie sie den ökonomischen Bedingungen bis zum Beginn der Industrialisierung entsprochen hatte und zu seiner Zeit auf dem Lande nur noch bei den Bauern (nicht auf den Gütern) bis zu einem gewissen Grade fortlebte. So ist das Riehlsche Werk im Grunde ahistorisch, weil der Verfasser die historische Abhängigkeit der Sozialgröße Familie nicht anerkennt. Seine Analysen waren daher nicht wissenschaftlich exakt, sondern kulturpolitisch tendenziös; er selbst empfand sich zu sehr als konservativen Pfleger und prophetisch beschwörenden Bewahrer einer Welt, die es ja in der von ihm dargestellten Statik nie gegeben hatte. Aber seine Bücher waren glänzend geschrieben, und so angenehm klangen seine Formulierungen, so gut schmeckte den romantisch-altdeutschen Gemütern seiner Zeit und Nachwelt diese Mixtur einer ständischen Gesellschaft von edlem beharrendem Bauerntum, Patrizier-Bürgern und hoch darüber dem Adel als Führungsschicht, daß – merkwürdig genug – das von ihm gezeichnete Bild des »Volkes« über Generationen Farbe behielt. Sein Familienbuch erlebte nicht weniger als 17 Auflagen und war »zu seiner Zeit im deutschen Haus ebenso beliebt wie Ludwig Richters Bilder aus dem deutschen Familienleben«[21].

Diese Bilder dienten dem Entstehen einer Agrarromantik[22], wie sie den ehrlichen Topographen des 18. Jahrhunderts noch ganz fern gelegen hatte. Die Familie als der »Schwer- und Angelpunkt unsers social-politischen, weil unsres nationalen Lebens« (Riehl, Einleitung S. XIII) hatte darin ihre bedeutsame, gesellschaftsaffirmative Rolle zu spielen.

21) Geramb, Viktor von: *Wilhelm Heinrich Riehl. Leben und Werk.* 1954, S. 256; s. Schwägler, Georg: *Soziologie der Familie.* 1970, S. 33ff.

22) Bergmann, Klaus: *Agrarromantik.* 1970, bes. S. 33ff.

B Exkurs:

Wohnen im niederdeutschen Bauernhaus

Der oikos, das ganze Haus als Produktionsstätte der gemeinsam wirtschaftenden Haushaltsfamilie, bildete den Hintergrund für eine ganze Reihe kultureller Objektivationen, von denen hier das Wohnen im niederdeutschen Bauernhause ausgewählt sei. Es ist ein Einhaus, bei dem sich die menschliche Wohnung, Ställe und Wirtschaftsräume unter einem Dach befinden. Man betritt das Haus durch ein großes Tor an der Giebelseite, das auch Pferd und Wagen Einlaß gewähren kann, und kommt auf die Diele mit den Ställen auf beiden Seiten. An ihrem Ende liegt das Flett, eine Art von Querschiff mit dem Herd in der Mitte und kleinen Türen auf jeder Seite, die ins Freie führen. Der dahinterliegende Raum ist mit Stuben und Schlafkammern ausgebaut. Über die wirtschaftliche Funktion des komplizierten Bauwerkes ist eine Quelle aus dem 18. Jahrhundert bekannt, die in unübertrefflicher Weise Zweckmäßigkeit und familiäres Leben in diesem Bauorganismus beschreibt. Es handelt sich um eine Darstellung des westfälischen Landesadvokaten Justus Möser (1720-1794) in den Osnabrücker Intelligenzblättern von 1767:

> »Der Herd ist fast in der Mitte des Hauses, und so angelegt, daß die Frau, welche bei demselben sitzt, zu gleicher Zeit alles übersehen kann. Ein so großer und bequemer Gesichtspunkt ist in keiner andern Art von Gebäuden. Ohne von ihrem Stuhle aufzustehen, übersieht die Wirtin zu gleicher Zeit drei Türen, dankt denen, die herein kommen, heißt solche bei sich niedersetzen, behält ihre Kinder und Gesinde, ihre Pferde und Kühe im Auge, hütet Keller, Boden und Kammer, spinnet immerfort und kocht dabei. Ihre Schlafstelle ist hinter diesem Feuer, und sie behält aus derselben eben diese große Aussicht, sieht ihr Gesinde zur Arbeit aufstehen und sich niederlegen, das Feuer anbrennen und verlöschen, und alle Türen auf- und zugehen, hört ihr Vieh fressen, die Weberin schlagen und beobachtet wiederum Keller, Boden und Kammer. Wenn sie im Kindbette liegt, kann sie noch einen Teil dieser häus-

Niederdeutsches Hallenhaus

lichen Pflichten aus dieser ihrer Schlafstelle wahrnehmen. Jede zufällige Arbeit bleibt ebenfalls in der Kette der Übrigen. So wie das Vieh gefüttert und die Drösche gewandt ist, kann sie hinter dem Spinnrade ausruhen, anstatt daß in anderen Orten, wo die Leute in Stuben sitzen, so oft die Haustür aufgeht, jemand aus der Stube dem Fremden entgegengehen, ihn wieder aus dem Hause führen, und seine Arbeit so lange versäumen muß. Der Platz bei dem Herde ist der schönste unter allen. Und wer den Herd der Feuersgefahr halber von der Aussicht auf die Deele absondert, beraubt sich unendlicher Vorteile. Er kann sodann nicht sehen, was der Knecht schneidet und die Magd füttert. Er hört die Stimme seines Viehes nicht mehr, die Einfahrt wird ein Schleichloch des Gesindes, seine ganze Aussicht vom Stuhle hinterm Rade am Feuer geht verloren; und wer vollends seine Pferde in einem besonderen Stalle, seine Kühe in einem anderen, und seine Schweine im dritten hat, und in einem eigenen Gebäude drischt, der hat zehnmal so viel Wände und Dächer zu unterhalten, und muß den ganzen Tag mit Besichtigen und Aufsicht haben zubringen.

Ein rings umher niedriges Strohdach schützt hier die allezeit schwachen Wände, hält den Lehm trocken, wärmt Haus und Vieh, und wird mit leichter Mühe von dem Wirte selbst gebessert. Ein großes Vordach schützt das Haus nach Westen und deckt zugleich die Schweinekoben; und um endlich nichts zu verlieren, liegt der Mistpfuhl vor der Ausfahrt, wo angespannet wird«[1].

Dieser oft zitierte Lesebuchtext wird im allgemeinen als klassische Schilderung für sinnvolle Wohnplanung im norddeutschen Dorf genannt. Und tatsächlich ist hier die Einheit der einräumigen Behausung für Mensch und Tier in ihrer funktionalen Wirklichkeit so dargestellt, wie sie im architektonisch wohl durchdachten niederdeutschen Hallenhaus ausgeprägt war. So weit ist Justus Möser zu folgen, aber ob diese Häuser in ihrem Plan, wie er schreibt, die besten seien, dürfte in den Bereich der lokal-patriotischen Phantasien gehören, der Idealisierung des ländlichen Lebens, die er sich im Widerstreit gegen die damalige Franzosentümelei der höheren Schichten zur Aufgabe gemacht hatte. Doch behielt er insofern recht, als ihr hoher funktionaler Wert im Zusammenhang mit dem Typus der großen Haushaltsfamilie tatsächlich zutage tritt.

Das Bauernhaus als Gehäuse der gemeinsam wirtschaftenden Bauernfamilie mit ihrem Gesinde, die Bauersfrau als Herrin dieses Hausstandes: das alles kann nicht besser illustriert werden. Der Herdraum zeigt sich als die zentrale Stelle des Bauernhauses. Hier wurde nicht nur gekocht, sondern von hier aus konnte die Bauersfrau das ganze Wirtschaftswesen überschauen. Hier wurden Hochzeiten und Taufen gefeiert, und die Leichenzüge nahmen von hier aus ihren Anfang.

Man aß im Herdraum an einem langen Tisch am Seitenfenster[2], wobei Bauer und Bäuerin quer vor dem Tisch saßen und die Männer auf einer wandfesten Bank unter dem Fenster, die Frauen ihnen gegenüber auf einer oft lehnelosen Bank vor dem Tisch, wenn sie nicht standen. In der Tischordnung wiederholte sich die Rang- und Arbeitsordnung der Bauernwirtschaft, saßen die Knechte und Mägde doch nach hierarchischer Reihenfolge: Großknecht – Baumeister (Pferdeknecht), 2. und 3. Knecht –

1) Möser, Justus: *Sämtliche Werke*, III., S. 143 (Osnabrückisches Intelligenzblatt v. 7.3.1767).

2) vgl. dazu zuletzt Baumgarten, Karl: »Die Tischordnung im alten mecklenburgischen Bauernhaus«, in: *DJbfVk* 11, 1965, S. 5-15; Rörig, Maria: *Haus und Wohnen in einem sauerländischen Dorfe.* Münster 1939.

(Ochsenknecht), Kleinknecht, Schulte und Junge; und ihnen gegenüber die Großdirn, das Butenmädchen und die Lüttdirn, das Binnenmädchen – oder wie diese Gesindegruppen auch immer in den verschiedenen norddeutschen Landschaften geheißen haben mögen. Die Bevorrechtung zunächst des Bauernwirtes und weiterhin der Männerseite überhaupt gehörte in das Bild patriarchalischer Wirtschaftsordnung. Dem entsprach auch das Stehenmüssen der Mädchen und der Kinder bei Tische. Die zwischenmenschlichen Beziehungen waren weitgehend auf den Nutzen reduziert, den die Mitglieder der Hausgemeinschaft für die Wirtschaft besaßen. Als nutzlose Esser wurden nur die Kleinkinder und die ganz Alten geduldet. Der Geist einer solchen Hausgemeinschaft stand unter dem Motto der maximalen Ausnützung der zur Verfügung stehenden Menschen und Güter, und deren sinnvolle Organisation lag in der Hand des Bauernwirtes. So blieb das ganze Hauswesen in seiner äußeren Repräsentation vorrangig auf den Hausvater orientiert.
In der Gemeindeordnung und -verwaltung vertrat er sein »Haus« mit allen seinen Bewohnern auch rechtlich als eine Wirtschaftseinheit, und die Gemeinde funktionierte gewissermaßen als eine Gemeinschaft der Hausväter[3].
Die Organisation des inneren Lebens und Funktionierens dieses ganzen Hauses lag in der Hand der Hausmutter. Häufig war der Hausrat von ihr mit in die Ehe gebracht worden auf dem Kammerwagen der Braut und persönlich gekennzeichnet vom Hersteller und mit Namen und Jahreszahl der Besitzerin. Viele Stücke trugen Initialen, altvererbte oder modische Schmuckformen und fügten sich dem Lebens- und Zeitstil ein, wie Stühle des Nach-Empire oder nach-barocke Säulenverzierungen am Tellerbord, – wie der eichene Rokokoschrank in der Stube oder das Silhouettenbild an der Wand. Geschmacksrichtungen und Stilepochen fanden ihren Niederschlag in der einfachen Ausstattung des Inneren, aber auch im Äußeren des Hauses. Zierate wurden eingeritzt, gemalt, in Schiefer oder Ziegeln ausgelegt, Sprüche auf-

3) Kramer, Karl-Siegismund: *Das Haus als geistiges Kraftfeld im Gefüge der alten Volkskultur.* 1964, S. 30-43 und die dort angeführte Literatur.

Familie beim Essen

gemalt oder in die Tragebalken eingeschnitten; sie gaben Namen und Stand des Besitzers und seiner Ehefrau und des Erbauers bekannt.

Möser nun feiert in seinem Aufsatz die Rolle der Frau, die Herrin über dies alles war, – die Rolle der Hausmutter in einer solchen Wirtschaftseinheit. Sie saß in der Diele, in der Mitte des Herdraumes. Aber ob der Platz am Feuer tatsächlich der schönste war, bleibt zu bezweifeln. Einerseits sah sich die Hausmutter der Feuersglut des offenen Herdes, andererseits dem ständigen Zugwind in der freien durchgängigen Halle am meisten ausgesetzt. Die traditionellen Krankheiten, die aus dieser Lebensweise resultierten: Haut- und Knochenentzündungen, Rheuma und »Auszehrung« waren die Folge. Möser schildert sehr anschaulich, wie die Hausfrau mit ihrer Kontrollfunktion Tag und Nacht beschäftigt war. Ihr Bettkasten, in dem sie mehr saß als lag, befand sich an einem Gang hinter der Herdstelle mit einem kleinen Fenster, durch das sie sich die Übersicht tags und nachts bewahren konnte, denn dort mußte z.B. auch der spätheimkommende Knecht auf dem Weg zu seiner Schlafkammer passieren[4]. Für keinen der Hausbewohner, am wenigsten aber für die Hausmutter, gab es einen individuellen Lebensraum, eine irgendwie geartete »Intimsphäre«. Das Leben unterlag voll den Gesetzen der Ökonomik, die den Tageslauf bestimmten – und dem Dunst von Vieh und Vorräten, der den ganzen Hausraum erfüllte. Eine Wohnkultur war diesem Hause noch unbekannt. Sie entstand auf dem Lande erst viel später als Folge von Individualisierung und Entwicklung von heizbaren Stuben, die dann jeweils einem speziellen Zwecke dienten. Erst das 19. Jahrhundert brachte für das Bürgertum die »kalte Pracht« als Nachahmung des adligen Salons, – für die Bauern die »Paradestube« in Imitation des Bürgertums[5].

Mit diesem Beispiel kann die enge Beziehung zwischen Gesellschaftsorganisation und Entwicklung des Wohnhauses nur angedeutet werden[6]. Bauweise und Raumeinteilung gehören zu den gesellschaftlichen Faktoren, die vom Leben der Familie entscheidend geprägt werden und wiederum in einem dialektischen Rückkoppelungseffekt deren Lebensformen von neuem prägen.

4) Ein gutes Muster solchen Hauswesens findet sich z. B. im Freilichtmuseum Cloppenburg bei Bremen im Quatmannshof.
5) Weiß, Richard: *Volkskunde der Schweiz.* 1946, S. 98ff.
6) s. Gunda, Béla: *Der Einfluß der Gesellschaftsorganisation auf die Entwicklung der Bauweise.* 1963, S. 121ff.

IV.

A Die »Kleinfamilie« des 19. Jahrhunderts

»Ich war 15 Jahre und sollte bei der Tante nähen lernen. Wie sehr erstaunte ich nicht, als diese mir im Vertrauen sagte, ich sollte Braut werden. ›Mit wem?‹ fragte ich sie, und sie nannte mir den Mann; er war angehender praktischer Arzt, ich hatte ihn einige Male bei meinem Vater und auch an seinem Fenster gesehen. Er wohnte in unserer Nähe, und ich mußte an seinem Haus vorübergehen, wenn ich mir Bücher aus der Leihbibliothek holte...
Ich freute mich kindisch dazu, Braut zu werden, und malte es mir recht lebhaft aus, wie ich, von meinem Bräutigam geführt, nun spazieren gehen würde, wie ich bessere Kleider und einen Friseur bekommen würde, denn bis jetzt machte mir die Tante das Haar mit Talg geschmiert nach ihrem eigenen Geschmack zurecht; ferner hoffte ich auf ein größeres Taschengeld, das jetzt in 2 Groschen monatlich bestand, und von den kleinen etwas feineren Gerichten, die zuweilen für meinen Vater bereitet wurden, etwas zu bekommen. Mit Ungeduld erwartete ich den Tag der Verlobung, den mir die Tante im Vertrauen genannt und mir dabei gesagt hatte, daß mein Vater mich fragen würde, ob ich zufrieden mit seiner Wahl für mich sei. Der ersehnte Tag erschien,... mir klopfte das Herz mächtig, und ich antwortete, daß ich mit allem zufrieden sei, was er über mich beschließen würde. Nach dem Essen sagte mir meine Mutter, daß ich am Abend mit dem Doktor H. verlobt würde, und hielt mir eine lange Rede, die mir im Augenblick langweilig und unangenehm war, von der ich mich aber in späteren Zeiten manches Guten erinnerte. Sie sagte mir, wie ich mich gegen meinen Bräutigam betragen und ihre Ehe zum Muster meiner künftigen nehmen sollte...
Die Gesellschaft versammelte sich, ich war in einem anderen Zimmer; es war damals nicht Sitte, daß die Braut in dem Zimmer, in welchem die Eltern und die Notarien waren, sich aufhielt, und erst, nachdem sie förmlich um ihre Einwilligung gefragt worden und der Ehekontrakt unterschrieben ist, kam sie zur Gesellschaft. In banger Erwartung saß ich geputzt da, glühend vor Angst«[1].

Diese Geschichte einer gutbürgerlichen (jüdischen) Verlobung aus dem Jahre 1779 hört sich an, als wäre sie schlechthin typisch

1) Erinnerungen der Henriette Herz von 1779; zitiert nach Berend, Alice: *Die gute alte Zeit.* Hamburg 1962, S. 121f.

für die »gute alte Zeit«, in der die Tochter nur zu gehorchen und sich dem weisen Rat der Eltern zu fügen hatte. Bei näherem Zusehen offenbart sie eine Fülle von zeit- und sozialbedingten Einzelheiten, die es erlauben, sie dem Typus des familiären Denkens und Handelns zuzuordnen, wie er in Deutschland während einer bestimmten Epoche vor der Französischen Revolution und für eine bestimmte Sozialschicht charakteristisch war: dem patriarchalen Bürgertum.

1. Französische und Industrielle Revolution

Die Französische Revolution änderte auch für Deutschland gründlich die Fundamente solchen Denkens, was sich wiederum vornehmlich im Ehe*recht* zu erkennen gab.
Bis zur Reformation war das Eherecht ein Bestandteil des geistlichen Rechtes gewesen und gehörte daher zur Zuständigkeit der geistlichen Gerichte. Das wandelte sich erst in den folgenden Jahrhunderten, als sich allmählich die Gedankenrichtung des Naturrechtes durchsetzte, d.h. also der Überzeugung von den naturgegebenen, gewachsenen Grundlagen rechtlichen Denkens und Handelns. Damit war eine Abkehr von den mittelalterlich-kirchlichen Standpunkten und eine mehr individuelle Ansicht von der menschlichen Gesellschaft eingeleitet.
Mit der obligatorischen Einführung der Zivilehe 1875/76 und ihrer Aufnahme in das BGB um 1900 fand daher eine langdauernde Entwicklung ihren vorläufigen Abschluß. Die katholische Kirche allerdings kann bis heute infolge der Sakramentsnatur der Ehe die weltliche Kopulation nicht als bindend anerkennen; die evangelische Kirche dagegen akzeptiert sie als Teil der bürgerlichen Ordnung. Was ging diesem Prozeß an inneren Strömungen voraus? Durch die Gedanken des Naturrechts und der Französischen Revolution wurde die Eheschließung wieder zu einem Akt des weltlichen bürgerlichen Rechtes, – freilich in einem gänzlich anderen Sinne als im frühen Mittelalter oder vor Einführung der

Vorschriften des Tridentinischen Konzils[2]. Sie war nicht mehr wie damals nur Rechtshandlung, nur ein Kaufvertrag zwischen zwei Sippen, nur die Übergabe der Frau an den Mann als eine »Rechtssache« –, sondern die Eheschließung wurde nunmehr ein Rechtsvertrag zwischen zwei Individuen. Dieser entscheidend neue Inhalt, der auf einer veränderten Anschauung vom Menschen basierte, wandelte im folgenden Jahrhundert theoretisch vollkommen den Charakter dessen, was man unter »Familie« verstand: weder Ebenbürtigkeit, noch Standesgleichheit, noch Glaubensidentität, noch Sippeneinverständnis waren nun die offiziellen Voraussetzungen für das Eingehen einer Ehe, sondern lediglich das Einverständnis zwischen zwei Individuen, Mann und Frau – mit einigen Klauseln, was Mindestalter, Nationalität usw. betraf. Solchen abstrakten Normen hinkte allerdings die tatsächliche Handhabung und Denkweise lange nach und wurde schließlich sogar von den restaurativen, nach Erhaltung der Patriarchalität strebenden Kräften im Bürgertum wieder eingeholt. Das Gleichheitsideal schwand vor dem Ideal der »deutschen Hausfrau und Mutter« wieder dahin. Aber theoretisch bleiben die eherechtlichen Errungenschaften der Französischen Revolution von hohem Wert.

Neben dem rechtlichen Wandlungsprozeß, der mit der Französischen Revolution und deren Folgen seinen äußeren Höhepunkt erreichte, gab es auch einen wirtschaftlich-sozialen, der seinerseits aufs engste mit der sogenannten Industriellen Revolution verknüpft war.

Die industrielle Erneuerung, vorweggenommen vom Fortschrittsglauben und dem Erfindergeist des 18. Jahrhunderts, ermöglicht und bestimmt durch die geistige und soziale Revolution von Bürger und Arbeiter im 19. Jahrhundert, umfaßte ja eine Zeitspanne von mehreren Generationen und kann daher kaum im engeren Sinne als »Revolution« bezeichnet werden. Es handelt sich dabei vielmehr um einen mehr reformerischen, »epischen« Ablauf mit vielen regional unterschiedlichen Kapiteln,

2) vgl. hierzu die ausführlichen Angaben bei Weber, Marianne: *Ehefrau und Mutter.* 1907, S. 407ff.

um im Bilde zu bleiben; – nicht um einen plötzlichen Bruch, sondern um einen sehr allmählich verlaufenden Prozeß.
Die Industrialisierung vollzog sich in einem phasenreichen, vielfach differenzierten Ablauf über die Zwischenstufen des frühkapitalistischen Verlagswesens, der Aufstellung von ersten Maschinen in den Heimarbeiterhäusern (z.B. Spinn- und Webmaschinen) – bis hin zu der endgültigen Errichtung von Fabrikgebäuden und Werkhallen mit größerem Maschinenpark. Damit war für die Arbeitenden die Organisation ihrer Tätigkeit in Schichtarbeit verbunden[3]. Das aber veränderte die gesamte Struktur der Gesellschaft.
Ausgehend von der sog. Industriellen Revolution zunächst in der englischen Textilindustrie in der zweiten Hälfte des 18. Jahrhunderts folgte also auch für Mitteleuropa nach und nach eine grundlegende, produktionstechnisch-organisatorische Umwälzung des Fabrik- und Maschinenwesens; sie bestand im kombinierten Einsatz von Antriebs- und Arbeitsmaschinen in den nunmehr arbeitsteilig organisierten Produktionsstätten.
Diese neue Produktionsweise, die großen, komplizierten, schwer zu bedienenden Maschinen erforderten auch eine neue Organisation der Arbeit. Sie wanderte aus von den Wohnungen der Heimarbeiter und Handwerker in Fabrikhallen und große Werkräume. Das aber führte zu einer Trennung von Arbeitsbereich und Wohnbereich, der entscheidend neuen Lebensform des industriellen Zeitalters, wie sie weder im bäuerlichen, noch im handwerklichen, noch im kaufmännischen Haushalt älterer Prägung je existiert hatte. Diese Trennung, verbunden mit einer stundenmäßig genau begrenzten Arbeitszeit, betraf nicht nur den ständig wachsenden Kreis der Fabrikarbeiter, ihrer Frauen und Kinder (denn Kinderarbeit war bis weit ins 19. Jahrhundert in einem unvorstellbar großen Maße allgemein üblich und wurde erst allmählich durch soziale Gesetzgebungen abgeschwächt[4]).

3) Braun, Rudolf: *Sozialer und kultureller Wandel.* 1965, S. 12ff., S. 16ff. usw.; Bürgin-Kreis, Hildegard: *Der Wandel der Familie.* 1953, S. 101ff.
4) vgl. u.a. die Beispiele bei Kulischer, Josef: *Allgemeine Wirtschaftsgeschichte.* II, ²1958, S. 187ff.;Kuczynski-Hoppe: *Geschichte der Kinderarbeit.* 1958; s. Abschnitt Arbeiterfamilie S. 127ff.

Frühindustrielles Unternehmer-Ehepaar

Sie betraf vielmehr fast alle Kreise der Beschäftigten überhaupt: die Unternehmer, die Verwaltungsfunktionäre, die technischen und kaufmännischen Angestellten, aber auch die Staatsbeamten, die Angestellten des öffentlichen Dienstes und der Dienstleistungsberufe. Die Auflösung des »ganzen Hauses« als Wohn- und Arbeitseinheit, als Produktionsstätte einer gemeinsam wirtschaftenden und -hausenden Familie war damit besiegelt, wenn sich dieser Prozeß auch bis weit ins 19. Jahrhundert hinein erstreckte. Auf dem Lande konnte sich der alte »oikos« unter den naturgegebenen Voraussetzungen der bäuerlichen Wirtschaft erhalten und – in ständigem Rückzug – in städtischen Handwerkszweigen wie in der Bäckerei oder Schneiderei, wo der Frau die Rolle der Verkäuferin und Kassenführerin zufiel.
Gerade für das politisch-soziale Leben erforderten die neuen wirtschaftlichen Hintergründe ein völliges Umdenken. Nach dem weltlichen Naturrecht sollte der Mensch, und zwar Mann *und* Frau, nicht mehr entsprechend seinem Stand eingestuft werden, sondern ganz individuell als geschäfts- und vertragsfähige Einzelpersönlichkeit. Das bedeutete ein anderes Gesellschaftsverständnis als das von oben nach unten orientierte, autoritär-patriarchale. Hierarchische Ordnungen und Machtansprüche einer stän-

dischen Gesellschaft hätten nun abgebaut und theoretisch einem bürgerlich-demokratischen Gleichheitsdogma zum Durchbruch verholfen sein können. Die Bemühungen allerdings, auf dieser Grundlage eine neue Ordnung aufzubauen und damit auch eine neue emanzipierte Familienstruktur zu errichten, verwirklichten sich nicht. Lange verschlungene Wege ging die bürgerliche Gesellschaft, vorbei an romantischer und biedermeierlicher Reaktion, an Gründerzeit und »altdeutschem« Konservativismus bis hin zu den Ansätzen einer sozialen Revolution, die die Freiheit und Emanzipierung des arbeitenden Menschen bringen sollte[5]. Solche Ziele wurden bis heute nur partiell erreicht.

2. Die Bürgerfamilie vom Biedermeier bis zur Gründerzeit und ihre Tabus

Was brachte diese in vielen Phasenverschiebungen verlaufende innere Entwicklung für das Außenbild der bürgerlichen Familie mit sich?
Für die Rolle der Frau und Mutter ergab sich eine völlig neue Situation. Innerhalb der großen Haushaltsfamilie war sie entscheidend in deren arbeitsteilige Wirtschaftsordnung integriert gewesen – als Verkäuferin der fertigen Ware (Bäcker, Konditor, Schneider), als Rechnungsführerin, Kundenvermittlerin, Betreuerin der Lehrlinge usw., – auf dem Lande als bäuerliche Hauswirtin mit allen ihren Arbeits- und Wirtschaftsfunktionen. Nun aber erfuhr ihr Funktionsbereich mit der Trennung von Arbeits- und Wohnstätte zunächst einmal eine gewaltige Reduktion. Sie wurde zurückgedrängt auf das eigene, in sich abgeschlossene Heim.
Die drei großen K: Kirche – Küche – Kinder, die als die Lebenswelt der Bürgersfrau gepriesen und gescholten werden, beginnen hier zu Beginn des 19. Jahrhunderts ausschließliche Bedeutung zu erlangen. Durkheims »Kontraktionsgesetz«[6] realisierte sich

5) vgl. König, René: *Soziologische Orientierungen.* 1965, S. 24f.
6) Die enge Bezogenheit zwischen den Fakten einer ethnologischen Familienfor-

damit; die bürgerliche Klein- und Kernfamilie war geboren. Das Verblassen der weiten Verwandtschaftskreise, die Entheiligung der Eheschließung zum bloßen Vertrag zwischen zwei Individuen, die Zurückführung der großen Haushaltsfamilie auf die kleine Gattenfamilie, – das alles schien zunächst tatsächlich ein Vertrocknen und Verdorren des alten, viel gepriesenen komplexen Familiensystems zu bedeuten. Die vielfältigen und umgreifenden Funktionen der Hausmutter reduzierten sich auf die weit geringeren Pflichten der Nur-Hausfrau, der allerdings andererseits nach dem neuen Familienrecht theoretisch der Weg zum emanzipierten Einzelwesen offenstand. Diese Möglichkeit wurde jedoch von den Frauen nur selten genützt und von der Gesellschaft nicht entwickelt. Eine Ausnahme bildeten die Salons, die vor allem in Berlin zu Beginn des 19. Jahrhunderts entstanden waren. Henriette Herz, Rahel Varnhagen und andere gebildete Frauen als Mittelpunkte dieser geistreichen Zirkel erkannten die intellektuelle Freiheit, die ihnen die neue Zeit gebracht hatte. Aber das war keineswegs die Norm. Im Gegenteil: es entstand vielmehr im allgemeinen die Situation einer gewissen Ratlosig-

schung und den Versuchen einer Theorie über die Familienstrukturen kennzeichnete auch in Europa den fruchtbarsten und ergebnisreichsten Zweig dieser Forschung, der sich mit dem Namen Emile Durkheim (1858-1917) verbindet und die Tradition der französischen Strukturalisten einleitet. Durkheim konnte sein großangelegtes Werk über die Familie nicht vollenden. In seiner einzigen postum erschienenen größeren Arbeit, die dem Thema gewidmet ist, entwickelte er ein »Kontraktionsgesetz«: La famille conjugale, in: *Revue philosophique* 1921. Darin führt er aus, daß sich innerhalb eines geschichtlichen Ablaufes die Sozialform Familie von der »Großfamilie« zur »Gattenfamilie« (der Klein- oder Kernfamilie) zusammengezogen – »kontrahiert« habe. Also durch Abbau der einstigen »Großfamilie« und über lange Phasen der Mischung und Überlagerung hinweg gelange die Gesellschaft gewissermaßen als »Ziel« zu einer Dominanz der Gatten- und Kernfamilie.
Mit dieser Annahme eines gesetzmäßigen allgemeingültigen Ablaufes ist auch Durkheim noch ein Kind des evolutionsgläubigen 19. Jahrhunderts, wenn auch in einem differenzierteren Sinne. Sein »Kontraktionsgesetz«, in das er ältere Thesen von Morgan und Engels wieder aufnahm, sollte ausdrücken, daß wohl immer verschiedene Familientypen nebeneinander existent gewesen seien; doch habe sich ihr Schwergewicht innerhalb der Gesellschaft, ihre Wertigkeit mit den Zeiten geändert. Während bei der »Urfamilie« das Schwergewicht der gesellschaftlichen Geltung auf den großfamilialen Verwandtschaftssystemen gelegen habe, sei es in der Gegenwart im folgerichtigen Verlaufe des Kontraktionsgesetzes auf die »Kernfamilie« übergegangen.

Schöngeistiger Familienkreis des Biedermeier

keit gerade für die Frauen des Mittelstandes. In der neuen Lage, in die sie die wirtschaftlichen und rechtlichen Veränderungen versetzt hatten, fanden sie sich kaum zurecht, da die alten Aufgaben und Gebundenheiten entfielen und sie für die Erfordernisse einer inneren und äußeren Emanzipation weder befähigt noch geschult waren.

Es hätte sich also durchaus, wie Riehl kulturpessimistisch befürchtete, eine Verkümmerung der Sozialform Familie vollziehen können. Tatsächlich aber verlief dann im bürgerlichen Bereich die Entwicklung völlig anders, und die Frauen verwandten ihre ganzen Kräfte auf die Ausgestaltung der familiären Innenwelt.

Die politische Landschaft zu Anfang des Jahrhunderts trug dazu bei, daß der fortschrittliche Geist der Revolutionsjahre bald wieder vor anderen gesellschaftlichen Idealen in Vergessenheit geriet.

Volkstümelei und rückgewendete Altertumssehnsucht der Romantik förderten ein mehr konservatives Denken. Eine mythologisierende Ahnenverehrung in jener Zeit gedieh zum Idiologem, da sie sich ja nicht konkret auf die Vermittlung von Erfahrungswissen bezog, sondern in sozial konservierender Tendenz der

Vergangenheit als solcher einen erhöhten Wert beimaß. Die Verherrlichung des Mittelalters mit seinen ritterlichen und autoritär-patriarchalischen Lebensformen trug weiterhin zur Förderung einer psychischen Disposition zu väterlich-männlicher Familienautorität bei: »Mit derselben Begeisterung«, schreibt Wilhelm von Kügelgen im 6. Teil seiner Jugenderinnerungen, »für deutsches Mittelalter wie für die modernsten Revolutionsideen der Franzosen streckte man die Arme gleichzeitig nach hinten und nach vorne aus und schwärmte für eine Vorzeit, die man nicht kannte und deren Bedingungen, Ordnungen und Formen man nach Herzenslust mit Füßen trat. Man war vom Allerneuesten, wie Goethe sagte, indem man alt sein wollte«.
Und er schildert im folgenden die schwärmerische Kraftmeierei und die »Hochgefühle deutscher Jünglinge, welche die freie Brust im Morgenrot der Zukunft baden«. So entstand statt der partnerschaftlichen Ordnung, die der Geist der neuen Zeit durchaus ermöglicht hätte, wiederum eine vollkommen männliche, auf Systemstabilität ausgerichtete Lebenswelt.
Die Frau in der Kleinfamilie verband ihre natürlichen Interessen mit der Erhaltung der herrschenden Verhältnisse und zugleich mit dem Ehrgeiz des Mannes, der sich zumeist in abhängiger Stellung befand.

> »Nicht bloß durch die Sorge um die Familie selbst, sondern auch durch die stetig ausgesprochene und stumme Mahnung der Frau wird der Gatte dem Bestehenden verhaftet, und die Kinder erleben in der mütterlichen Erziehung unmittelbar die Einwirkung eines der herrschenden Ordnung ergebenen Geistes... Dadurch, daß die Frau sich dem Gesetz der patriarchalischen Familie beugt, wird sie selbst zu einem die Autorität in dieser Gesellschaft reproduzierenden Faktor«[7].

Die wechselseitige Beeinflussung von häuslich reduzierter Mutter und einem arbeitnehmerisch abhängigen Vater, der zugleich aus der gesellschaftlich öffentlichen Verantwortung weitgehend ausgeschaltet war, kennzeichnet die Situation der bürgerlichen Familie des 19. Jahrhunderts. Es erklärt sich damit das Phäno-

7) Horkheimer, Max: *Studien.* 1936, S. 69.

Bürgerfamilie der Biedermeierzeit

men, daß bürgerliches Denken als Kampf gegen die Autorität der Tradition *beginnt*, ja: ihr die Vernunft in jedem Individuum als Quelle von Recht und Wahrheit entgegenstellt – und *endigt* mit der Anbetung absoluter Autorität[8].

Viele Einflüsse wirkten mit an dem Bild der bürgerlichen Familie, das seit dem 19. Jahrhundert so eindringlich das gesellschaftliche Leben gefärbt hat. Da waren zunächst die neuen wirtschaftlichen Bedingungen. Abgeschlossen von der beruflichen und politischen Lebenswelt ihres Mannes widmete sich die Frau den Hausgeschäften und zwar vornehmlich als Verbraucherin. Denn es bleibt festzuhalten, daß sich die Familie, die innerhalb des alten oikos, des großen Haushaltes, weitgehend auch im Besitz eigener Produktionsmittel gewesen war, zu einer Familie des Konsums wandelte und daß es von nun an zu ihrer wesentlichen Funktion gehörte, diesen Konsum zu gestalten, nachdem die Produktion von

8) ebda. S. 26; Schwägler, Georg: *Soziologie der Familie.* 1970, S. 20f.

den verschiedenen Institutionen der Wirtschaft übernommen wurde.
Waren also auf dem Gebiet der wirtschaftlichen Produktion die Funktionen weitgehend aus der Familie hinausverlagert, so galt das in gleichem Maße auch für die institutionalisierten Formen der Erziehung in Form der allgemeinen Schulpflicht und der ständig wachsenden Zahl von Bürgerschulen. Damit erlitt die Familie einen Schwund ihrer Erziehungs-, Ausbildungs- und Sozialisationsfunktionen[9].
Als Folge der häuslichen Zurückgezogenheit der bürgerlichen Frau und ihrer wachsenden Entmündigung im öffentlichen Leben ergab sich aber nun im Ausgleich eine unerwartete sentimentale Auffüllung des innerfamiliären Bereiches, wie sie das Biedermeier entschieden auszeichnet und charakterisiert. Die Gedanken der Ehe als einer geistigen und gefühlsmäßigen Gemeinschaft, der Familie als Ort für die Erziehung des Menschen zu einem sozialkulturellen Wesen waren Produkte jener Epoche. Auf ihrem Grunde wuchs das 19. Jahrhundert-Leitbild der Bürgerfamilie als gutsituierte Kleinfamilie, in welcher der Vater die gesellschaftliche Stellung bestimmte, die Mutter die Häuslichkeit gestaltete, beide verbunden in ehelicher Liebe (was immer das auch sein mochte), verbunden im Interesse an der Aufzucht wohlgeratener und wohlerzogener Kinder, die sich bei Berufs- und Gattenwahl nach den Wünschen der Eltern zu richten hatten. – Dieses Leitbild wurde immer mächtiger, immer fixierter und statischer, je stärker sich die tragende Schicht des Bürgertums entfaltete und je mehr sich nun wiederum die Kirche an seiner Prägung beteiligte.
Riehls Vermutung also, daß die Familie verkümmern werde, wenn ihr durch den Verlust des »Hauses« und des breiten sippenmäßigen Hintergrundes der ökonomische und geistig-seelische Nährboden entzogen sei, erwies sich als weitgehend unbegründet. Im Gegenteil: die Werte des Gefühls und der Liebe erhielten eine Aufwertung für Eheschließung und Familienleben, wie sie

9) vgl. Braun, Rudolf: *Probleme des sozio-kulturellen Wandels.* 1973, S. 16f.

Der Vater in der Biedermeierfamilie

ihnen vorher nie beschieden gewesen war. Es schien, als sei die trockene Vorstellung des menschlichen Zusammenlebens lediglich auf Vertragsebene, wie sie zum Gedankengut der Französischen Revolution gehörte, gerade der sich neu formierenden bürgerlichen Gesellschaft gänzlich unerträglich gewesen. Neben dem mit allen patriarchalischen und vormundschaftlichen Rechten ausgestatteten pater familias, der außerhalb des Hauses dem Berufe und Gelderwerbe nachging, waltete als Gegenpol am häuslichen Herd die Mutter, die züchtige Hausfrau, deren Aufgaben sich auf die Pflege des Haushaltes und die Aufzucht der Kinder konzentrierten. Es entstand die differenzierte und spezialisierte Wohnkultur des Biedermeier mit Wohnzimmer und »Kinderstube« –, ein Begriff, der in seiner vielfältigen Bedeutung aus dem 19. Jahrhundert stammt: »gute Kinderstube« als Synonym für klassenspezifische gute Erziehung – aber auch für das Kinderzimmer als Reich des Kindes mit seinen Spielen und seinen typisch kindlichen Beschäftigungen.

Kinderstube und Wohn-Schlafzimmer der Biedermeierzeit

An solchem Begriff ist die völlig neue Anschauung von der Persönlichkeit des Kindes und seiner Lebenswelt abzulesen. Die »Befreiung des Kindes« nahm ihren Anfang, sowohl im Hinblick auf die kindliche Kleidung wie auch auf seine gesamte Spiel- und Lebenswelt. Hatte man bis dahin die Kinder wie kleine Erwachsene angezogen und frisiert, so zeigten sich im Biedermeier zum ersten Mal Ansätze von Kindermoden. Doch die Entwicklung war allmählich, und es verging noch das ganze 19. Jahrhundert, bis sich endgültig ein anderes Klima entwickelte, bis das »Jahrhundert des Kindes« anbrach[10].
Derartige Fragen stehen in engstem Zusammenhang mit der Herausbildung der Klassen und ihren wirtschaftlichen Bedingungen. In den einfachen Bürgerfamilien des 17. und 18. Jahrhunderts[11] und erst recht in den Kleinbürger- und Arbeiterfamilien des 19. Jahrhunderts bestand keinerlei finanzielle Grundlage für Kinderstube und Spielzeug. Die Schicht der Bürger, die ohne Sorgen leben konnte, wuchs in Deutschland erst nach der Reichsgründung 1871 auf etwa 10%. Solche Verhältniszahlen darf man nicht übersehen, will man sich das Leben der Kinder in der Vergangenheit vergegenwärtigen. Das Kind als eigene menschliche Persönlichkeit ist erst vor nicht viel mehr als 100 Jahren entdeckt worden; seinen Entfaltungsmöglichkeiten waren feste ökonomische Grenzen gesetzt.
Im allgemeinen nimmt die Kulturgeschichte nur Kenntnis von dem Kinderleben aus literarischen Quellen wie aus Goethes »Dichtung und Wahrheit« oder Bettinas Briefen, also vom Kind in den »guten Familien«. Daß es aber den Kindern der unteren Schichten nur selten vergönnt war, sorglos zu spielen, wird kaum je erwähnt. Man muß sich vergegenwärtigen, daß auch in der verherrlichten alten Haushaltsfamilie kaum jemand Zeit und Interesse hatte, sich mit den Kindern in kindertümlicher Weise zu beschäftigen. Sie wuchsen, nachdem die ersten Pflegejahre vorüber waren, in die Welt der Erwachsenen hinein, und wenn sie Spiel-

10) Dirx, Ruth: *Das Kind.* 1964, S. 47ff.; Key, Ellen: *Das Jahrhundert des Kindes.* 1902.
11) Möller, Helmut: *Die kleinbürgerliche Familie.* 1969, S. 54ff.

Kinderkleidung im Rokoko und im Biedermeier

zeug bekamen, so war es solches, durch das sie spielend ihre zukünftigen Rollen erlernen sollten: Puppenstuben und -küchen, Pferd und Wagen, Pferdestall, Trommel und Gewehr. Aber auch diese Dinge waren im allgemeinen den Kindern des reichen Bürgertums vorbehalten. – Die Kinder der ärmeren Schichten hatten von frühester Jugend an zu arbeiten.
Erst im späten 18. und beginnenden 19. Jahrhundert erwachte ein öffentliches Verantwortungsgefühl, nicht nur was die Erziehung, sondern auch was die Bildung der Kinder anbetraf. Die erziehungsgeschichtliche Literatur liefert reiche Belege für diese Entwicklung, und es bleibt festzuhalten, daß das deutsche Bürgertum jener Zeit schließlich das beste Bildungssystem der Welt aufbaute und dem Analphabetentum weitgehend ein Ende machte. Allerdings muß einschränkend gesagt werden, daß die bürgerliche Sorgfalt vorrangig dem höheren Schulwesen galt, während die Volksschulen viel zu wünschen übrig ließen.
Die Ausweitung des familiären Gefühlsbereiches auf das Eltern-Kind-Verhältnis darf als ein positives Ergebnis der Kontraktion auf die bürgerliche Kleinfamilie betrachtet werden, auf die Ausgestaltung der binnenfamiliären Lebenswelt. Ihm entsprach dann z.B. der boom der Spielzeugproduktion im Verlauf des 19. Jahrhunderts und die »Erfindung« anonymer Gabenbringer wie Weihnachtsmann und Osterhase.
Besonders das Weihnachtsfest entwickelte sich im 19. Jahrhundert zu einem Kinderbescherfest unter dem Lichterbaum[12] mit seinen Geheimnissen und seinem Glanz, eine kulturelle Leistung des Bürgertums, gestaltet aus dem innigen Gefühl, das dem familiären Innenraum entgegengebracht wurde. So nimmt es nicht wunder, wenn die Einzelheiten der Familien-Liturgie am Heiligen Abend in vielem das Sozialbild der Familie getreulich widerspiegelten. Das galt besonders für den Bringer der Gaben, dessen Rolle in weiten Teilen Mittel- und Norddeutschlands der Weihnachtsmann übernahm. Hier wurde die patriarchale Familienstruktur auf einen vatergleichen Anonymus übertragen, der – zu-

12) s. Exkurs S. 223ff.

mindest im Monat Dezember – weit über die Möglichkeiten eines normalen Vaters hinausreichende pädagogische Kontrollfunktionen im Kinderzimmer auszuüben vermag. So beweist sich der Weihnachtsmann, Produkt des 19. Jahrhunderts, als immanent dem Denken der 19.-Jahrhundert-Bürgerfamilie. In gottväterlicher Machtfülle, im pittoresken Pelz des Herrn Winter[13] trat er schenkend und strafend in die weihnachtliche Bürgerstube und schützte die Tabus der Eltern. Denn nicht nur die tatsächlichen Gabenspender sollten den Kindern unbekannt bleiben, sondern auch der materielle Wert der Geschenke. Geld war tabu, und es hatte die Kinder nicht zu interessieren, was die Geschenke kosteten, was der Haushalt für Ausgaben erforderte, was der Vater verdiente, welchen Lohn das Dienstmädchen erhielt.

Dabei war das Soll an Besitzstand in bürgerlichen Kreisen außerordentlich normiert und festgelegt. In einer Haushaltszeitschrift des Jahres 1901 »Das Blatt gehört der Hausfrau. Zeitschrift für die Angelegenheiten des Haushaltes« findet sich folgende Vorschrift für die bürgerliche Brautausstattung, denn nur ein Mädchen mit Mitgift hatte Aussicht auf eine »standesgemäße« Heirat:

> »Unsere Ausstattung würde je nach Eleganz samt Bettstellen und Betten im Preise zwischen 2000 und 3000 Mark variieren. Es gehören dazu: a) Leibwäsche: 3 Dutzend Hemden, 2 ½ Dutzend Beinkleider, 1 ½ Dutzend Nachthemden, ½ Dutzend Nachtjakken, 1 Dutzend Untertaillen, 1 Dutzend Anstandsröcke, 6 Promenadenröcke, 2 Frisiermäntel, 4 Dutzend Taschentücher, 6 elegante Waschschürzen. b) Tisch- und Bettwäsche: 2 Damasttafeltücher für 12, 2 für 8 Personen, 36 Servietten dazu, 4 feine Jacquardtafeltücher für 8 Personen samt 24 Servietten, 6 Jacquardtischtücher für 6 Personen samt 24 Servietten, 18 Frühstücksservietten, 3 Teegedecke, 2 Kaffeedecken, 18 Kaffee-Servietten und 12 Obst-Servietten. 6 Garnituren Bettbezüge aus Herrnhuter Leinen, 6 aus Brokat, 6 Couverts, hochelegant mit 6 passenden Kopfkissen und 6 Plumeaubezügen, 6 einfache Bezüge, 18 Laken aus Herrnhuter Leinen, 6 Bezüge für das Leute-Bett, bestehend aus 1 Deckbett und 2 Kopfkissen, 6 Laken. Zwei Messing- oder

13) erstmalig dargestellt von Moritz von Schwind auf einem Münchner Bilderbogen des Jahres 1847.

Holzbettstellen mit Federboden, Roßhaarmatratze, Keilkissen und Fußrolle, einem Federkopfkissen und einem kleinen Roßhaarkissen, einer Kamelhaardecke und einem Plumeau oder einer Daunendecke oder Federbetten. Ein Leute-Bett mit einfacher Ausstattung. 4 Dutzend Handtücher in verschiedener Ausführung, 1 Dutzend Frottierhandtücher, 2 Badelaken, 1 Dutzend Leute-Handtücher.

c) Küchenwäsche: 2 Dutzend Handtücher, 3 Dutzend Teller-, 2 Dutzend Gläser-, 1 Dutzend Tassen-, 2 Dutzend Fenstertücher. Dazu kommen noch je 1 Dutzend Zylinder-, Lampen-, Toiletten-, Silber-, Messertücher, ferner Staub-, Topf-, Spül- und Scheuertücher, Topf- und Waschlappen, Rolltücher, Plättdecken und Plättbrettbezüge, Wirtschaftsschürzen, kurz im ganzen etwa 30 Dutzend Küchenwäsche, eine enorme Zahl, aber für den Gebrauch doch nicht zuviel, wie die junge Hausfrau bald finden wird«.

Es überrascht dabei nicht nur die Quantität der Aussteuer wegen der damit verbundenen finanziellen Aufwendigkeit. Die Liste führt darüber hinaus deutlich vor Augen, daß eine derart ausgestattete Frau für die Dauer ihres Lebens von Anschaffungssorgen befreit war, – ähnlich wie die reiche Bauerntochter, wenn der Kammerwagen den neuen Hof erreichte. Voll waren die Schränke der jungen Ehefrau, ihr Lebensbedarf an Wäsche gedeckt. Sie brauchte nur die Rolle der Hausfrau auszufüllen, die man ihr sorgsam vorgeschrieben hatte. Die Finanzierung solcher Vorsorge mußte sie nicht kümmern. Eine solche wirtschaftliche Abhängigkeit vom Elternhaus schloß allerdings diejenige auf allen anderen Lebensgebieten voll mit ein.

Auch das gesamte Sexualleben galt als tabuiert; keine »anständige« Hausfrau und Mutter berührte dieses Thema; sie las die Gartenlaube und die Romane der Marlitt. Denn es entstand als Nachfolger der Moralischen Wochenschriften eine Fülle von Familienblättern bis hin zur »Gartenlaube«, die 1853 von E. Keil in Leipzig als liberales Unterhaltungsblatt für die Familie begründet wurde und 1878 eine Auflage von 375 000 erreichte[14]. Hier wurden Harmonie und Gemüt gepredigt, ja, mit den Romanen der Marlitt so etwas wie soziales Gewissen und Edelmut vom Sofa aus

14) Zimmermann, M.: *Die Gartenlaube als Dokument ihrer Zeit.* 1967.

Abhängigkeit bei der Gattenwahl

erzogen. Eine vernünftige Aufklärung dagegen hatte in der Kinderstube des Bürgers keinen Platz, wo man stattdessen das Märchen vom Klapperstorch erzählte. –

Wie tief die Furcht vor einem Sprung im äußerlichen Spiegelbild des moralischen Familienglückes wurzelte, zeigt ein unvermutetes Detail aus der Lebensgeschichte von Karl Marx. Um seine Ehe nicht zu gefährden, hat er zeitlebens seinen unehelichen Sohn Frederick Demuth verleugnet und es geduldet, daß Friedrich Engels offiziell die Vaterschaft übernahm. So unverrückbar verstellten die Schranken der geltenden bürgerlichen Familienordnung selbst einem Gesellschaftspolitiker dieses Ranges den Weg zu einer freieren Lebensweise[15].

Es formte sich in der 2. Hälfte des 19. Jahrhunderts ein in zunehmendem Maße stabilisiertes und schließlich erstarrtes Bild der bürgerlichen Kleinfamilie, in der die Rollenverteilung in einer Art und Weise äußerlich fixiert wurde, wie es bis dahin nur in der

15) *Gespräche mit Marx und Engels.* Hrsg. von Hans Magnus Enzensberger. Frankfurt a.M. 1973, S. 703-705: Brief von Louise Kautsky-Freiberger an August Bebel vom 2. September 1898 über Marx' Verhältnis zu seinem unehelichen Sohn Frederick Demuth (1851-1929).

Familienbild um 1880

höfischen Etikette üblich gewesen war. Das Image altdeutscher Biederkeit, das sich in der »altdeutschen« Möbelmode, dem Kunst- und Kunstgewerbegeschmack auffällig kundtat[16], hatte aber seine verborgene und zu verbergende Rückseite. Es war das Zeitalter der doppelten Moral, des geheimen Bordells, der kostspieligen pornographischen Luxusausgaben.

»Auch Scheidungen galten als unehrenhaft. Die Scheidung Cosima von Bülows (1869) und ihre Wiederverheiratung (1870) mit Richard Wagner wurde in den Kreisen des Bürgertums als ein be-

16) s. Möller, Helmut: *Altdeutsch. Ideologie, Stereotyp, Verhalten.* 1966, S. 9ff.; Weber-Kellermann, Ingeborg: *Das rheinische Steinzeug und die Mode des »Altdeutschen«.* 1972, S. 761ff.

Das Vorbild der kaiserlichen Familie

sonderer Skandal empfunden, wie überhaupt Künstlerkreise, zumal Schauspielerkreise, zusammen mit Kellnerinnen und Buffetmädchen wegen ihrer lockeren Moral als ›Halbwelt‹ galten«[17].

Über diese Dinge ist viel geschrieben worden, und die sozialkritische schöne Literatur – von Thoma über Sternheim zu Musil, Schnitzler u.v.a.m. – lebte von solch ergiebigem und eindrucksvollem Stoff. Es kann hier keine erschöpfende Antwort auf die Frage nach dem Warum der moralisch schillernden und auf den äußeren Schein hin orientierten Bürgergesellschaft gegeben werden. Von der biedermeierlichen Idylle und sozialen Harmonie, in der die geistreiche und gebildete Frau mit ihren Lesezirkeln und Künstlerkorrespondenzen doch immerhin einen ehrenvollen Platz eingenommen hatte, war man zu Ende des Jahrhunderts weit entfernt.

Die partnerschaftliche Einstellung auf Gegenseitigkeit, vorgeformt durch die Ideen der Französischen Revolution, war längst wieder einer strengen Rollenverteilung im Sinne patriarchalen Autoritäts- und Abhängigkeitsdenkens gewichen, gestärkt durch das monarchische Leitbild. Dabei hatte im bürgerlichen Familienverband der paternistische Machtbereich noch eine außeror-

17) Saller, Karl: *Sexualität und Sitte.* 1966, S. 134f.

dentliche Steigerung erfahren: die häusliche Erziehungsgewalt des Vaters, überhöht fast in die Rolle des gottväterlich-absoluten Herrn mit rigoroser Gehorsamsforderung, dehnte sich auch auf die Mutter aus, die Hausfrau, die als Familienmutter nie zuvor eine so untergeordnete und unselbständige Stellung innerhalb der Familie innegehabt hat, wie in der zweiten Hälfte des 19. Jahrhunderts.

3. Dienstmädchen

Diese Beobachtung nun führt auf ein Phänomen, das ebenfalls hier erstmalig in der Geschichte der bürgerlichen Familie auftrat: die Verachtung der körperlichen *Arbeit* als einer gesellschaftlichen Kategorie. Ihr Stellenwert verschob sich völlig gegenüber demjenigen, den sie in der einstigen großen Haushaltsfamilie eingenommen hatte. Mit der Verbannung der Berufsarbeit aus der familiären häuslichen Lebenswelt erfuhr die körperliche Arbeit überhaupt einen Wertverlust, wie er zuvor nur dem Denken höfischer Kreise vorbehalten geblieben war. Der wachsende Standesdünkel der Bürgerdame, die verachtete Stellung des Dienstmädchens, die Berufslosigkeit der Bürgertöchter als gesellschaftliche Norm: das alles waren Folgen einer totalen Verdrängung des Komplexes Arbeit aus dem familiären Vokabular und dem Denken der Bürgerfamilie.
Solche Umstrukturierung des Wertgefälles im Hinblick auf die körperliche Arbeit betraf ganz besonders die Gruppe der weiblichen Dienstboten. In seinen Lobpreisungen des alten »Hauses« hatte ja Riehl gerade das gemüthaft ehrerbietige Verhältnis zwischen patriarchalischem Hausvater und dem ganzen »Ingesind« hervorgehoben[18]:

> »Die alten Dienstboten-Ordnungen räumten dem Herren weit größere Rechte ein als den Dienern, verfügten sogar mancherlei Dienstzwang in offenbarer Erinnerung an die alte Hörigkeit. Kein vernünftiger Mensch wird daran denken, jene harten alten Polizeistatute wiederherstellen zu wollen. Wir gehen aber auf der entgegengesetzten Seite zu weit, wenn wir das Dingen des Gesindes

18) Riehl, Wilhelm Heinrich: *Die Familie.* [10]1889, S. 162f.

zu einem bloßen Arbeits-Vertrag machen mit gleichen Rechten auf beiden Seiten. Denn wir dingen eine Magd nicht bloß zur Arbeit, wir fügen sie auch ein in unser Haus, und Friede und Unfriede des Hauses, Sitte und Unsitte der Kinder können vielfach mitbedingt sein durch das Gesinde. Die Autorität des Hausvaters muß auch gegenüber der modernen Dienerschaft bestehen, und der Dienst im Hause hat nicht bloß seine rechtliche und wirtschaftliche, sondern auch seine sittliche und gemütliche Seite. Wenn unsere Mägde einmal die deutschen Sprach- und Gesellschaftsaltertümer studieren, so werden sie finden, daß das gegenwärtig ihnen so besonders verhaßte Wort »Magd« ein sprachliches Zeugnis ist für den früheren innigen Zusammenhang des Gesindes mit dem Hause. Bei den Angelsachsen bezeichnet die *Maégd* gerade das, was wir im umfassenden Sinne das ganze Haus nennen; *Maégsceaft* ist die Verwandtschaft, und die *Spillmagen* und *Schwertmagen* leiten auch nicht aus dem Magen ihren Ursprung, sondern hängen eben mit den Sprachwurzeln dieser *Maégd* und *Maégsceaft* zusammen. Magd ist ein Ehrentitel, der aus dem Familienleben, als sich dasselbe verengerte, auf die Dienstbotenkreise ausschließlich überging. Während unsere Voreltern noch der Mutter Gottes keinen schöneren Namen zu geben wußten, als indem dieselbe die reine »Magd« genannt wurde, kündigt einem jetzt die niedrigste Dirne den Dienst, wenn man sie Magd tituliert, statt ihr die nobleren Prädikate einer Köchin oder eines Stubenmädchens zu geben!«

Riehl mißversteht auch hier den Hintergrund solcher Empfindlichkeiten. Nicht die Dienstboten hatten vergessen, wo ihr Platz im Hause war, sondern ihre »Herrschaften« vermochten nicht mehr rational die Struktur eines Haushaltes mit der vernünftigen Verteilung der Arbeit zu begreifen und zu organisieren. Die Kategorie der häuslichen Arbeit war vormals voll in die Gesamtheit des Hauses integriert gewesen – ebenso wie die Arbeitenden selbst, die doch in irgendeiner Weise zur Familie gehörten. Wenn auch die Zwänge traditioneller Ehrerbietung und Autoritätshörigkeit nicht gering gewesen sein dürften, so gab es wohl kaum jene unüberbrückbare und oft verachtungsvolle Kluft zwischen Herrschaft und Dienstboten, wie sie der Bürgerhaushalt des 19. Jahrhunderts hervorgebracht hat. Das Motiv dafür ist vor allem im veränderten Ansehen zu suchen, das der körperlichen Arbeit zuteil wurde. Bezeichnenderweise fungierten als »weibliche

*Hänge-
boden
in einer
Altberliner
Wohnung*

Handarbeiten« schließlich nur noch all jene gestickten, gehäkelten, brandgemalten und goldbronzierten Sinnlosigkeiten aus der Beschäftigung der »höheren Töchter«, während der »Küchendragoner« nach den Anordnungen der »Gnädigen« die eigentliche hauswirtschaftliche Arbeit zu leisten hatte.
In einer Stadt wie Berlin, die mit ihrem schnellen Wachstum und ihrer relativen Jugendlichkeit eigentlich so recht eine Stadt des 19. Jahrhunderts war, entwickelte sich im harten Schatten des Kapitalismus auch die soziale Kluft zwischen Herrschaft und Dienstboten zu voller giftiger Blüte.
Alle Berlinromane aus jener Zeit, Julius Stindes »Buchholzen«, Erdmann Graesers »Koblanks«, Georg Hermanns »Kubinke« usw., spiegeln stets das Dienstmädchenproblem wider, das – wenn auch bisweilen durch Berliner Volkswitz verschleiert – doch deutlich genug das Abgesonderte und Deklassierte dieser Gruppe erkennen läßt. Deutlich und realistisch hat Theodor Fontane das Schicksal der Berliner Dienstmädchen dem aufmerksamen Leser im 14. Kapitel seines »Stechlin« vor Augen gestellt, in einem Gespräch zwischen dem Mädchen Hedwig und Frau Imme, in dem auch das Berliner Unding in den »hochherrschaftlichen« Mietswohnungen, der Hängeboden[19], zur Sprache kommt:

> »Als ich nach Berlin kam, da gab es ja noch die Hängeböden«. »Kenn ich, kenn ich; das heißt, ich habe davon gehört«. »Ja, wenn man davon gehört hat, das is nich viel. Man muß sie richtig kennen lernen. Immer sind sie in der Küche, mitunter dicht am Herd oder auch gerade gegenüber. Und nun steigt man auf eine Leiter, und wenn man müde is, kann man auch runterfallen. Aber meistens geht es. Und nun macht man die Tür auf und schiebt sich in das Loch hinein, ganz so wie in einen Backofen. Das is, was sie ne Schlafgelegenheit nennen. Und ich kann Ihnen bloß sagen: auf einem Heuboden is es besser, auch wenn Mäuse da sind. Und am schlimmsten is es im Sommer. Draußen sind dreißig Grad, und auf dem Herd war den ganzen Tag Feuer; da is es denn, als ob man auf den Rost gelegt würde. So war es, als ich nach Berlin kam. Aber ich glaube, sie dürfen so was nicht mehr bauen. Polizeiverbot!«

19) »... dem berüchtigten Hängeboden,... zu dem sie auf einer Leiter emporklettern mußten, in dem kein Mensch aufrecht stehen konnte und der oft weder Licht noch Luftlöcher besaß.« Ostwald, Hans: *Kultur- und Sittengeschichte Berlins.* Berlin o.J., S. 308.

Und zwei Seiten weiter erzählt sie von ihrer Unterbringung in der Badestube bei einer anderen Herrschaft.

> »Aber ne Badestube is nie ne Badestube. Wenigstens hier nicht. Eine Badestube is ne Rumpelkammer, wo man alles unterbringt, alles, wofür man sonst keinen Platz hat. Und dazu gehört auch ein Dienstmädchen. Meine eiserne Bettstelle, die abends aufgeklappt wurde, stand immer neben der Badewanne, drin alle alten Bier- und Weinflaschen lagen. Und nun drippten die Neigen aus. Und in der Ecke stand ein Bettsack, drin die Fräuleins ihre Wäsche hineinstopften, und in der anderen Ecke war eine kleine Tür. Aber davon will ich zu Ihnen nicht sprechen, weil ich einen Widerwillen gegen Unanständigkeiten habe, weshalb schon meine Mutter immer sagte: ›Hedwig, du wirst noch Jesum Christum erkennen lernen‹. Und ich muß sagen, das hat sich bei Hofrats denn auch erfüllt. Aber fromm waren sie weiter nich«.

Da war allerdings nichts mehr von Familienzugehörigkeit im Sinne des »ganzen Hauses« zu spüren, und die Gesindeordnungen jener Zeit sahen dann auch einen ganzen Katalog von Pflichten des Gesindes vor, dem nur eine kleine Rubrik von Pflichten der Herrschaft gegenüberstand:

Pflichten des Dienstboten:	*Pflichten der Herrschaft:*
Arbeitspflicht nach dem Willen und den Anordnungen der Herrschaft; die gesamte Zeit hat sich der Dienstbote dem Dienst zu widmen, und zwar nicht nur für die Herrschaft selbst, sondern auch für sämtliche Familienangehörige und Gäste; der Dienstbote untersteht der Aufsicht der Herrschaft, darf ohne Erlaubnis nicht ausgehen, und dem Erziehungsrecht der Herrschaft, zuweilen sogar dem Züchtigungsrecht. Der Dienstbote hat treu, fleißig, aufmerksam, gesittet und anständig, reinlich, ehrerbietig, gottesfürchtig und sittlich und verträglich zu sein; er soll keinen Aufwand treiben und die Treuepflicht erfüllen, d.h. nicht klatschen, naschen, stehlen.	Sie muß den versprochenen Lohn pünktlich zahlen und gute sättigende Speisen zur Kost geben.

Berliner Dienstmädchen

– Das Klagerecht der Dienstboten war sehr beschränkt –. Im übrigen wurde das Recht des häuslichen Gesindes als Sonderrecht gehandhabt, »weil es in der Aufnahme in die Hausgemeinschaft der Herrschaft eine Grundlage hat, die es von den Verhältnissen der übrigen arbeitenden Klassen unterscheidet«[20].
Aber wie begrenzt dieser Schutz im 19. Jahrhundert war, bezeugen Berichte wie der folgende:

> »Ein Dienstmädchen, das ›In Hoffnung ist‹ – um mit der unbewußten Ironie dieser Umschreibung den verzweifelten Umstand

20) Kähler, Wilhelm: *Gesindewesen.* 1896, S. 145ff. und S. VIII.

der Ärmsten zu bezeichnen –, verliert meist schon drei bis vier Monate vor der Niederkunft seine Stellung und kann, wenn überhaupt, nur sehr schwer und gegen eine Entlohnung, die so gut wie keine ist, noch Beschäftigung und Unterkunft finden. Denn das ist das Fürchterliche, daß diese Unglücklichen zugleich mit dem Brote auch das Dach über dem Kopfe verlieren. Nach Hause dürfen oder können die meisten nicht, so daß für sie die der Niederkunft vorausgehenden Wochen und Monate eine Zeit unsäglichen Jammers, unsäglicher leiblicher und seelischer Not bedeuten. Früh-, Fehl- und Totgeburten (nach Dr. Kruse jährlich 4-500 000), lebensschwache und minderwertige Geschöpfe besiegeln schließlich das qualvolle Martyrium. In der größeren Sterblichkeit der unehelichen Säuglinge findet die unsinnige und empörende Verwüstung von Menschenleben ihre Fortsetzung«[21].

Erst nach 1871 wurden bürgerliche Hausfrauenvereine gegründet, die Kochschulen und Beratungsstellen unterhielten und sich in beschränktem Maße für Arbeits- und Gesundheitsschutz der Dienstboten einsetzten.
Kam ein Mädchen vom Lande in die Stadt, so ging es gewöhnlich zu einer Stellenvermittlerin, und wenn der Kontrakt unterschrieben war, konnte es bei seiner Herrschaft beginnen. Der Jahreslohn schwankte zwischen 8-14 Talern, wozu noch ein Weihnachtstaler kam.
Der Arbeitstag des Dienstmädchens begann etwa um 6 Uhr in der Küche mit Kornkaffee, Graubrot und Schmalz, und das blieb die Grundnahrung den ganzen Tag hindurch, unterbrochen vom Mittagessen, 1 Stunde vor der Herrschaft. Dienstboten waren »Mädchen für alles«, abhängig von der Lebensweise ihrer Herrschaft, mit völlig ungeregelter Arbeitszeit, ohne Anregungen und Hilfen für ihr beschränktes Privatleben, sozial vereinzelt. »Solange die Dienstmädchen, wie in sehr vielen Fällen, 16 Stunden und mehr anderen Menschen zu Dienst sein müssen, solange sie keine bestimmte Arbeitszeit und keine bestimmten Freistunden haben, solange sie nie ihre eigene Meinung äußern dürfen und dem längst veralteten Gesinderecht unterstehen, also sogar gezüchtigt werden dürfen, werden sich nur die derberen und schwerfälligeren Elemente diesem Berufe zuwenden«, schreibt Hans Ostwald

21) Rühle, Otto: *Das proletarische Kind.* 1911, S. 81.

über die Berliner Verhältnisse[22], und schildert das Leben eines Dienstmädchens in »besserem Hause«: »Sie... muß um 6 Uhr früh aufstehen..., muß Feuer machen, Heißwasser besorgen, Eß- und Herrenzimmer reinigen, erstes Frühstück kochen, die Kinder anziehen helfen und in die Schule besorgen, Schuhe und Kleider reinigen, Kinder- und Schlafzimmer säubern und in Ordnung bringen, einholen – das ist noch eine Erholung, denn im Grünkramladen, beim Schlächter und beim Kolonialwarenhändler wird meist ein wenig geschwatzt –, Gemüse und Obst putzen, Mittag bereiten, Fleisch und Speisen braten, servieren – und nach dem Essen sofort abwaschen. Nur in ganz wenigen Familien darf das Mädchen sich beim Essen ein wenig ausruhen. Gewöhnlich muß sie sofort Kaffee kochen, dann die Küche aufwischen und ordnen, und nachher sofort Strümpfe stopfen, kleine Stücke waschen und plätten, einkochen oder mit den Kindern spazieren fahren. Diese Ausfahrt, wobei es oft ein Kind im Wagen schieben und mehrere andere Kinder beaufsichtigen muß, wird dem Mädchen als Erholung angerechnet, während die Frau doch nicht eine Stunde allein mit den Kindern sein kann, ohne vollkommen erschöpft zu sein. Nach der Ausfahrt heißt es Abendbrot besorgen, decken, abräumen und abwaschen. Wie oft kommt das Mädchen nicht dazu, eine Nadel für sich in die Hand zu nehmen und seine eigenen Sachen in Ordnung zu halten! Und dann nur alle 14 Tage ›freien Sonntag‹, d.h. einen Nachmittag lang von 4 bis 10 Uhr darf sie ausgehen, darf sie Schritte machen, die nicht von anderen befohlen sind.«

Man kann mit Recht einwenden, daß es damals sicher manchen Fabrikarbeiterfrauen sehr viel schlechter ging und ein Dienstmädchen doch immerhin eine gewisse häusliche Geborgenheit und satt zu essen hatte, daß es zudem auch zweifellos einsichtige und gütige Hausfrauen gab. Doch das gesellschaftliche System führte zu einer Degradierung dieser Gruppe und damit freilich auch zu einem möglichen Absinken ihrer Qualität. Ungeschminkt hat Georg Hermann (1871-1943) in seinem Dienst-

22) *Kultur- und Sittengeschichte Berlins.* S. 313 f.

mädchenroman »Kubinke« (1910) die Tragik solcher Schicksale in der Großstadt geschildert.
Und aufatmend schreibt Charlotte Wölk in einem Feuilleton 1969[23].

> »Nie wieder werden verängstigte Landmädchen mit ihren Reisekörben in rauchgeschwärzten Bahnhofshallen stehen, nie wieder wird eine ›Gnädige‹ sie ob ihrer Kraft und Leistungsfähigkeit unpersönlich mustern, und nie mehr wird nach gehetztem Tageslauf eine kalte, licht- und luftlose Kammer sie zu unruhigem Schlaf aufnehmen«.

Grob und wenig schmeichelhaft waren die Spottnamen für das weibliche Dienstpersonal, Zeichen für deren soziale Isolation. »Dienstbolzen, Küchendragoner, Trampel, Küchenfee«: das klang nicht gerade nach Tönen, die das zwischenmenschliche Verhältnis zwischen Herrschaft und Gesinde gestärkt hätten.
Die Nichtachtung der dienenden Berufe in den bürgerlichen Stadthaushalten war aber nur die eine Seite der Entwicklung. Die andere Seite betraf die Hausfrau selbst, für die der Bereich der körperlichen Arbeit – wenigstens nach außen hin – streng tabuiert war. Die berühmte Davidis begann 1860 ihre praktischen Anleitungen für die junge Hausfrau mit folgendem Satz[24]: »Zu den rühmlichsten Bezeichnungen einer Frau gehört die, daß der Mann von ihr sagen kann: ich habe eine Hausfrau«. Wie platonisch jedoch das Verhältnis dieser gepriesenen Hausfrau zur häuslichen Arbeit war, das erfährt der Leser drei Abschnitte später:

> »Wenn auch die junge Hausfrau in Verhältnissen lebt, in welchen sie keine der hier erwähnten Arbeiten mit eigener Hand zu verrichten hat, so wird es doch keineswegs überflüssig sein, das Hauswesen wenigstens in den Hauptzweigen zu erlernen, um nötigenfalls der Dienerschaft Anleitung geben zu können, nicht von dieser lernen zu müssen, was stets auf Kosten der Autorität geschieht«.

Oder es heißt an anderer Stelle im Zusammenhang mit der Wäsche:

23) *Die Welt* vom 5.10.1969.
24) Davidis, Henriette: *Die Hausfrau.* 1860, Vorwort.

> »Hübsche Fenstergardinen sind eine kostspielige Anschaffung, können jedoch in kurzer Zeit, wohl gar in der ersten Wäsche ruiniert werden. Darum sollte die Hausfrau, wenn es *ihre Stellung nicht erlaubt,* die Besorgung mit eigener Hand auszuführen, sie wenigstens gut beaufsichtigen« (S. 141).

Die Hände sollte sich die junge Hausfrau möglichst nicht schmutzig machen. Das waren andere Maximen als die der »Hausmutter« aus der vorhergegangenen Epoche.
Arbeit war also verpönt, bis zu einem gewissen Grade schon die Hausarbeit von eigener Hand und noch mehr die weibliche Berufsarbeit. Kirche – Küche – Kinder hieß die Parole, und ein Mädchen »von Familie« durfte um alles in der Welt keinen Beruf ergreifen.
In seinem Roman »Die Poggenpuhls« schildert Theodor Fontane das häusliche Leben einer verarmten Adelsfamilie in Berlin, in der sich trotz bescheidenster Mittel die Mama und drei erwachsene berufslose Töchter von einem alten Dienstmädchen bedienen lassen. Und als die mittlere Tochter in ihrer Notlage vorurteilsloser zu denken versucht, wird sie in einem Gespräch über einen schauspielernden Standesgenossen von ihrer Mutter eines »besseren« belehrt:

> »›Nein, Mama‹, sagte Sophie. ›Und warum auch? Man muß es nur immer richtig ansehen. Ich bin doch auch von Adel und eine Poggenpuhl, und ich male Teller und Tassen und gebe Klavier- und Singunterricht. Er spielt Theater. Es ist doch eigentlich dasselbe‹. ›Nicht so ganz, Sophie. Das Öffentliche. Da liegt es‹«. (Kap. 9)

Damit hat Fontane die Situation im Adels- und Bürgersalon des 19. Jahrhunderts klargelegt: Lieber im geheimen darben und sparen als auf die standesgemäßen Dekors – und dazu gehörten vor allem Berufslosigkeit und Dienstmädchen – verzichten.

4. Die Arbeiterfamilie

Das 19. Jahrhundert brachte nun nicht nur als neuen Menschentyp jene bürgerliche Hausfrau hervor, deren auf Kirche,

Frauenarbeit in der Fabrik

Kochherd und Kinderstube reduzierter, selbstzufriedener Lebenskreis demjenigen vorangegangener Epochen so weitgehend widersprach.

Das gleiche ökonomische System produzierte noch einen anderen Familientyp, der von Anbeginn an in einem ausweglos tragischen Kampf gegen die vom Kapitalismus gesetzten unmenschlichen Lebensbedingungen stand: die Arbeiterfrau und ihre Familie.

Eine eindrückliche Darstellung über die Fabrikarbeiterfamilie des 19. Jahrhunderts in Deutschland, eine Analyse, die ihr Material aus den verschiedensten und verborgensten Quellen schöpfen müßte, steht noch aus. Sie sollte mit dem 18. Jahrhundert beginnen, dessen Hausindustrien, Manufakturen und Arbeitshäuser mit ihrer Kinderarbeit und ihrem übermäßig langen Arbeitstag in vieler Hinsicht prägend auf die späteren Fabrikbetriebe gewirkt haben. Memoiren jeder Art und Archivmaterial wie Haushaltungsrechnungen, Fürsorgeakten und Polizeiprotokolle wären heranzuziehen – aber auch ikonographische Belege und manche indirekte Quelle wie Romane und Erzählungen.

Keine andere Gruppe mußte so unmittelbar die Anpassung an die industriellen Arbeitsverhältnisse im Bereich von Haushaltsführung, Kindererziehung, Freizeitgestaltung, Wohnung usw. vollziehen wie die Fabrikarbeiterfamilie[25]. Bei 6 Arbeitstagen pro Woche und einer 12-14stündigen täglichen Arbeitszeit, bei voller Mitarbeit der Frau und der größeren Kinder waren die Umstellungsaufgaben für diese Menschen alleine kaum zu bewältigen, zumal es an sozialen Schutzmaßnahmen zunächst gänzlich mangelte und auch die Umwelt von der Kinderkrippe bis zu den öffentlichen Verkehrsmitteln in keiner Weise den Lebenserfordernissen der Arbeiterfamilie angepaßt war. Für die Frauen bedeutete die volle Integration in den Fabrikbetrieb als billige Arbeitskräfte physisch und psychisch eine besonders harte Belastung. Die Tatsache des eigenen Verdienstes hob sie nur scheinbar im Sinne größerer Selbständigkeit von der Bürgersfrau ab, die in absoluter finanzieller Abhängigkeit vom Hausherrn und Ernährer der Familie lebte. Der Arbeitslohn der Arbeiterfrau diente in der überwiegenden Zahl der Fälle einzig und allein der Existenzabsicherung der Familie, so daß von einem wachsenden politischen und gesellschaftlichen Selbstbewußtsein bei diesen arbeitenden Frauen kaum die Rede sein konnte[26]. Dazu kam, daß sich gerade für sie besonders negative Konsequenzen aus der Trennung von Arbeits- und Wohnstätte ergaben[27]. Die Interessen des Familienlebens waren denen des Arbeitsplatzes weit entfernt, und es fanden sich für die Arbeiter weder Zeit noch Möglichkeit, hier vernünftige Brücken zu schlagen.

Eine neue Situation, die man bei der Stadtplanung nicht schnell genug berücksichtigen konnte, war die Zusammenballung großer Menschenmassen um die rapide wachsenden Fabrikzentren der großen Städte. In Berlin z.B. wuchs die Zahl der Wohnungen auf einem Grundstück von 7,9 auf 11,5 zwischen 1840 und 1890

25) vgl. Kulischer, Josef: *Allgemeine Wirtschaftsgeschichte.*[2] 1958, Bd. II, S. 189 u. S. 461ff.; Kuczynski, Jürgen und Ruth Hoppe: *Geschichte der Kinderarbeit.* 1958; Ansätze bei den Erhebungen der Haushaltsbudgets von 36 Familien durch Le Play, Frédéric: *Les ouvriers européens.* 1855; Braun, Rudolf: *Probleme des sozio-kulturellen Wandels.* 1973, S. 17f.

26) nach Hofmann, Ernst: *Volkskundliche Betrachtungen zur proletarischen Familie...,* 1971, S. 75 wurden für 2002 Frauen, die 1889 in der Chemnitzer Textilindustrie tätig waren, die Motive für ihre Berufsarbeit ermittelt: für 1706 von ihnen war die Mitarbeit notwendig, um das dringendste Familieneinkommen zu sichern, also für ca. 85%.

27) vgl. Brepohl, Wilhelm: *Industrievolk.* 1957, S. 107ff.

Familientreffen in der Mittagspause

(1836 entstanden die Borsigwerke, etwas später Siemens) – und die ihrer Bewohner von 42 auf 53[28]. Die katastrophalen Wohnverhältnisse dieser frühkapitalistischen Zeit am Berliner Oranienburger und Hamburger Tor hat Bettina von Arnim (1785-1859) in ihrem Königsbuch von 1847 anklagend gekennzeichnet: »Dies Buch gehört dem König!«.

Leidenschaftlich setzte sich 30 Jahre später August Bebel (1840-1913) für die Rechte und Interessen der Arbeiterfrau ein, und in seinem Bestseller »Die Frau und der Sozialismus«[29] hat der Leipziger Drechslermeister und spätere Berliner Arbeiterführer beredt und engagiert aufgrund guter Beobachtungen und statistischen Materials das Leben der Industriearbeiterfamilie geschildert:

> »Da ferner die Wohnungsmieten im Vergleich zu den Löhnen und zu dem Einkommen des Arbeiters, des niederen Beamten und des kleinen Mannes viel zu hoch sind, so müssen sie sich aufs Äußerste einschränken. Es werden sogenannte Schlafburschen oder Logiermädchen in die Wohnung genommen, öfter beide Geschlechter zugleich. Alte und Junge wohnen auf engstem Raume, ohne Scheidung der Geschlechter, und sind selbst bei den intimsten Vorgängen zusammengepfercht. Wie dabei Schamgefühl und Sittlichkeit fahren, darüber gibt es schauerliche Tatsachen. Die so vielfach erörterte Zunahme der Verrohung und Verwilderung der Jugend ist vorzugsweise den Zuständen in unserem Industriesystem geschuldet, mit dem die Wohnungsmisere in engster Beziehung steht. Und welche Wirkung muß die industrielle Arbeit für die Kinder haben? Die schlechteste, die sich denken läßt, sowohl physisch wie moralisch. Die immer mehr zunehmende industrielle Beschäftigung auch der verheirateten Frau ist namentlich bei Schwangerschaften, Geburten und während der ersten Lebenszeit der Kinder, während welcher diese auf die mütterliche Nahrung angewiesen sind, von den verhängnisvollsten Folgen. Es entstehen eine Menge Krankheiten während der Schwangerschaft, die sowohl auf die Leibesfrucht, als auf den Organismus der Frau zerstörend wirken und Früh- und Totgeburten hervorrufen, worüber

28) Dietrich, Richard: *Berlins Weg.* 1960, S. 173; vgl. Weber-Kellermann, Ingeborg: *Der Berliner.* 1965, S. 17f.

29) Bebel, August: *Die Frau und der Sozialismus.* 1879; bis 1950 erschienen 56 Auflagen! Laut Brockhaus 1967 »das meistgelesene sozialistische Buch in deutscher Sprache«.

Arbeiterwohnverhältnisse in Berlin um 1875

noch einiges gesagt werden wird. Ist das Kind zur Welt, so ist die Mutter gezwungen, so rasch als möglich wieder zur Fabrik zurückzukehren, damit nicht ihr Platz von einer Konkurrentin besetzt wird. Die unausbleiblichen Folgen für die kleinen Würmer sind: vernachlässigte Pflege, unpassende Nahrung oder gänzlicher Mangel an Nahrung; sie werden mit Opiaten gefüttert, um ruhig zu sein. Und die weiteren Folgen sind: massenhaftes Sterben oder Siechtum und Verkümmerung. Die Kinder wachsen vielfach auf, ohne rechte mütterliche oder väterliche Liebe genossen und ihrerseits wahre Elternliebe empfunden zu haben. So gebiert, lebt und stirbt das Proletariat. Und der ›christliche Staat‹ diese ›christliche Gesellschaft‹, wundern sich, daß Rohheit, Sittenlosigkeit und Verbrechen sich häufen«[30].

Der moderne Kapitalismus, schrieb Rühle in seiner Analyse über das proletarische Kind[31], habe Wohnungsgemeinschaft und Erziehungsgemeinschaft aufgelöst, in dem er alle Familienmitglieder in die Fabriken trieb. Er zeigt die proletarische Familie als eine im tiefen Verfall begriffene Kleinbürgerfamilie, die nur noch

30) ebda. [26]1896, S. 126ff.; vgl. dazu: *Berliner Leben 1870-1901.* Hrsg. v. Ruth Glatzer. 1963, S. 324ff.; Deuerlein, Ernst: *Gesellschaft im Maschinenzeitalter.* 1970, S. 54f.

31) 1911, S. 36ff.; vgl. auch Rühle, Otto: *Illustrierte Kultur- und Sittengeschichte des Proletariats.* Berlin 1930.

Kinderarbeit in der Fabrik

durch die traditionelle Einstellung zu den bürgerlichen Institutionen am Leben erhalten würde. Der Vater als »Oberhaupt der Familie«?

> »Im tiefsten Morgengrauen verläßt der Fabrikproletarier sein Bett und seine Behausung. Sein Arbeitstag beginnt meist sehr früh. Zwischen schlafenden Kindern beim Schein der Funzel hat er sich notdürftig angekleidet, dann rasch einen Schluck Kaffee hinuntergestürzt, auch das vielleicht nicht einmal, nun eilt er dem riesigen Moloch, der Fabrik, in die Arme, deren schriller Pfiff um sechs verkündet, daß nun das Einzelleben der Insassen für viele Stunden aufgehört, daß die Herrschaft des Kapitals über Leib und Seele für diesen Tag wieder begonnen hat. Der ganze lange Arbeitstag hält ihn von den Seinen fern. Kaum daß er zu Mittag ein kurzes, flüchtiges Beisammensein mit ihnen ergeizen und erhetzen kann. In zahllosen Fällen bekommt er auch da Weib und Kinder nicht zu Gesicht. In der Kantine, im Maschinensaal, in der Baubude oder in einem Schuppen wird Mittag gemacht; oft genug muß er auf einer Promenadenbank, einem Haufen Späne oder der blanken Erde sein armseliges Mahl zu sich nehmen. Die dicke Suppe im Blechtopf, ein Stück Brot, einen Fetzen Wurst, einen Schluck Kaffee oder Bier. Dann ein Viertelstündchen Schlaf. Die Fabrikpfeife ruft. Nun wieder Arbeit bis der Abend kommt. Endlich Feierabend! Müde schleppt sich der entkräftete Körper der Behausung zu. Die Kinder sind längst zu Bett; wie sie den Tag verbracht – wer sollte sich jetzt noch darüber den Kopf zerbrechen?

Von seiner Arbeit haben sie nichts gesehen; er selbst hat alle Verrichtungen nur mechanisch, ohne innere Anteilnahme und Freude vollbracht. Wie er leer und kalt dabei blieb, konnte er keine belebende Wärme, keine erzieherischen Einflüsse auf sie überströmen lassen. Zudem hat die öde und schwere Körperarbeit auch die Gedanken träge gemacht. Ist das schmale Abendbrot verzehrt, bringt vielleicht ein Pfeifchen noch Genuß. Der organisierte und aufgeklärte Arbeiter liest noch seine Zeitung, seltener ein Buch, vorausgesetzt, daß nicht Sitzungen oder Versammlungen seiner warten. Dann kehrt er erst spät nachts heim. Ein paar kurze Stunden bleiernen Schlafes – im engen Raume und in schlechter Luft –, bis allzubald die harte Pflicht wieder ruft. Und so Tag für Tag, Woche für Woche, Jahr für Jahr...«

Die Frauen- und Kinderarbeit war bis weit in das 19. Jahrhundert hinein von großer Härte, denn die Industrialisierung brachte als »Fortschritt« den vollen Einsatz aller verfügbaren Arbeitskräfte von 8 Jahren aufwärts. Oft währte auch deren Arbeitszeit 10-12 Stunden am Tag, und Frauen und Kinder wurden zudem bedeutend schlechter bezahlt als ihre männlichen Kollegen am Arbeitsplatz. Die Statistiken sprechen eine traurige Sprache und beginnen in der Zeit Friedrichs des Großen, der die Kinderarbeit für so wichtig hielt, daß er bei seiner Anwesenheit in Hirschberg/Schlesien 1766 den Kaufleuten eine Sendung von 1000 Kindern im Alter von 10 bis 12 Jahren anbot, um sie zum Spinnen zu verwenden; die Ablehnung dieses Angebotes erweckte sein höchstes Mißfallen[32].

Als psychologisches Erschwernis kam hinzu, daß für die Arbeiterfamilien des frühen 19. Jahrhunderts – wie auch für die Bauern – die aufwachsenden Kinder identisch waren mit zusätzlichen Verdienern, so daß man also aus Not die eigenen Kinder ökonomisch auszunutzen gezwungen war. Das änderte sich dann mit der gesamten Veränderung der gesellschaftlichen Verhältnisse, ohne daß sich damit allerdings die häusliche Lage der Arbeiterkinder gebessert hätte. Erst nach 1871 mit dem Fortschritt des Maschi-

32) Kulischer, Josef: *Allgemeine Wirtschaftsgeschichte* II ²1958, S. 187/88, in Deutschland wurde erst 1891 ein Arbeitsschutzgesetz erlassen; 1903: Regelung von Arbeitszeit und Löhnen (Tarife), Kinderschutzgesetz und Mutterschutz; 1908: Zehnstundentag für Frauen.

Die Enthaltsamen. »Wieviel Kartoffel die Leute brauchen! Wir essen zu Mittag nicht mehr als zwei, drei Kartoffel.«

nenwesens, als sich Kinderarbeit für den Unternehmer nicht mehr auszahlte, ging die Zahl der arbeitenden Kinder in der Industrie wesentlich zurück, während sie in der Heimarbeit und im Verlagswesen bis in die zwanziger und dreißiger Jahre unseres Jahrhunderts weit verbreitet gewesen ist.

Welche Faktoren bestimmten das Bild der Arbeiterfamilie im 19. Jahrhundert? Die wirtschaftliche Basis bildete der *Arbeitslohn,* der von Jahrzehnt zu Jahrzehnt außerordentlich wechselte und ebenso von Region zu Region. So betrug z.B. 1907 der Wochenlohn eines Textilarbeiters in Chemnitz 28 Mark, einer Textilarbeiterin 15 Mark, während im Erzgebirge ein Heimarbeiter in Posamenten zur gleichen Zeit in der Woche etwa 2,50 Mark zu-

sammenbrachte[33]. 1902 wurden im gleichen Gebiet die Lebenshaltungskosten für eine fünfköpfige Familie von 81,61 % der gelernten Textilarbeiter *nicht* erreicht. Die Mitarbeit der Frau und der älteren Kinder war also eine Existenznotwendigkeit.
Ein entscheidendes Element der »Arbeiterfrage« war die exemplarisch schlechte *Ernährung* der Fabrikarbeiter, nicht nur, was die Quantität, sondern auch was die Zusammensetzung der Mahlzeiten anbetraf. Die von Riehl gepriesene Fähigkeit der Hausfrau, in ihrer Familie heimische Traditionen durch Back- und Kochrezepte zu bewahren, konnte sicherlich nicht in Haushalten praktiziert werden, deren Hauptnahrungsmittel die Kartoffel war.
In der Nachfolgeschaft von Le Play hat man auch in Deutschland von der Wirtschaftsstatistik her Haushaltsrechnungen gesammelt und Familienmonographien erarbeitet; der Staat jedoch erkannte die grundsätzliche Bedeutung dieses Komplexes nicht, sondern sah ihn mehr im Zusammenhang mit Problemen der Armenfürsorge und unter den moralischen Aspekten der Arbeiterfrage, indem man ihn vordergründig mit den Erscheinungen des Alkoholmißbrauches zusammenbrachte. Daß es sich um die vom Kapitalismus bedingte Lebensweise handelte, wollte man nicht sehen. Die Statistiken jener Zeit ergeben, daß die Sollsätze der Ernährung für Schwerarbeiter nirgends die heutige Norm erreichten[34]. Als nächster Faktor für das Familienleben ist die *Arbeitszeit* zu berücksichtigen, die in den Fabriken noch um 1900 durchschnittlich 10-12 Stunden täglich betrug; erst 1908 wurde für die Frauen die Maximalarbeitszeit auf 10 Stunden festgelegt. Die häufig ungesunden und unhygienischen Verhältnisse am *Arbeitsplatz*, zuweilen lange Arbeitswege für die Pendler aus den Vororten hätten als Ausgleich erholsame *Wohnverhältnisse* erfordert. Statt dessen waren die Arbeiterwohnungen gerade in der Gründerzeit häufig ein Objekt von Spekulation und Mietwucher.

33) Dieses und die folgenden Daten nach Hofmann, Ernst: *Volkskundliche Betrachtungen zur proletarischen Familie.* 1971, S. 66ff.
34) Teuteberg, Hans J.: *Der Wandel der Nahrungsgewohnheiten unter dem Einfluß der Industrialisierung.* 1972, bes. S. 51ff., S. 140ff. und die dort angeführte Literatur: Engel, Ernst; Schnapper-Arndt u.a.

Die Einrichtung dieser oft feuchten Wohnungen kann man sich nicht einfach genug vorstellen: das wichtigste waren die Betten und die auf dem Boden ausgebreiteten Matratzen, wo mehrere Personen zusammen schliefen. Ein eigenes Bett besaßen die meisten Familienmitglieder kaum. Diese Verhältnisse besserten sich z.T. in der Nähe großer Werke, als man im Interesse der Beibehaltung eines gut geschulten Arbeiterstammes Fabrikswohnungen und -siedlungen zu bauen begann, allerdings zu Bedingungen, die die volle Abhängigkeit des Arbeiters befestigten.

Wirkten sich also die äußeren Lebensverhältnisse mehr gegen als für die Entwicklung von Wohn- und Freizeitkultur der Arbeiterfamilie aus, so schien die allgemeine *Schulpflicht* doch theoretisch eine Grundlage zu bilden, die der folgenden Arbeitergeneration die Waffe des Wissens in die Hand gab. Aber auch hier arbeitete die Wirklichkeit gegen die unterprivilegierte, aus Proletarierfamilien stammende Jugend. In einem sächsischen Lehrerbericht von 1902 heißt es:

> »Den Lehrern an der einfachen Volksschule entrollt sich da oft ein trauriges Bild des großstädtischen Lebens. Vater und Mutter gehen früh, oft ehe die Kinder erwachen, bis abends, wenn diese schon schlafen, dem täglichen Erwerbe nach und haben wenig Zeit... zur eigentlichen Kindererziehung. Die kleinen vorschulpflichtigen Kinder sind sich auf diese Weise oft selbst überlassen, niemand öffnet ihnen die Sinne, löst ihnen die Zunge. So darf es denn nicht wundernehmen, wenn beim Eintritt in die Schule ihr Vorstellungskreis überaus beschränkt ist, das Denken und Sprechen eine bemitleidenswerte Unbeholfenheit zeigt. Ein großer Teil der Schüler in den Mittel- und Oberklassen ferner ist darauf angewiesen, außerhalb der Schulzeit durch ihrer Hände Arbeit Geld zu verdienen.«

So blieb die Arbeiterfamilie im allgemeinen auf einem Status, in dem sie ihre Normen weiterhin aus den traditionellen Moral- und Ordnungsvorschriften bezog. Eine Emanzipation aus diesen Zwängen, wie sie die Sozialdemokratie anstrebte, konnte von den Arbeitern zumeist nicht geschafft werden und lag keinesfalls im Interesse des Staates. Kaiser Wilhelms II. »Vorschläge zur Verbesserung der Arbeiter« aus dem Jahre 1890 sprechen in dieser Hinsicht eine beredte Sprache:

»Die Frage von dem sogenannten Schutz der Arbeiter ist nicht bloß von dem Standpunkte der Menschenliebe zu beurteilen; sie hat eine gleich schwerwiegende wirtschaftliche und sittliche Bedeutung. Würde ein Normalarbeitstag von 8 Stunden, ein Ausschluß jeder Frauenarbeit, die weitgehende Beschränkung der Kinderarbeit (bis zu 14 Jahren) herbeigeführt werden, so ist in sittlicher Beziehung zu befürchten:

1. daß der erwachsene Arbeiter seine freie Zeit im Wirtshaus zubringt, daß er mehr als bisher an agitatorischen Versammlungen teilnimmt, mehr Geld ausgibt und, obwohl der Lohn derselbe bleiben wird, wie für den bisherigen Arbeitstag, doch nicht zufrieden ist;
2. daß der Zuschuß, den mitarbeitende Ehefrauen und Kinder zu den Kosten des Haushalts beitragen, wegfällt, daß dieser Haushalt gezwungen wird, sich noch mehr als bisher einzuschränken und daß mit dem schwindenden materiellen Wohlbefinden auch das Familienleben einen Stoß erhält;
3. daß die heranwachsenden Kinder, insbesondere die halbwüchsigen Burschen und Mädchen sich außerhalb des Hauses umhertreiben und sittlich verwahrlosen und verwildern«[35].

Daß die Besserstellung der Arbeiter einhergehen mußte mit einer Veränderung der sozialen Hierarchie, zumindest aber mit einem vielseitigen Verantwortungsbewußtsein der führenden Schicht im Staate und daraus hervorgehenden Aktivitäten, – das verstand jene Gesellschaft genau so wenig wie die heutige z.B. ihre Pflichten gegenüber den Gastarbeitern. Die Proletarier, der »4. Stand«, blieben eine Gruppe außerhalb und unterhalb der Gesellschaft.

Auch die Entstehung und den Aufbau der Familie organisierte diese Bevölkerungsgruppe meist völlig endogam, und da ihre Mitglieder ja die Eigenschaft der Besitzlosigkeit verband, konnten sie bei der Partnerwahl freier und unbefangener vorgehen als Angehörige anderer Schichten und Klassen, zumal die jungen Leute finanziell von ihren Eltern unabhängig waren. Da die Mädchen nur zu gut wußten, was sie in der Ehe erwartete, drängten sie viel weniger als die gleichaltrigen Bürgertöchter auf Verheiratung, und es genügte ihnen, einen »Schatz« zu haben. Erst Schwangerschaften und das Bedürfnis nach gemeinsamem Auf-

35) *Die Zerstörung der deutschen Politik. Dokumente 1871-1933.* Fischer-Bücher des Wissens 264, 1959, S. 57.

bau einer Existenz führten zur Eheschließung: 50 % der Arbeiter unter 26 Jahren heirateten um 1900 etwa gleichaltrige Partnerinnen der gleichen Schicht, – weitere 40 % heirateten bis zum 30. Lebensjahr.

Das Ehe- und Familienleben spielte sich dann bald in jenen Formen übermäßiger Arbeitszeit, schlechter Wohnverhältnisse und unzureichender Ernährung ab, wie sie Bebel, Göhre, Rühle u.a. geschildert haben[36]. Daß es zu den Funktionen der Arbeiterfrau gehörte, das Geld zu verwalten und den Haushalt zu führen, bedeutete gegenüber der nicht berufstätigen Bürgerfrau der gleichen Epoche einen kaum zu bewältigenden Zuwachs an Verantwortung. Kinder-»segen« war daher alles andere als erwünscht, bedeuteten doch Kinder nur einen zusätzlichen Kostenfaktor, der das Elend der Familie vergrößerte. Aborte traten häufig auf, aber auch Säuglingssterblichkeit infolge Unterernährung und schlechter Lebensverhältnisse; in Chemnitz, das in dieser Hinsicht den traurigen Rekord unter den deutschen Großstädten hielt, lag zwischen 1890-1904 die Sterblichkeit bei ehelichen Kindern bis zu 1 Jahr bei über 30 %[37].

Die Struktur der Proletarierfamilie war von all den äußeren Bedingungen abhängig, die hier geschildert worden sind. Als Typus glich sie der Bürgerfamilie: eine Kleinfamilie, die meist nur zwei Generationen umfaßte. Sie war auf die gegenseitige Unterstützung aller Familienmitglieder angewiesen und durch Krankheit und Tod eines Elternteiles an ihren Wurzeln bedroht. Ihre Funktionen wurden meist ausschließlich auf die einer Wohn- und Eßgemeinschaft reduziert; eine aktive Sozialisation der Kinder übernahmen schlecht und recht andere Institutionen wie Krippe, Kinderbewahranstalt, Hort und Schule. Das überaus harte Leben erforderte eine innerfamiliäre Solidarität als Grundbedingung zur Bewältigung des Daseins. Für die Ausgestaltung einer ihr immanenten Kultur blieb der Arbeiterfamilie jener Epoche weder Kraft noch Zeit.

36) vgl. zusätzlich vor allem Kuczynski, Jürgen und Ruth Hoppe: *Geschichte der Kinderarbeit.* 1958.

37) Hofmann, Ernst: *Volkskundliche Betrachtungen zur proletarischen Familie...* 1971, S. 77.

Wenn sich also die Verhältnisse, was z.B. die Kinderarbeit anbetrifft, auch im Verlaufe des 19. Jahrhunderts nach außen hin besserten, so kann doch von sozialkulturellen Entwicklungsmöglichkeiten für die Arbeiterfamilie noch lange Zeit keine Rede sein. Bebel versuchte, der Proletarierfamilie zu helfen und aus seinen Erfahrungen unter den Fabrikarbeitern eine sozialistische Theorie über die Gleichberechtigung der Frau zu entwickeln:

> »Nach ihr handelt es sich nicht nur darum, das Proletariat aus der Knechtschaft des Kapitals zu befreien, sondern auch die Frau aus der Knechtschaft des Ehemannes und des Haushalts; man erkannte ihr ökonomische Unabhängigkeit und volle Gleichberechtigung zu. In letzter Konsequenz wollte August Bebel die Erziehung der Kinder aus dem Hause verlegen (›aus der Familie in die Menschheit‹, wie Clara Zetkin es ausdrückte) und auf Institutionen übertragen. Die Familienauffassung der sozialistischen Theoretiker bildet also eine genaue Gegenposition zur bürgerlichen. Aber so sehr auch Bebels berühmtes Buch ›Die Frau und der Sozialismus‹ Verbreitung fand, gerade in diesem Punkte ging die Arbeiterschaft nicht mit. Zu sehr hatten die Arbeiter unter der ›familienzerstörenden Wirkung‹ (Lassalle) der von der Not aufgedrungenen Fabrikarbeit der Mütter gelitten, als daß sie nun eine freien Willens aufgenommene Berufsarbeit von Müttern sich vorstellen konnten. So blieb das bürgerliche Familienmodell, das dem Manne allein die Funktion des Ernährers wie auch des Vermittlers zur Welt vorbehielt, der Mutter aber die Erziehungs- und Haushaltsaufgaben, in der Arbeiterschaft lebendig, ja es wurde hier treuer bewahrt als im Bürgertum, in welchem immer mehr die Frauen den Wunsch aufkommen ließen, trotz dem Vorhandensein von Kindern ihren Beruf weiter auszuüben. Diese verschiedene Einstellung hängt natürlich zusammen mit der unterschiedlichen sozialen Situation und den unterschiedlichen Arbeitsmotiven der beiden Schichten«[38].

Hier gingen also die Arbeiterfrauen nicht mit. Von der Proletarierin war kaum Verständnis für den segensvollen, verpflichtenden Geist der gewollten Arbeit zu verlangen. Vor der Zeit verblüht und gealtert, überflutet von Arbeit, Kindersorgen und Krankheit, mit einem schlecht verdienenden Mann, den oft das Elend im eigenen Hause in die Kneipe trieb, konnte es für diese

38) Pfeil, Elisabeth: *Die Frau in Beruf, Familie und Haushalt.* 1966, S. 142f.

Frauen nur *eine* Wunschvorstellung geben: das bürgerliche Familienidyll mit der nicht arbeitenden sorglosen Hausfrau.
Muße zu haben, war die Sehnsucht der Arbeiter, – »und uns fehlt nur eine Kleinigkeit, nur Zeit«, wie es Richard Dehmel in seinem Gedicht »Der Arbeitsmann« ausdrückte. Erschöpft vom Kampf um die nackte Existenz konnte die Arbeiterfamilie während dieser Epoche des Hochkapitalismus nicht zu einer Ausgestaltung eigener Lebensformen gelangen.
Zwischen der Fabrikarbeiterfamilie auf der einen und den Bauern- und Landarbeiterfamilien auf der anderen Seite stand eine Gruppe, die eine vorwiegend ländliche Lebensform und oft auch ein wenig Land besaß und daneben als Hausierer von Hauswerk in bescheidener Selbständigkeit arbeitete oder als *Heimarbeiter.* Ihr Vorteil war, daß sie in gewohnter ländlicher Umgebung arbeiten und sich – ausgenommen von den Saisonzeiten – die Arbeit einteilen konnten, – daß also gewissermaßen die Arbeit zu ihnen aufs Land kam; ihr Nachteil die absolute Abhängigkeit vom Verlagssystem und damit eine unsichere Zwischenstellung als ländliche Unterschicht[39]. Das Heimarbeitersystem entwickelte und erhielt sich dort, wo sich die Preisgabe traditioneller Produktionsmethoden zugunsten einer industriellen Massenherstellung nicht zu lohnen schien und Arbeitskräfte leicht zu gewinnen waren: also vor allem beim Spielzeug, bei hölzernen Wirtschaftswaren, bei Einzelteilen der Konfektionsindustrie wie Knöpfen, Strohbändern, Posamenten u.ä. Gerade den Heimarbeitern und ihren Familien – mit ausgedehnter Frauen- und Kinderarbeit bis weit ins 20. Jahrhundert hinein – gelang die Teilhabe an den Fortschritten innerhalb der industriellen Gesellschaftsform besonders spät.
Ihre Wohn- und Lebensverhältnisse waren meist von äußerster Beschränktheit. Die ungünstigen Bedingungen ihres sozialen Lebens im Hinblick auf die Familie hat Virchow für den Spessart dargestellt, Schnapper-Arndt für den Taunus[40]. Virchow spricht

39) Schneider, Lothar: *Der Arbeiterhaushalt.* 1967, S. 22ff.
40) Virchow, Rudolf: *Die Not im Spessart.* 1852; zur Heimarbeit und Hausindustrie vgl. Riegl, Alois: *Volkskunst, Hausfleiß und Hausindustrie,* Berlin 1894; Schnapper-Arndt, Gottlieb: *Fünf Dorfgemeinden.* 1883.

Puppenmacher-Heimarbeit

von einer »armseligen und indolenten Bevölkerung«, die durch jedes Mißjahr »in die Not des Hungertodes gebracht wird«, und schildert ihre ständig um das Existenzminimum ringende Lebensform. In der gleichen Richtung beurteilt August Bebel die Verhältnisse der hausindustriell Tätigen:

> »In der Hausindustrie, die volkswirtschaftliche Romantiker gern so idyllisch darstellen, liegen die Verhältnisse für das Familienleben und die Moral nicht besser. Hier ist die Frau neben dem Mann von früh bis in die Nacht an die Arbeit gekettet, die Kinder werden vom frühesten Alter zu gleichem Werk angehalten. Zusammengepfercht auf den denkbar kleinsten Raum leben Mann, Frau und Familie, Burschen und Mädchen, mitten unter den Arbeitsabfällen, in den unangenehmsten Dünsten und Gerüchen und entbehren die notwendigste Reinlichkeit. Dem Wohn- und Arbeitslokal entsprechen die Schlafräume. In der Regel dunkle Löcher, ohne Ventilation, müßten diese schon für die Gesundheit bedenklich gelten, wenn nur ein Teil der in ihnen untergebrachten Menschen darin hauste. Kurz, es existieren dort Zustände, die einem an eine menschenwürdige Existenz Gewöhnten die Haut schaudern machen«[41].

Besonders ausgeprägt war die Heimarbeit in jenen waldreichen Armutsgebieten, deren Bewohner sich der Spielzeugherstellung widmeten. Thüringen mit dem Zentrum Sonneberg beschäftigte

41) Bebel, August: *Die Frau und der Sozialismus.*[26] 1896, S. 128.

für die Puppenindustrie, die von hier aus einen weltweiten Abnehmerkreis versorgte, noch 1910 eine Unmenge von Kindern in folgenden Berufsarten:

Berufsart	Kinder im Ganzen	männl. und weibl. unter 10 Jahren abs.	rel. %
Drücken von Papiermachéwaren	272	52	19,1
Abschneiden von Papiermachéwaren	453	198	43,7
Dockenstopfen	57	18	33,5
Nähen von Puppenkleidern	271	66	24,4
Abschneiden von Puppenkleidern	573	264	44,3
Tressieren	202	68	33,7
Frisieren	97	37	38,1
Augeneinsetzen	44	13	29,5
Puppenschuhe machen	203	67	33,0
Puppen fertigmachen	283	76	26,9
Puppengelenke putzen	115	30	26,1
Balg machen	77	19	24,7
Holzspielwaren machen	182	69	37,9
Farbkasten machen	78	18	23,1
Porzellan malen	54	7	13,0
Porzellan abputzen	101	46	45,5
Glasaugen blasen	66	13	19,7
Glasaugen abschneiden	60	20	33,3[42]).

Wie solche Kinderarbeit, die aus Gründen der Existenzerhaltung von den eigenen Eltern gefördert wurde, sich im konkreten Lebenszusammenhang darstellte, kann man aus ideologie-unverdächtiger Heimatliteratur entnehmen[43]. A. Sapper schildert das Leben einer thüringischen Puppenmacherfamilie um 1900, die im Dampf des kochenden Papiermachébreis in einer Stube ihre Arbeit verrichtet. Während der Vater die Masse in die Formen drückt, schneidet die Mutter aus Schirting den Stoff zu den Puppenkörpern aus und näht die Bälge. Das Umwenden besorgt der Fünfjährige, weil seine kleinen Finger dazu am geschicktesten sind, während die sechsjährige Schwester die Köpfe zum Trocknen aufreihen und die Bälge mit Sägespänen füllen muß. Schulbesuch und Schularbeiten kommen natürlich dabei zu kurz. Der Dreijährige darf noch herumspielen. »Der Johann ist jetzt schon drei Jahre,« tröstet die Mutter den deprimierten Vater, »mit vier

42) Bierer, Willy: *Die hausindustrielle Kinderarbeit im Kreise Sonneberg*. Tübingen 1913, S. 34.
43) Sapper, Agnes: *Im Thüringer Wald. (1900)*

Heimarbeit im Erzgebirge

kann man ihn schon anweisen, und mit fünf hilft er so viel wie der Philipp.«

Als Wochenverdienst für die ganze Familie werden 20-25 Mark genannt; 2 Pfund Brot kosteten etwa 50 Pfennig. Das Hauptnahrungsmittel waren Kartoffeln, die man im Garten und auf dem kleinen Äckerchen anbaute.

»Kartoffeln in der Früh',
zu Mittag in der Brüh',
des Abends samt dem Kleid,
Kartoffeln in Ewigkeit!«

hieß ein Spottvers auf die Nahrungsgewohnheiten der Heimarbeiter.

Die Erhebungen, die in den ersten Jahrzehnten unseres Jahrhunderts über die Wohn- und Lebensverhältnisse der Heimarbeiter angestellt worden sind, liefern Elendsbilder, besonders in der Bürstenindustrie und der Puppenmöbelfabrikation des Erzgebirges, der Spielwarenindustrie um Sonneberg, der Blechspielwarenbranche in und um Nürnberg, der Korbflechterei in Oberfranken.

»In der Spielwarenindustrie trifft man fast ausnahmslos auf Fälle grausamster Kinderarbeit. Schon die ganz Kleinen, noch nicht Schulpflichtigen leisten hier tagein, tagaus Erwerbsarbeit und zwar bei der Herstellung von Gegenständen, die geschaffen werden, um Kindern Freude zu machen. Für diejenigen Kinder, die die Gegenstände herstellen helfen, werden sie zum Fluch. – Es werden nämlich oft genug, trotz der Mithilfe der Kinder, nur Stundenverdienste von 7-12 Pfennig erzielt, wie z.B. bei der Herstellung von Metallspielzeug primitiver Art in der Nürnberger Gegend. Eine Ausdehnung des Arbeitstages bis in die Nacht hinein ist die Folge«[44].

Das waren familiäre Arbeits- und Lebensverhältnisse, die sich seit der Mitte des 19. Jahrhunderts über fast 100 Jahre hinweg kaum geändert haben. Noch zu Beginn des 20. Jahrhunderts war die Situation der Heimarbeiter auf einem derartigen Stand der Verelendung angelangt, daß eine Ausstellung in Berlin das Bewußtsein der Gesellschaft dieser Gruppe gegenüber wachrütteln und »einen Einblick in die soziale Seite des Produktionsvorganges ... gewähren« sollte.

»In eine Ausstellung der Not und der Anklage werden wir geladen«, schrieb Leopold von Wiese in einem einführenden Artikel[45]; »sie zeugt von Zuständen, denen gegenüber die Fabrikarbeit und Fabrikorganisation als ein erstrebenswertes Ideal erscheint ... Denn in den dumpfen Stuben, in denen gearbeitet, geschlafen, gekocht, gewaschen wird, ... muß von früher Morgenstunde ... bis in die späte Nacht hinein für einen oft jämmerlichen Lohn von allen Familienmitgliedern gearbeitet werden, jeden Tag immer wieder, monoton und eilig, und was das Schlimmste ist, ungezählte Kinderhände müssen von den Eltern gemißbraucht werden, damit die Puppen und Bleisoldaten, die Federn und Perlenbesätze rechtzeitig fertig werden.«

Die zuweilen geäußerte Vorstellung, daß es durch das gemeinsame Arbeiten um einen Familientisch herum eine gewisse bin-

44) Kuczynski, Jürgen u. Ruth Hoppe: *Geschichte der Kinderarbeit.* 1958, I, S. 363f.; S. 340ff. zahlreiche Belege für Kinderarbeit in Landwirtschaft und Heimarbeit. Vgl. Spielzeug der bürgerlichen Zeit. Zeugnisse für Kindererziehung und Kinderarbeit. Beiheft zu einer Ausstellung im Marburger Universitätsmuseum Winter 1973/74, hrsg. von der Arbeitsgruppe für vergleichende Ethnosoziologie im Fachbereich Gesellschaftswissenschaft der Philipps-Universität Marburg.
45) Wiese, Leopold von: *Was wird mit der deutschen Heimarbeiterausstellung in Berlin beabsichtigt?* In: *Sozialer Fortschritt 63/64, 1906, S. 2.*

nenfamiliäre Wärme gegeben und gar so etwas wie der alte Geist der gemeinsam wirtschaftenden Haushaltsfamilie eine neue Wirklichkeit gewonnen hätte, kann nur durch Unkentnnis und Mißdeutung der wahren Verhältnisse entstehen. Die Heimarbeiter befanden sich nicht im Besitz ihrer Produktionsmittel, sondern mußten ihre und ihrer Kinder Arbeitskraft zu den niedrigsten, allein von den Verlegern bestimmten Preisen verkaufen. Auf diesem Boden entstand wohl erzwungenermaßen eine gewisse familiäre Solidarität im Hinblick auf die Technik des Daseins, aber die Gestaltung der Sozialform Familie konnte hier nicht wachsen, eine Entwicklung der Kinder ihren Fähigkeiten entsprechend nicht gedeihen. Ihre Lebenschancen waren aufs äußerste reduziert.

Ein Bild aus der Thüringer Heimarbeit, der Maskenindustrie, möge die Darstellung des Familienlebens dieser Gruppe abrunden. Der Dichter Kurt Kluge hat in seinem Thüringen-Roman »Der Herr Kortüm« die Situation in einer Maskenmacherfamilie dargestellt, wie sie der Lehrer Schart erlebt:

> »Die Malstube war wirklich voll. Klaus schrak zurück. An einem großen Tisch hantierten mit Pinsel und Scheren ein Mann, eine Frau, ein großes Mädchen, ein kleines und ein Junge. Dieses Bild der Heimarbeit hätte Klaus nicht erschreckt – er kannte die Nester dieser Arbeiter so gut wie ihren Fleiß und ihre Geduld. Aber Klaus Schart war noch nicht bei den Maskenmachern zu Besuch gewesen. Von den Wänden, von Tisch und Stuhl und Fußboden, aus allen Ecken und Winkeln grinsten ihn zahllose bunte Larven an: lustige, böse, grausige, wüste, verzerrte«[46].

Dazu muß man sich noch den fast unerträglichen Geruch des Knochenleims denken, der die schlecht gelüftete Stube erfüllte. Vielleicht war gerade die Lage der Heimarbeiter, die in ihrer Abgeschlossenheit meist keinen Anschluß an sozialistische Bewegungen fanden und ohne Kontakt mit sozialen Bestrebungen blieben, von allen Arbeiterverhältnissen am hoffnungslosesten.

46) Kluge, Kurt: *Der Herr Kortüm.* Berlin und Darmstadt 1954, S. 14f.; vgl. Weber-Kellermann, Ingeborg: *»Die Maskenmacher auf dem Thüringer Wald«,* in: *Hessische Blätter für Volkskunde* 55, 1964, S. 109-122.

Auf dem Lande verlief die Entwicklung regional sehr unterschiedlich entsprechend den agrarökonomischen Formen, die sich in den einzelnen Landschaften im Verlauf des 19. Jahrhunderts nach Aufhebung der Leibeigenschaft und der sogenannten Bauernbefreiung herausbildeten. Im allgemeinen ist zu sagen, daß sich bei den Bauern – wie auch im Adel – noch längere Zeit ältere Familienvorstellungen erhielten. Das betraf einmal, besonders im Hinblick auf die Heiratsvorschriften, den alten Sippengedanken mit seiner am Besitz»stand« orientierten Endogamie, vor allem in den Landschaften mit Anerbenrecht, z.B. in Bayern[47]. Zum anderen betraf das Festhalten an älteren Strukturen die Wirtschaftsform der großen Haushaltsfamilie, was sich auch im Verhältnis zum Gesinde deutlich ausdrückte. Bestand z.B. in Bayern schon infolge des vorherrschenden Anerbenrechtes die Hälfte aller landwirtschaftlichen Arbeitskräfte aus Familienangehörigen, so begriff sich auch das weitere Drittel außerfamiliären Gesindes als durchaus zur Familie gehörig. Im Gegensatz zu anderen Landschaften bildete der Gesindedienst hier keine Durchgangssituation, sondern einen Lebensberuf. Ohne selbst an Heirat und Familiengründung zu denken, erweiterten die Dienstleute den familiären Kreis des Bauernhofes, und ihre volkssprachliche Bezeichnung als »Ehehalten« spricht aus, daß ihr Verhältnis als dem Haus und dem Patriarchat des Bauern eng verbundene Arbeitsgenossen gleichzeitig die Entsagung für eigene Entfaltungsmöglichkeiten weitgehend einschloß. Solche Umstände mag Wilhelm Heinrich Riehl im Auge gehabt haben, als er schrieb:

> »Das Gesinde soll im ›ganzen Hause‹ sein Schicksal als eins erkennen mit dem des Herrn. Auf mehreren Kirchhöfen Südbayerns und Tirols fand ich Familiengräber angesehener, ja vornehmer Leute, in welchen – laut Inschrift – auch die Särge alter treuer Dienstboten des Hauses beigesetzt waren. Das ganze Haus be-

47) Ausführlich dargestellt bei Weber-Kellermann, Ingeborg: *Erntebrauch in der ländlichen Arbeitswelt des 19. Jahrhunderts.* 1965. (Bayern S. 253ff.); vgl. neuerdings Habakkuk, H.J.: *Family Structure and Economic Change.* 1955, S. 1ff.

hauptete sich bis in's Grab. In einem bloßen Vertrags- und Mietverhältnis hatten jene Dienstboten zu ihrer Herrschaft gewiß nicht gestanden, sondern auch zugleich in einem gemütlichen«[48].

Die Tragik, die solch Eingebettetsein »bis ins Grab« für manches Knechts- und Magdschicksal bedeuten konnte, hat er allerdings nicht mit bedacht, doch ist es richtig, daß sich hier die Schutz- und Sorgepflicht des »ganzen Hauses« erhalten hatte.
In den Gebieten größerer und selbständiger Bauernwirtschaften in Mittel- und Norddeutschland, im Westen und Süden lebte und wirtschaftete die Bauernfamilie in traditioneller Weise (vgl. Kap. III, A 2). Doch bedeutet das keineswegs, daß hier im Zusammenleben und -wirtschaften der Generationen die Harmonie eines »Gemeinschaftslebens« herrschte, wie sie von Familienwochenschriften, Lesebüchern und den Schriftstellern der Agrarromantik gerne geschildert wurde. Die Übergabeverträge, »Aufsätze« und »Ausbehalte«, die meist bei Abgabe des Hofes an den Hoferben notariell abgefaßt wurden, zeigen, wie präzise jede Partei ihre Interessen wahrte und gegen diejenigen der anderen abgrenzte[49]. Da ist genau das Altenteilszimmer im Obergeschoß mit seiner Einrichtung beschrieben und der zu benutzende Zugang; da ist die Verköstigung bis auf jeden Liter Milch und jedes Ei im Sommer und im Winter festgelegt und jede Sonderleistung im Krankheitsfall; da werden pedantische Vorschriften erlassen über den verbliebenen Ackerrest und seine Bewirtschaftung; da wird jede Unsicherheit beseitigt über die Probleme der Reinhaltung, Instandsetzung, Beheizung usw. Diese Übergabeverträge sind vorzügliche Quellen für die gegenständliche und die soziale Lebenswelt auf dem Lande. Sie machen das Leben der älteren Generation in Altenteilerstuben bei ärmeren Verhältnissen und in Leibzuchthäusern (Westfalen) oder Ellerhäuschen (Hessen) oder dem Ausgedinge (Österreich) bei etwas wohlhabenderen und die Trennung der Generationen im Familienverbande deutlich. Sie zeigen aber auch, daß die Versorgung der älteren Gene-

48) *Die Familie.* S. 162.
49) vgl. Kötter, Herbert: *Die Generationen auf dem Lande.* 1962, S. 144ff.; Schwägler, Georg: *Soziologie der Familie.* 1970, S. 147f.

ration innerfamiliär geordnet wurde, entsprechend dem autarken Denken und Wirtschaften im Bauernhof. Als Beispiel folgt im Wortlaut eine derartige Übergabeordnung von 1883 aus dem damaligen Österreich so, wie sie ähnlich auch in den meisten deutschen Bauerndörfern üblich war:

»Aufsatz:
Mathias Fischer gibt seiner Tochter Susanna Fischer 2800 Gulden, sage zweithausend achthundert Gulden österreichischer Währung. Und zwar den ersten Termin bis 1. Jänner 1884 zwölfhundert Gulden und 1600 Gulden 1. Jänner 1885. II. Termin, dann bekommt Susanna Fischer 1 Feder Bett, 1 Milch Kuh, 1 Kleiderkasten.
Anton Schwengler übergibt seinem Sohn Nikolaus Schwengler (Hausnummer 298) mit einer ganzen Session (– 32 Joch Feld –), vier angeschirrte Pferde sammt Wagen, Pflug, Egge und kurtz was zur Bauernarbeit gehört, dann noch einen großen Schrank, drei Stück magere Schweine.
Dafür haben die jungen Eheleute 3 Jahre Dienst zu leisten; für Liedlohn (– Jahreslohn –) bekommen sie 1 Joch Winter- und 1 Joch Sommerfeld frei verarbeitet. Sollten die jungen Eheleute sich 2 Joch ankaufen, hat der Vater durch 3 Jahre frei zu verarbeiten. Nach verflossenen 3 Jahr bekommen sie 12 Metz Brotfrucht Samen für 8 Joch Frucht anbauen für 8 Joch Hafersamen 30 Metz Futter, dann im Jahre 1886 zwei Joch Kukurutz von Vater oder Mutter frei.
Sollte die jungen Eheleute eins' oder das andere ohne Leibeserben mit Tod abgehen, so hat der längst Lebende an den Verstorbenen seine Familie zweitausend Gulden österreichischer Währung retour zu zahlen; das sämtliche Vermögen bleibt dann ungestört. Dem längst Lebenden hat Anton Schwengler oder Mutter das Hausz unter den 3 Jahre auszubessern; dann bekommen die jungen Eheleute 2 Schweinställe. Die jungen Eheleute haben an Vatter und Mutter dreitausenddreihundert Gulden österreichischer Währung zu zahlen und die Gebühr gemeinschaftlich zahlen.
Ausbehalt (lautet)
Beide Eltern Anton und Barbara Schwengler hat lebenslänglich 18 Ctnr. Frucht, 9 Ctnr. Kukuruz, 9 Ctnr. Hafer, ein Joch Ackerfeld in der großen Wiesen gegen Ort. Sollte Vatter oder Mutter sich noch 2 Joch ankaufen, dann sind beide 3 Joch frei zu verarbeiten, das Nöthige vermahlen und den Überrest zu Markt verführen. Eine halbe Klafter Brennholz zu Hausz führen, Feld für 1/4

Hanfsamen, dann 300 Hühnereier und sechs Stück Händeln, ein Schweinstall, den halb Hausgarten und halben Weingarten, auch die Fechsthum (– Ernte –) zu Hausz führen, hinlängliches Brennstroh, Stallung für 2 Kühe und Futter.
Den Wohnsitz in der Kammer, die Speise an der Kammer, die halbe Kugel (– Küche –), den Boden über dem Vorterenzimmer. Von der Gerechtigkeit (= Hof) 10 Klafter durch und durch gegen Nachbar Nr. 326.

Billet am 21. Oktober 1883«

Derartige gerichtlich festgelegte Abmachungen wie diese sind in ähnlicher Form bis zum Ende des 2. Weltkrieges nachzuweisen. Der durchschnittliche Ausbehalt bestand etwa aus folgenden Abgaben:

300 Eier jährlich
2 Hühner monatlich
1 Joch bebautes Feld jährlich
50 kg Mais jährlich
50 kg Weizen jährlich
½ des Ertrags des Weingartens
300 Bund Stroh jährlich
1 Wagen Streu jährlich
1 Wagen Weizenstreu jährlich
1 gemästete Kuh jährlich
1 gemästetes Schwein jährlich[50].

Durch solche dokumentarischen Belege tritt die materielle Basis der alten Bauernfamilie in ein deutliches Licht. Sie war für drei bis vier aufeinanderfolgende Generationen ein ökonomisch korrelatives Ganzes, denn die Eltern des jungverheirateten Paares mußten ja zuweilen noch ihre eigenen alten Eltern dem »Ausbehalt« folgend versorgen. Aus diesem ökonomischen Familiensystem ergaben sich auch die äußeren Formen der Hofanlage, die Einteilung der Stuben und Böden u.a.m.
Das Zusammenleben war also in erster Linie durch die Ökonomie bestimmt und entsprach dem Typus der großen Haushaltsfamilie, die patriarchalisch organisiert war. Der Vater blieb auch nach der Übergabe meist faktisch der Herr im Hause und hatte

50) Weber-Kellermann, Ingeborg: *Familienstruktur und sozialer Wandel.* 1973, S. 114f.

alle Möglichkeiten, die jungen Leute zu leiten, aber auch zu tyrannisieren. Er konnte darauf dringen, daß sein Feld zuerst bestellt, seine Ernte zuerst eingebracht wurde. Andererseits war er es, der Kenntnisse und Erfahrungen weiterzugeben vermochte, und wo ein gutes Verhältnis in den Familien herrschte, dort halfen die Großeltern den Jungen, das bäuerliche Wirtschaftsleben zu bewältigen, hing doch vom Gedeihen des Hofes auch ihr eigenes Wohlergehen ab. Einem derartigen Denken in wirtschafts- und arbeitsorganisatorischen Bezügen folgte auch das bäuerliche Selbstverständnis darüber, was denn »Familie« sei: nämlich der Verband derjenigen, die für den einzelnen Bauernhof eine Rolle spielen, ihm durch ihre Arbeitskraft nutzen, durch ihr Vermögen den Besitz vermehren oder später als Altenteiler erhalten und versorgt werden müssen. Schon die Schwester, die vielleicht mit Mann und Kindern im Haus über die Gasse wohnt, galt von daher als nicht mehr zur eigentlichen »Familie«, sondern nur zur »näheren Verwandtschaft« gehörig.

Die Auswirkungen dieses komplexen familiären Arbeits- und Wirtschaftssystems betrafen – neben der Sicherung der älteren Generation – die verschiedensten Einzelheiten der sozial-kulturellen Regeln und Normen in der Familie.

Wo das Anerbenrecht galt, mußten die Geschwister des Hoferben ausgezahlt werden. Das bedeutete nicht nur eine große finanzielle Verpflichtung, die vielleicht durch eine gute Heirat wettgemacht werden konnte, – das brachte auch häufig Ungerechtigkeiten für die jüngeren Geschwister, besonders die Schwestern mit sich, die sich u. U. gezwungen sahen, Burschen aus dem ärmeren Handwerkerstand zu heiraten oder sogar für einige Jahre bei ihren eigenen Geschwistern zu dienen. Nicht selten resultierten von daher große soziale Unterschiede in ein und derselben Familie.

Wo die Realteilung üblich war, führte der immer mehr zerstückelte Kleinbesitz notwendig zu rückschrittlichen Formen der Agrarverfassung und damit vielfach zu Verschuldungen und einem Unvermögen, den Anschluß an die moderne Wirtschaft mit ihrem freien Markt- und Geldsystem zu finden. Die Folge war ein Auseinanderfallen der Familien, ein Anwachsen von Wanderarbeit und Hausiererhandel und eine starke Auswandererbewegung nach Amerika.

Diese Verhältnisse sind über längere Zeiträume im großen und ganzen ähnlich geblieben. Die agrarreformerischen Bewegungen des 19. Jahrhunderts haben für die bäuerliche Familiensituation der Regionen mit vorwiegend bäuerlich betriebener Landwirtschaft nur wenig geändert, während sich in den großen Gutslandschaften in Mittel- und Ostdeutschland ein Wandel vollzog.

Als neue soziale Gruppe bildete sich hier diejenige der Landarbeiter heraus[51]. Sie entstand infolge der sogenannten Bauernbefreiung und des rücksichtslosen »Bauernlegens« und fächerte sich in einem sehr differenzierten Verhältnis ihrer Gutsabhängigkeit auf. Nach Verlust ihres Bodens und ihrer geringen Produktionsmittel vermochten diese Landbewohner kaum, ihre neue soziale Situation selbst zu bestimmen. Der ihnen ungewohnte Verkauf der eigenen Arbeitskraft als nunmehr ländliche Lohnarbeiter ging lange einher mit dem verzweifelten und vergeblichen Versuch, die Lebensweisen ihrer traditionellen bäuerlichen Struktur in irgend einer Form zu erhalten. Dafür gibt es objektive und erschütternde Zeugnisse wie den Bericht über »Die Verhandlungen der Berliner Konferenz ländlicher Arbeitgeber« von 1872, auf dem die Gutsbesitzer u.a. eine Hebung der sittlichen Bildung unter den Landarbeitern als Bollwerk gegen die Einflüsse der Sozialdemokratie forderten und gleichzeitig die Akkordarbeit auch für die Landarbeiter*frau* als bestes Regulativ in beiderseitigem Interesse vorschlugen. Wie sich das Familienleben unter solchem Druck und in den beschränkten Wohnverhältnissen dieser neu entstehenden Sozialgruppe abspielte, – dafür möge als Beispiel eine Schilderung aus Ostpreußen von 1902 folgen:

> »Die einer Familie zur Verfügung stehenden Räumlichkeiten bestehen aus einer Stube in den alten, aus Stube und Kammer in den

51) vgl. dazu Weber-Kellermann, Ingeborg: *Erntebrauch.* 1965, insbes. Kap. III S. 60ff. und die dazu genannte Literatur, bes. Goltz, Theodor Frhr. v. d.: *Die Lage der ländlichen Arbeiter im deutschen Reich.* Berlin 1875, und die von Max Weber herausgegebenen Schriften des Vereins für Sozialpolitik über die Verhältnisse der Landarbeiter in Deutschland. 1892 usw.

neueren Häusern, einem Bodenraum, zu dem nicht selten eine einfache Leiter führt, einem Hausflur für zwei Wohnungen bestimmt, sowie Stallung für eine Kuh und mehrere Schweine. Eine Küche findet sich höchst selten, und wo sie vorhanden, ist sie von kläglicher Beschaffenheit. Sie wird dargestellt durch einen von zwei Familien zu benutzenden dunklen Raum unter dem Schornstein mit dem Backofen.

Die Größe der Stube wird verschieden angegeben; in Fischhausen beträgt die Grundfläche derselben 12 qm, in Königsberg 16-24 qm, 24-30 qm, 30-36 qm, in Rastenburg ist der Wohnraum, bei einer Höhe von 2,20 m, 5 m lang und 4 m breit.

Über die allzugeringe Höhe der Stube wird durchgängig geklagt. Die Kammer hat ¼-½ der Stubengröße. Der Bodenraum deckt sich gewöhnlich mit der Grundfläche der Stube. Dielen finden sich nur in neueren Häusern, in alten besteht der Zimmerboden aus Estrich von Lehm, oder aus Ziegellage. In einer Ecke des Fußbodens, unter dem Himmelbett, befindet sich oft ein viereckiges, 1 m tiefes Loch, das mit Brettern verdeckt ist und zur Aufbewahrung der Kartoffeln dient – der Keller. Einen gewölbten Keller haben nur die neueren Häuser. Das Wohnzimmer ist auch zugleich Schlafzimmer für das Ehepaar und alle Kinder. Ist die Familie zahlreich, so schlafen 2-3 Kinder auf einer Lagerstätte. Wenn die Betten ausreichen, so wird auf Trennung der Geschlechter gesehen, andernfalls nicht, letzteres namentlich, wenn die Kinder noch klein sind. Aus Preußisch Eylau wird geschrieben: Geschwister schlafen bis zur Konfirmation in einem Bett, und zwei desselben Geschlechts schlafen auch als Erwachsene zusammen; zuweilen wird solch einem Schlafgenossenpaar noch ein kleines Kind in das schon nicht sehr breite Bett gelegt. Wenn eine Arbeiterfamilie die alten Eltern bei sich hat, so muß auch für deren Himmelbett Raum geschafft werden; für die Kinder werden dann Lagerstätten mitten in der Stube bereitet. Dieser Mangel an Betten – in Fischhausen sollen Familien von acht Personen nur zwei Betten, oft nur eins haben – hat zweifelsohne nicht nur seinen Grund in der Armut der Leute, sondern auch in dem Mangel an Raum. Sind ältere Kinder oder Scharwerker vorhanden, so schlafen diese entweder in der Kammer oder, da diese häufig von solcher Beschaffenheit, daß sie zum Schlafen ganz ungeeignet ist, auf dem Boden; zuweilen werden dieselben, namentlich im Winter, auch mit im Wohnzimmer untergebracht.

Da ferner diese Wohnstube meistens auch als Küche dient, so steht es mit den Luftverhältnissen sehr übel, zumal das Fenster kaum im Sommer, geschweige denn im Winter geöffnet wird, denn um Erhaltung der Wärme willen herrscht bei den Arbeiterfamilien ziemlich allgemein eine Abneigung gegen Lüften des Zimmers, sowie gegen gründliche Reinigung desselben. Frische kann somit nur beim Öffnen der Tür und durch den Kamin eindringen. Häufig mangelt es auch sehr an Licht, da, namentlich in den älteren Häusern, meist nur ein Fenster vorhanden, dessen Scheiben klein, das Glas blind und schmutzig, oft durch Papier ersetzt ist.

Daß das Schlafen in derartigen Räumen der Gesundheit höchst nachteilig ist, wie auch von einigen Berichterstattern hervorgehoben wird, und daß es beim Auftreten epidemischer Krankheiten besonders verhängnisvoll wird, liegt klar auf der Hand. Dies beweist auch die ungewöhnlich hohe Sterblichkeit unter den Kindern ländlicher Arbeiter, denn wenn diese auch noch auf anderen Ursachen beruht, so tragen doch diese schlechten Wohnungsverhältnisse wesentlich dazu bei.

Daß diese engen Wohnungsverhältnisse die Sittlichkeit in hohem Maße gefährden, ist leider eine nicht zu verleugnende Tatsache«[52].

Es ist also ein Irrtum zu glauben, daß die Familienverhältnisse auf dem Lande im 19. Jahrhundert ganz allgemein »bäuerlich« geblieben wären im Sinne der alten gemeinsam wirtschaftenden Haushaltsfamilie und deshalb besser und gesünder als bei den Proletariern der Städte. Besonders in den ostelbischen Provinzen Preußens, in Pommern und Mecklenburg veränderte sich die Gruppe der besitzlos gewordenen Bauern zu Lohnarbeitern, und der notwendige Wandel ihres Bewußtseins veränderte allmählich gleichfalls ihre familiären Strukturen, wenn auch die alten patriarchalischen Vorstellungen der bäuerlichen Welt noch lange, oft funktionslos, erhalten blieben.

Entscheidend wirkte sich diese Strukturveränderung auf die Heiratssitten der Landbewohner aus. In Pommern z.B. waren die bäuerlichen Bräute meist sehr jung, unter 20; das männliche Heiratsalter lag in dieser Schicht aber oft über 25 Jahren wegen der mühsamen Suche nach einer möglichst wohlhabenden Hoftochter; die besitzlosen Landarbeitersöhne dagegen heirateten in jüngeren Jahren unter 25 und suchten sich eine etwa gleichaltrige, nicht zu junge Frau, die als Ehegrundlage über die notwendigen

52) Gerhardt, Felix: *Die Landarbeiter in der Provinz Ostpreußen.* Diss. Heidelberg – Lucka 1902, S. 33f.

Kräfte für eine nützliche Arbeitspartnerschaft verfügen mußte. Das war besonders für die wichtige Ernteperiode von großer Bedeutung: ein jeder Mäher mußte sich seine Binderin mitbringen. Nur paarweise wurden sie auf den Gütern eingestellt, und das Bindenkönnen hinter der Sense war zugleich eine Arbeits- und Eheprobe, wie die sogenannten »Brautharken« ausweisen. Sie hatten ihren doppelten Sinn als Arbeitsgerät und als Zeichen für die Beziehung zwischen Mäher und Binderin als Arbeits- und Liebespaar, als »Pasch«.

Hier verdeutlichte sich die absolute Wechselwirkung zwischen veränderter ökonomischer wie auch sozialer Situation und den damit verbundenen kulturellen Strukturen. (s. Exkurs S. 193 ff.)

Das Selbstbewußtsein der Landarbeitergruppen blieb jedoch in diesem Zeitabschnitt weitgehend unentwickelt. Schwankend zwischen den traditionellen Relationen zwischen Person und Eigentum, den Werten des verlorenen oder doch reduzierten Besitzes und dem meist noch unerkannten Eigenwert der Arbeit vermochten sie nur in Ausnahmesituationen – wie der Erntezeit –, die üblichen Herrschaftsordnungen zu durchbrechen und zu verwandeln. Eine bewußte Familiengestaltung und adäquate Kindererziehung war von diesen überlasteten, bedrückten und ungeschulten Landarbeitergenerationen in ihrer Gesamtheit nicht zu erwarten.

Besser als die besitzlosen Landarbeiter stand sich auch in Norddeutschland das Gesinde, das sich in seiner Existenz doch wenigstens das Jahr hindurch gesichert sah, wenn auch ohne vertragsmäßige Arbeitszeitbegrenzung. Ganz selbstverständlich allerdings unterschieden sich auch hier die Löhne zuungunsten der Mägde. So erhielt z.B. im Hannoverschen ein Knecht über 18 Jahre 18 Rheintaler im Jahr, 1 Hemd und 1 Hose, – eine Magd dagegen nur 7-10 Rheintaler, 1 Paar Schuhe und 1 Schürze sowie eine Stiege Lein[53]. Aber nicht nur eine Hierarchie nach Geschlechtern hatte sich auf dem Lande ungebrochen aus den vergangenen Jahrhunderten erhalten und wurde von den Mägden

53) Saalfeld, Diedrich: *Bauernwirtschaft und Gutsbetrieb in der vorindustriellen Zeit.* Stuttgart 1960, S. 129.

widerspruchslos hingenommen. Auch die Hierarchie innerhalb der Gruppe der Dienstboten bewahrte sich in Form althergebrachter Etiketten. So herrschte z.B. um 1865 in der Uckermark folgende Ordnungssitte:

> »Wenn die Ackerknechte sich zum Frühstück setzen, so durfte sich kein Knecht unterstehen, sich nieder zu setzen, bevor der Großknecht es getan; beim Ausspannen durfte kein Knecht das Pferd besteigen, bevor der Großknecht darauf saß.
> Beim Frühstück der Mäher durfte kein Mäher den Kober eher schließen, auch wenn er gesättigt war, bevor es der Vormäher tat. Die Übertretung eines dieser Gesetze kostete dem betreffenden Individuum ein Quart Branntwein oder bei Zahlungsunfähigkeit eine Tracht Prügel. Ebenso durfte beim Mittagessen kein Knecht den Löffel anfassen, bevor der Großknecht den Anfang gemacht«[54].

Und bezeichnend für die Denkart der damaligen Zeit führt der Berichterstatter, ein Volksschullehrer, bedauernd fort, daß diese Bräuche immer mehr verschwinden, da bei dem Erntearbeitermangel blutjunge Knechte gemietet werden müßten, »die so etwas nicht zu würdigen wissen«!
Waren schon die Rangunterschiede innerhalb der Gesindegruppe derartig »standesgemäß« geordnet, so hatten sich zwischen Bauern und Nicht-Bauern noch viel festere Schranken aufgebaut. Z.B. gab es in der Regel zwei streng getrennte Spinnstuben im Dorfe, eine für die Bauerntöchter und eine für die Dienstmädchen[55]. Für alle Dorfkompetenten sichtbar unterschieden sich Arm und Reich in Einzelheiten der Tracht[56]. Unaufhebbar und unangefochten behauptete jede Gruppe ihren angestammten Platz im Dorfwirtshaus:

> »Im Wirtshaus war strenge Rangordnung, und niemand dachte sie zu durchbrechen. Die Großbauern hatten ihren besonderen Tisch und bekamen Flaschen und Gläser dazu, die Halbbauern saßen wieder gesondert und hatten glatte Schoppengläser, die Häusler,

54) Aus den Antworten auf die Fragen des Wilhelm Mannhardt nach Erntebräuchen; hs. Ms. in der Handschriftenabt. der Berliner Staatsbibliothek.
55) Wuttke, Robert: *Sächsische Volkskunde.* Dresden 1900, S. 336.
56) Weber-Kellermann, Ingeborg: »*Soziale Strukturen und ihre museale Darstellung*«, in: *Festschrift für Robert Wildhaber.* Basel 1972, S. 703-711.

Gesindestube in Schleswig-Holstein

> zu denen Brosi gehörte, saßen ebenfalls für sich und hatten gerippte Gläser«[57].

So zeigten sich die innerdörflichen Autoritätsstrukturen im Normgefüge der kulturellen Ausdrucksmöglichkeiten. Das gleiche Ordnungsdenken übertrug sich auch auf das Familieninnere und zwar in allen Schichten der Landbevölkerung. Standes- und Mannesautorität bestimmten die Lebensformen und prägten das Denken der Landkinder von frühester Jugend bis zu ihrer Militärzeit.

57) Auerbach, Berthold: *Schwarzwälder Dorfgeschichten.* Bd. 4 Stuttgart 1864; Brosi und Moni. 1852, S. 64.

Hier lernten sie den Mechanismus von oben nach unten, von Befehlen und Gehorchen als eine institutionalisierte Wahrheit. Die Gleichheit von gesamtgesellschaftlichem und familiärem Verhaltensmodell erwies sich gerade im Hinblick auf die patriarchale Ordnung als besonders deutlich.
»Bei aller Ökonomisierung und Technisierung des landwirtschaftlichen Lebens..., bei aller Auffächerung der überkommenen Herrschafts- und Genossenschaftsordnung blieb in Zentraleuropa die Ideologie von der Einheit von Staat und Gesellschaft, vom ›ganzen Haus‹, lebendig und erwies sich als so widerstandsfähig gegenüber allen demokratischen und konstitutionellen Tendenzen der aufkommenden Industrialisierung, daß nicht nur die Restauration der Adelsvorherrschaft, sondern eine Allianz der Träger des industriellen Fortschritts mit der ständisch-feudalen Welt möglich wurde«[58].

6. *Frauenbewegung und Emanzipation*

Als letzter systemimmanenter Bereich aus der Zeit um die Jahrhundertwende seien die emanzipatorischen Bemühungen der Frauenverbände genannt.
1882 verzeichnete die Statistik, daß ein Viertel aller deutschen Frauen berufstätig sei, wobei die Mitarbeit im häuslichen Gewerbe- und Landwirtschaftsbetrieb nicht einmal voll erfaßt sein dürfte. 540 000 Frauen waren in der Industrie beschäftigt; bis 1907 stieg ihre Zahl um das Dreifache auf 1 560 000[59]. Das bedeutete jedoch kein weibliches Bekenntnis zur gewollten Arbeit, keine Gleichberechtigung auf dem Gebiet der Arbeitsmöglichkeiten.
Der Geist einer großbürgerlichen Epoche, für den die Entmündigung und Diskriminierung der körperlichen Arbeit, insbesondere der weiblichen, so bezeichnend war, gelangte zu Ende des 19. Jahrhunderts an eine kaum überschreitbare Grenze. Freiheit und Gleichheit für alle Menschen, also auch für die Frauen: diese For-

58) Böhme, Helmut: *Prolegomena zu einer Sozial- und Wirtschaftsgeschichte Deutschlands im 19. und 20. Jahrhundert.* edition Suhrkamp 253, Frankfurt/M. 1968, S. 39.
59) vgl. Art. »Frauen«, in: *Der Spiegel,* 19.12.1966, S. 51; Deuerlein, Ernst: *Gesellschaft im Maschinenzeitalter.* 1970, S. 113.

derung der großen Menschheitsrevolution mußte nach 100 Jahren neu gestellt werden; und da sich das Bürgertum als Ganzes von den einst verkündeten Werten längst abgewandt hatte, war es nun eine isolierte bürgerliche Gruppe, die Frauenvereine, die einer durch Vaterautorität bestimmten Gesellschaft den Kampf ansagte. Ihre Ziele richteten sich einseitig auf Berufstätigkeit und Gleichberechtigung der Frau, auf eine bessere Ausbildung für junge Mädchen, eine größere Zahl höherer Schulen und Zulassung der Frauen zu den Universitäten, – nicht zuletzt auch auf das aktive und passive Wahlrecht der Frauen. Das alles wurde allmählich in schweren sozial-politischen Kämpfen durch den intelligenten und mutigen Einsatz der Vertreterinnen dieser Bewegung erreicht: ausgehend von dem ersten Programm der Luise Otto-Peters (1819-1895) von 1865 bis zum Internationalen Frauenbund, dem Höhepunkt der Frauenbewegung um die Jahrhundertwende. Zu ihren führenden Gestalten gehörten in Deutschland Helene Lange (1848-1930), die 1889 in Berlin das erste zur Hochschulreife führende Mädchengymnasium begründete, – Gertrud Bäumer (1873-1954), Elly Heuss-Knapp (1881-1952), Marie Elisabeth Lüders (1878-1966) u.a.m.[60].
Sie erreichten um 1900 die Zulassung der Frauen zum Studium, offiziell erst 1908, lange nach der Schweiz (1840) und den angelsächsischen (1850) und nordischen Ländern (1870). Die Revolution von 1918 brachte den deutschen Frauen endlich das passive und aktive Wahlrecht. Die Frauenbewegung veränderte auch das äußere Bild der Dame, ihre Kultur, ihre Mode. Kostüm und Hemdbluse wurden zum beliebten Anzug der emanzipierten Frau.
Aber wenn auch die Frauen nun endlich aus den entwürdigenden Fesseln befreit wurden, die ihnen die patriarchale Gesellschaftsordnung des Großbürgertums im 19. Jahrhundert angelegt hatte, so blieb der Sieg doch ein halber.

> »Denn die bürgerliche Frauenbewegung bejahte, forderte und erkämpfte einen Beruf vorzüglich für die alleinstehende Frau: die Frau vor der Ehe, die dauernd ehelose Frau, allenfalls die Ehefrau ohne Kinder: Beruf *oder* Mutterschaft. Doch eine wachsende An-

60) Bäumer, Gertrud u. Helene Lange: *Handbuch der Frauenbewegung.* 5 Bde. 1901ff.; Lange, Helene: *Lebenserinnerungen.* 1925; vgl. Deuerlein, Ernst: *Gesellschaft im Maschinenzeitalter.* 1970, S. 114ff.

zahl emanzipierter Frauen wünschte beides zu vereinen. In der darauffolgenden Debatte über die Doppelaufgabe der Frau wurde die Vereinigung beider Rollen ›grundsätzlich unlösbar‹ gefunden, nahm man doch die Erziehung der Kinder sehr ernst, als eine ausfüllende und alle Kräfte erfordernde Aufgabe. Die bürgerlichen Emanzipierten in ihrer überwiegenden Mehrzahl forderten, jedenfalls in Deutschland, von der Frau auch weiterhin die Entscheidung zwischen Beruf und Haus; das Opfer auch des geliebten Berufes, wenn sie Mutter wurde. Nur wenn sie eine schöpferische Natur war, die Künstlerisches oder Geistiges leistete, gestand man einer Frau zu, ›nach strenger Selbstprüfung‹ oder ›ernster Gewissensprüfung‹ ihren Beruf auch als Mutter weiter auszuüben. Um die Alternative für eine Frau, die einen Beruf ausgeübt hatte und an ihm hing, erträglich zu machen, wurde die Tätigkeit der Mutter und Hausfrau in Analogie zur Berufstätigkeit als vollwertiger Beruf erklärt. Das bürgerliche Sozialmodell, das dem Manne die Rolle des Ernährers zuwies, der Frau die Rolle der Herrin im Hause, wurde im Grunde von der Frauenbewegung noch akzeptiert, wenn auch nicht mehr in der Form, daß die Frau ins Haus gehöre, so doch in der abgewandelten Form, daß die Mutter zu ihren Kindern gehöre«[61].

Damit hat Elisabeth Pfeil klar die sozialgeschichtlichen Grenzen der Frauenemanzipation, gerade was ihre Beziehung zur Familie betraf, festgestellt. Man wollte neben anderen Zielen dem sinnlos gewordenen Leben der Bürgerfrau durch die Aufwertung der Kategorie »Arbeit« eine neue Erfüllung verleihen. Der blaustrumpf-frauenrechtlerische Zug jedenfalls, der einer so großartigen und von so klugen und bedeutenden Frauen getragenen Bewegung[62] vom vorurteilsvollen Blickpunkt des Bürgers aus doch immer anhaftete, hing mit eben dieser falschen Alternative zusammen: Beruf *oder* Mutterschaft, Studium *oder* Familie. Dieses »oder« bedeutete trotz allen Protests eine weitgehende Akzeptierung des alten Rollenverhaltens. Es ist bezeichnend für den bürgerlich regressiven Geist weiter Kreise in der Bundesrepublik, daß die gleichen bornierten Vorstellungen als Frageergebnisse in dem Bericht über die Frauen in der Bundesrepublik von 1964

61) Pfeil, Elisabeth: *Die Frau in Beruf, Familie und Haushalt.* 1966, S. 141f.
62) vgl. Thönnissen, Werner: *Frauenemanzipation.* 1969, und die dort angegebene Literatur.

wieder auftauchen[63]. Danach wird eine Berufstätigkeit der Frauen oft von diesen selbst, besonders aber von den Männern nur als ein vorübergehendes Stadium vor der Eheschließung betrachtet, weshalb sich angeblich eine kostspielige Berufsausbildung für Mädchen nicht lohne! Die Frau als Vorgesetzte gar ist auch heute eine unübliche und überwiegend abgelehnte Vorstellung. Führungsaufgaben werden ganz allgemein als eine Angelegenheit der Männer betrachtet.
Hier ist noch eine tiefgreifende Aufklärungsarbeit zu leisten, auch bei den Frauen und Mädchen selbst.
August Bebels Sätze von 1879 sind also leider in vieler Hinsicht noch kaum überholt:

> »Obgleich nun die gekennzeichnete Entwicklung in der Stellung der Frau mit Händen zu greifen ist, sie jeder sehen muß, der offene Augen hat, hört man täglich noch das Geschwätz vom ›Naturberuf‹ der Frau, der sie auf die Häuslichkeit und die Familie hinweise. Diese Redensart wird dort am lautesten gehört, wo die Frau den Versuch macht, in den Kreis der sogenannten höheren Berufsarten einzudringen, z.B. in die höheren Lehr- und Verwaltungsfächer, den ärztlichen oder juristischen Beruf, die Naturwissenschaften. Die lächerlichsten und absurdesten Einwendungen werden hervorgesucht und unter dem Schein der ›Gelehrsamkeit‹ verteidigt. Als gelehrt geltende Herren berufen sich hier, wie in vielen anderen Dingen, auf die Wissenschaft, um das Absurdeste und Widersinnigste zu verteidigen. Ihr Haupttrumpf ist, die Frau sei an geistiger Befähigung dem Mann inferior, es sei ein Unsinn zu glauben, daß sie auf geistigem Gebiete etwas Bemerkenswertes leiste.
> Diese von ›Gelehrten‹ erhobenen Einwände entsprechen so sehr dem allgemeinen Vorurteil der Männer über Beruf und Fähigkeiten der Frau, daß, wer sie erhebt, auf den Beifall der Mehrheit rechnen kann«[64].

63) Bericht über die Situation der Frauen. 1964, S. 77ff.; Die Frau in Beruf, Familie und Gesellschaft. 1966, S. 27.
64) Bebel, August: *Die Frau und der Sozialismus.* 1896, S. 221.

IV.
B Exkurs:
Hochzeit und Hochzeitsstaat

In der volkskundlichen wissenschaftlichen und beschreibenden Literatur[1] hat die Hochzeit mit allen sie begleitenden pittoresken und schmuckhaften Elementen wohl die meiste Beachtung erfahren, ohne daß man sie im allgemeinen zu ihrem sozialen Kontext in Beziehung setzte. Hier nun sollen Brauchmodelle nur so weit geschildert werden, wie sie in einem überschaubaren Zusammenhang zu den im vorhergehenden Kapitel geschilderten Familienmodellen stehen, vor allem zum bürgerlichen. Denn die einzelnen Bauelemente der Hochzeitsbräuche ordnen sich nach den subjektiven Stellenwerten, die ihnen die jeweils ausübende Gruppe im Zusammenhang ihrer inneren Logik verleiht, – nach den Interessendominanzen, die sie innerhalb der Gesellschaft einnehmen.

Zur »weißen Hochzeit« einer bürgerlichen Braut gehörte (und gehört) ein weißes seidenes Kleid, knöchellang und mit langen Ärmeln, ein elegant drapierter Schleier, modisch mit einem Myrtenkranz oder Blüten befestigt und für das »ganz große Brautkleid« lang über den Rücken herunterwallend. Die Braut braucht weiße Handschuhe und Schuhe, die sie von gesparten Brautpfennigen erwirbt; sie braucht zwei Brautjungfern und zwei Brautführer, denen sie vorher kleine Geschenke überreichen sollte. Der Bräutigam besorgt die Trauringe, möglichst glatt und aus Gold; er bestellt den Brautstrauß, der seiner Braut am Hochzeitstage überreicht wird, und er sorgt auch dafür, daß er selbst ein Myrtensträußchen an den Frack oder Gehrock stecken kann. Er denkt an die Ausstattung des Brautwagens, bespricht den Verlauf der kirchlichen Feier mit dem Pfarrer, den Blumen- und Kerzen-

1) Deneke, Bernward: *Hochzeit.* 1971 (mit vielen ikonographischen Zeugnissen zu den einzelnen Elementen); Informationsband *Hochzeit.* München 1964; s. Brauch und seine Rolle im Verhaltenscode sozialer Gruppen. 1973, S. 44ff.; *Liebe und Hochzeit.* 1975; Schmidt, Leopold: *Hochzeitsbrauch im Wandel der Gegenwart.* 1976.

Hochzeitsbilder der 20er und 40er Jahre

schmuck in Kirche und Sakristei mit dem Küster. Er überlegt sich, wie der Weg zuerst zum Abholen der Braut für die Kirche und anschließend gemeinsam zur Hochzeitsfeier in feierlicher und angemessener Form zu erfolgen habe.
Aber es sind nicht nur die beiden betroffenen Personen, Braut und Bräutigam, auf deren Schultern die organisatorische Vorbereitungslast dieses großen Tages liegt. Die Brauteltern haben ebenfalls alle Hände voll zu tun: schon in den Jahren vor der Verheiratung ihrer Tochter sorgten sie für deren Brautausstattung, und jetzt kümmern sie sich um die Hochzeitsfeier, verschicken die Einladungen, überlegen die Tischordnung und planen eine schöne Speisenfolge mit den passenden Getränken.
Und die nächsten Verwandten denken über die Geschenke und die Tischreden nach, während Freunde und Freundinnen der Brautleute den Polterabend ausgestalten und sich auf das hochzeitliche Tanzvergnügen freuen.

Braut in Schwarz mit Schleier (um 1900)

Bei näherem Zuschauen ergibt sich, daß jede dieser Phasen des Hochzeitsfestes ihre eigene Geschichte hat, aber auch einen eigenen wechselnden Stellenwert innerhalb der vielen sozialen Gemeinschaften, die solche Bräuche im Verlauf der Zeiten ausgeübt und ausgestaltet, aber auch abgelegt haben.

Da ist zunächst das *weiße Brautkleid*, Zeichen der Reinheit und

Braut in Weiß mit Schleier

Jungfräulichkeit der Braut, wie es die kirchliche Moral vorschreibt. Noch vor 3-4 Generationen hat man in städtischen Bürgerkreisen schwarz geheiratet, und erst das Vorbild höfischer Hochzeitskleidung im Verlauf des 19. Jahrhunderts brachte das weiße Brautkleid im Bürgertum in Mode[2]. Aber auch an den Höfen scheint die Farbe Weiß erst während des 18. Jahrhunderts aufgekommen zu sein.
Kulturgeschichtlich sehr viel älter als das weiße Brautkleid ist der Brautschleier, seit dem 4. Jahrhundert als Symbol der Reinheit der Schmuck der christlichen Braut (wie der schwarze Schleier Zeichen christlicher Trauer ist). Die Sitte der Verschleierung der Frau kommt aus dem Orient, wo man früh zartes Schleiergewebe herzustellen verstand. Der Kopfschleier sollte die Frau sowohl vor den unkeuschen Blicken der Männer wie auch vor dem Zugriff gefürchteter Dämonen schützen, und diese Vorstellungen

2) vgl. z.B. *Das große Bilderlexikon der Mode.* 1966, Abb. 745; Braun-Ronsdorf, Margarete: *Modische Eleganz.* 1963, Nr. 130 u.a.m.

sind zumindest seit dem Apostel Paulus nachweisbar in das christlich katholische Ritual eingegangen, das ja auch eine Verschleierung des weiblichen Hauptes beim Betreten einer Kirche verlangt. Die Verschleierung der Braut übernahm das Christentum zunächst für die Gottesbräute, die jungen Nonnen. Als Bestandteil der kirchlichen Brautkleidung setzte sich die Mode, einen Schleier zu tragen, erst seit dem Beginn des 19. Jahrhunderts durch, dann allerdings in schnellem Tempo und allgemeiner Verbreitung.

Wie tief die Vorstellung vom verhüllenden Charakter dieses kleidsamen hochzeitlichen Schmuckelementes haftet, beweist eine Vorschrift, die die Zeitschrift »Constanze« in ihrer Hochzeitsnummer vom 22.6.1965 veröffentlichte: »Ein kurzes doppeltes Teil (des Tüllschleiers) verhüllt bis zur eigentlichen Trauung das Gesicht. Nach der Trauungszeremonie schlagen Sie dieses lose Teil zurück und kommen mit unverhülltem Gesicht vom Altar«.

Weiß ist die Farbe der Unschuld, und das weiße Hochzeitskleid – ebenso wie der Schleier – entsprechen also ganz dem Keuschheitsgebot der Kirche. So setzte sich diese Bekleidung auch nur für die kirchliche Trauung durch, zunächst seitens des Bürgertums und auch hier erst im 19. Jahrhundert als Nachahmung adliger Gepflogenheiten und im Geiste einer auf äußere Repräsentation drängenden, vordergründig-kirchlichen Moral.

Bis nach der Französischen Revolution hatten sich regionaltypische Kleidungssitten in der Form von Landestrachten in Deutschland erhalten, die auch die Hochzeitskleidung mit einbeschlossen. Erst als das Bürgertum die Höfe in der internationalen Modegeltung ablöste, als zu Beginn des 19. Jahrhunderts die englische Mode die französische zu verdrängen begann und der Bürger sich internationalisierte[3], traten die Landestrachten allmählich in die Dörfer zurück. Die Bürger begannen, sich ihr eigenes Hochzeitsritual zu entwickeln, zu dem vor allem das weiße Brautkleid gehörte.

3) Bringemeier, Martha: »Wandel der Mode im Zeitalter der Aufklärung«, in: *Rhein.-Westf. Zeitschrift f. Volkskunde* 13, 1966, S. 5-60.

Berliner Kinder spielen Hochzeit

Weiß zu heiraten wurde erst dann allgemein im Bürgertum Mode, als »Altar und Thron« die moralischen Leitbilder prägten, – als aber auch mehr und mehr Poesie und Sentimentalität in einer eigenen bürgerlichen Festgestaltung den Hochzeitsakt umrankten. Nun allerdings war kein Halten mehr, und jedes Stadtmädchen träumte von der Hochzeit in Weiß mit Schleier. Heinrich Zille hat diese Träume in seinen Berliner Kinderspielbildern zu Papier gebracht.

Wie stand es dagegen auf dem Lande? Hier waren sehr viel länger ganz andere Motive für die Eheschließung relevant geblieben, als die Keuschheit, die die Kirche forderte: materielle Ebenbürtigkeit, was Besitz und Stand betraf; verläßlicher Kindersegen, besonders im Hinblick auf den Hoferben.

Die bäuerlichen Werbungsbräuche, die weit über die gesamte europäische Bauernwelt verbreitet sind, sprechen im Sinne der inneren Logik dieses bäuerlichen Denkens eine beredte Sprache. Sie äußert sich in landschaftlich normierten Bräuchen wie der Nachtfreierei, dem Fensterln, dem Gasslgehen[4] und vor allem der prunkvollen Hochzeitsfeier mit der Braut in ihrem Feststaat. »Sie heiratet weiß«, sagen auch heute die Bauersfrauen auf dem

4) Bächtold, Hanns: *Die Gebräuche bei Verlobung und Hochzeit.* 1914; Peter, Ilka: *Gasslbrauch.* 1953.

Lande und betonen damit, daß diese Tatsache im ländlichen Bereich neu und teilweise sogar ungewohnt ist. Noch vor einer Generation heiratete man, wie in der Stadt vor etwa drei Generationen, in schwarz, aber mit langem weißen Tüllschleier, dessen Ausmaße Kunde gaben von der wirtschaftlichen Lage der Braut: eine Übertragung der Sprache bäuerlichen Besitzdenkens auf das neue stoffliche Material.
Diese Prunkliebe konnte sich deutlicher in den alten Hochzeitstrachten äußern, die weder die Farbe weiß noch den Schleier kannten. Auch sie waren das Ergebnis einer sich seit Jahrhunderten vollziehenden Umstilisierung höfisch-städtischer, festtäglicher Kostüme in die Geschmackswelt der Bauern, deren materielle stoffliche Möglichkeiten und kollektive brauchtümliche Formsprache. Ein gutes Beispiel für diese Erscheinungen ist die alte Schwälmer Hochzeitstracht[5]. Die verschiedensten Zeitstile und schichtungsspezifischen Eigentümlichkeiten haben sich hier vereint: ist das seidene Brusttuch des Bräutigams verhältnismäßig alt, so zeigt dessen großer Kopfputz, die sogenannte *Lust*, neuere und auch ganz neue Züge in dem der Barockzeit nachempfundenen Menschenpaar zwischen den glitzernden Kugeln des Aufbaues und den bunten, das Gesicht verschleiernden Bändern, die nicht älter sein dürften als 50-60 Jahre. Aber hier kommt noch etwas anderes zum Ausdruck: die Gestaltsprache der Tracht. Nur der anständige und honorige Jüngling durfte diese *Lust* gerade und symmetrisch aufsetzen, wie es die Hochzeitstracht vorschreibt; hatte er aber ein uneheliches Kind, so blieb ihm nichts anderes übrig, als sie schief aufzusetzen. Darüber wachten streng die kirchlich gefärbte Dorfmoral und der Herr Pfarrer!
Der Kopfputz der Braut war nicht weniger ausladend gestaltet und mußte am Hochzeitsmorgen von einer kundigen Frau, der *Schapplerin*, am Kopfe der Braut in stundenlanger Arbeit aufgesteckt werden. Sie wird *geschappelt:* ein alter Wortbegriff, denn wenn auch das *Brett*, die bunten Bänder auf dem Rücken der

5) vgl. Spamer, Adolf: *Hessische Volkskunst*. 1939, S. 65ff.

Schwälmer Brautpaar um 1900

Braut, ein erst seit 1900 aufkommender Schleierersatz sind, so verbergen sich unter ihrem Riesenkopfputz sehr viel ältere kostümliche Elemente. Das jochartige Holzgestell, das die mit Bändern und Flitterwerk ausgezierte *Brautlust* trägt, ist nichts anderes als die Restform einer alten Brautkrone, wie sie seit dem 6. Jahrhundert durch Gregor von Tours literarisch belegt ist. Krone und Kranz fanden dann ihren Eingang in die Modekleidung der mittelalterlichen Damen, die sie direkt auf dem Haar oder über einem untergelegten Kopftuch trugen. Dieses Requisit hieß *Schapel* oder *schapellekin*, hergeleitet von franz. *chapel* und lat. *capellus*, – ähnelte doch der kronenartige Kopfputz einem Kapellenbogen.

Walther von der Vogelweide hat ihn um 1200 in einem Gedichte besungen:

> »Nemt, frowe, disen kranz'...
> ir sît sô wol getân,
> daz ich iu mîn *schapel* gerne geben wil,
> so ichz aller beste hân...«

Hier steht *Schapel* als Synonym für Kranz, – und für den Hauptschmuck der verheirateten Frau.

Nur die reichen Dorfmädchen hatten ein Schappel in ihrem Besitz, und die Hochzeitstracht widerspiegelte den Besitzstand ihrer Trägerin.

Mit solchen aus bäuerlichen Familientraditionen erwachsenen Denk- und Normvorstellungen trat nun die Kirche mit ihrem Keuschheitsgebot in Konkurrenz. Die farbsymbolische Kraft einer zeichenreichen bäuerlichen Hochzeitstracht wich allmählich dem keuschen und einheitlichen Weiß der christlich bürgerlichen Braut, deren Kleidung lediglich die Unschuld symbolisieren sollte.

Einen ähnlichen Sinn hat der grüne *Myrtenkranz.* Frisches Grün und Hochzeitsmaien schmückten die Hochzeitsgäste der Antike, und auch die frühen Bildbelege aus Deutschland zeigen vor allem den Bräutigam bekränzt. Das üppig duftende Rosmarinkraut kam früh aus dem Mittelmeerraum in die deutschen Bauerngärten und wurde zum Liebes- und Hochzeitssymbol.

Mit Maien geschmückte Hochzeitsgäste

»Rosmarin und Suppenkraut
wächst in unserem Garten;
unser Ännchen ist die Braut,
soll nicht lang mehr warten!«

heißt es im Kinderlied – oder im Volkslied:

»Ein Brieflein schrieb sie mir,
Ich sollt' treu bleiben ihr.
Drauf schickt ich ihr ein Sträußelein
Schön Rosmarin und Nägelein,
Sie soll mein eigen sein«.

In dieser Volksliedstrophe – wie auch in mancher anderen Folklore-Überlieferung – schimmern nun, wenn auch unverstanden, noch ältere rechtsbräuchliche Vorstellungen hindurch, denn das Abbrechen, Tragen und Übergeben eines Zweiges bedeutete rechtlich die Aneignung und Besitzergreifung des bezeichneten Gegenstandes[6]. Das ist eine alte Erinnerung an die germanische Eheschließung, die ein Rechtsvertrag war, gleichbedeutend mit der Übergabe der Braut als Besitz. – Der Zweig als Symbol der Besitzergreifung verlor dann in späteren Jahrhunderten in diesem Zusammenhang seinen Sinn und grünte in einer gefühlsbetonteren Epoche lediglich als Lebens- und Liebeszeichen. Rosmarinzweige als Hochzeitskraut werden in manchen ländlichen Gegenden bis heute den Hochzeitsgästen an den Rockaufschlag geheftet. Erst spät wurden sie auf dem Lande durch die Myrte verdrängt, die ebenfalls aus dem Mittelmeerraum kam und zum kirchlichen Hochzeitszeichen avancierte, zum Material für den Jungfernkranz, den nur die unbescholtene Braut tragen durfte! Denn gerade das Kranztragen, das heute ganz abgekommen ist, wurde von der Kirche zum besonderen Zeichen der Reinheit erhöht. Eine Lücke im bräutlichen Myrtenkranz, Stroh- und Weidenkränze wiesen nach alten Kirchen- und Gemeindeordnungen auf die verbotenen vorehelichen Freuden der Brautleute hin!

Auch der glatte *Fingerring* als Zeichen der ehelichen Bindung ist erst spät mit dem Christentum und der christlichen Einsegnung der Ehe zu uns gekommen, wohl aus römischer Überlieferung. Er war ein Treuering und konnte erst als Rechtssymbol für das Treueversprechen Geltung gewinnen, als sich die alte germanische Sippenverfassung aufgelöst hatte, als nicht mehr der Ehever-

6) Weber-Kellermann, Ingeborg: *Hochzeits- und Ehestandslieder.* 1973, S. 551ff.; Bächtold, Hanns: *Die Gebräuche bei Verlobung und Hochzeit.* 1914, S. 120ff.

trag durch die im Ring stehenden Gesippen bekräftigt wurde, sondern sich die Ehe auf das persönliche Treuegelöbnis zweier Menschen gründete. Von der Kirche ist er vom Treue-Ring zum Trauring gewandelt worden, zum Zeichen des durch den Priester gesegneten Ehebundes. Aber der Glaube an die Symbolkraft des Ringes und die volkstümliche Vorstellung, daß mit seinem Bestand die Treue verbunden sei, hat sich lange erhalten:

»Sie hat mir Treu versprochen,
gab mir ein' Ring dabei,
sie hat die Treu gebrochen,
das Ringlein sprang entzwei«.

Das unauflösliche Rund des glatten Reifs, die Magie des edlen geweihten Metalls, die feierliche Handlung des Überstreifens: das alles trug zum hohen Stellenwert dieses Requisits im Bereich bürgerlicher Moral bei. Auf dem Lande sind übrigens Trauringe häufig erst spät in Mode gekommen, während sie in der bürgerlichen Gesellschaft entsprechend dem kirchlichen Sorgegelöbnis des Mannes einen dominanten Stellenwert einnahmen.

Zusammenfassend ist zu sagen, daß die bäuerliche Gesellschaft des 19. Jahrhunderts ältere Brauchschichten bewahrt hat als die bürgerliche, was vor allem mit der Beibehaltung des Sippengedankens bei der Eheschließung zusammenhängt. Zumindest beweist sich hier die Dominanz dieser älteren, vornehmlich wirtschaftlich bedingten, den Besitz betonenden Sippengesichtspunkte, die sich mit den Prinzipien der Haushaltsfamilie verbanden. Aber als führende Schicht erhob sich seit 1800 das Bürgertum. Seine kulturelle Formsprache verbreitete sich allmählich auf alle Kreise der Städte und dann auch auf das Land. Äußerlich hatte es seine Verhaltensmuster zum größten Teil aus dem Reservoir höfischer Etikette entnommen; innerlich wurde es geprägt von strenger Kirchenmoral, in deren Befolgung man dem christlichen Keuschheits- und Treuegebot einen besonders hohen, auch nach außen sichtbaren Wert beilegte.

Alte Hochzeitsbilder zeigen diese Strenge ehelicher Bindung, und auf dem Lande hat sich solche Gestik, passend für die Hochzeitsfotografie, oft bis in die Gegenwart bewahrt: In geordneter

Brautpaar in Mardorf bei Marburg, 1919 und modernes Brautpaar 1965

Haltung steht das Brautpaar nebeneinander, die Hände ums Gesangbuch oder Taschentuch gelegt, den ernsten Blick auf den Fotografen gerichtet. Man berührt sich nicht und lächelt sich nicht an; kein Zeichen des Gefühls, wie es doch moderne Hochzeitsbilder gerne zeigen, ist zu erkennen, – nur der Ernst der Stunde!
Auch heute wird bei keiner anderen Festlichkeit wie bei der Hochzeitsfeier in Stadt und Land so sehr auf »Etikette« geachtet, auf die Erfüllung der Normen, die Meinung der Verwandten, Nachbarn und Kollegen. Die Briefkästen der Illustrierten sind voll von Anfragen darüber, was sich für Braut und Bräutigam, für Brautjungfern und Brautführer, für die Brauteltern und sonstigen Verwandten »gehöre«. Und von Zeit zu Zeit veröffentlichen dann die Frauenzeitschriften vielbegehrte Sonderhefte zu diesem Thema. Die darin gegebenen Ratschläge offenbaren in schöner Deutlichkeit, daß auch der moderne Mensch oftmals nicht auf traditionelle, bürgerliche Verhaltensnormen bei dieser Gelegenheit verzichten will. Und er mischt an diesem seinem »Ehrentag« all jene Brauchelemente zu einer bildhaften und für ihn sinnreichen Festesfolge, die Rechtsgeschichte und Volksleben in jahrhundertelanger Wechselwirkung bunt gestaltet haben. Er fügt dem häufig ein anachronistisches bürgerliches »Standesgefühl« hinzu, das manche Hochzeitsfeier zu einem Quell familiärer Verschuldung werden läßt.

Anders denken und handeln viele der heutigen jungen Generation. Die neueste Mode, das »Brautkleid in Bunt«, bringt übrigens nun auch in der Sprache der Farben die Abkehr vom kirchlichen Keuschheitsideal.

V.
A Familie und Familienpolitik in der Zeit des Nationalsozialismus

Die Illusion von der ewigen Dauer des bürgerlichen Familienmodells, die zugleich eine Illusion von der Dauer der herrschenden Gesellschaftsordnung überhaupt bedeutete, hatten der Erste Weltkrieg und die ihm folgende Revolution gründlich zerstört. Zaghaft begann das neue demokratische Deutschland, die ständischen Privilegien abzubauen und damit auch die Vorrechte der aristokratischen und der bürgerlichen Familien.
Doch neben den sozialen und ökonomischen Veränderungen hatte sich auch sonst fast der gesamte Kontext gewandelt, der typisch für die patriarchalische Kernfamilie gewesen war.
Durch die Lehren Sigmund Freuds (1856-1939) hoben sich die Schleier vor den Tabus des Geschlechtlichen und brachten die Entdeckung von Sexualverdrängung und Triebverzicht und deren soziokulturellen Konsequenzen, ja, dem Zusammenhang mit dem Entstehen von Kultur überhaupt.

> »Die Triebsublimierung ist ein besonders hervorstechender Zug der Kulturentwicklung, sie macht es möglich, daß höhere psychische Tätigkeiten, wissenschaftliche, künstlerische, ideologische, eine so bedeutsame Rolle im Kulturleben spielen. Wenn man dem ersten Eindruck nachgibt, ist man versucht zu sagen, die Sublimierung sei überhaupt ein von der Kultur erzwungenes Triebschicksal... (Es) ist unmöglich zu übersehen, in welchem Ausmaß die Kultur auf Triebverzicht aufgebaut ist, wie sehr sie gerade die Nichtbefriedigung von mächtigen Trieben zur Voraussetzung hat«[1].

Wilhelm Reich (1897-1957) ging einen Schritt weiter und stellte fest, daß

> »die Sexualunterdrückung (nur) die massenpsychologische Grundlage einer bestimmten, nämlich der patriarchalischen Kul-

1) Freud, Sigmund: *Abriß der Psychoanalyse.* 1938, 1953, S. 132f.

tur in allen ihren Formen bildet, nicht aber die Grundlage der Kultur und ihrer Bildung überhaupt«[2].

Der sozialistische Freudschüler versuchte in seiner »Sexualökonomie« eine Kombination von Psychoanalyse und dialektischem Materialismus. Er gelangte zu einer Ablehnung der Freudschen Konzeption des Destruktionstriebes und interpretierte diesen als gesellschaftlich erzeugt. Der Aggressionstrieb des Menschen ist nach Reich Folge der Sexualunterdrückung. Sie entwickelte sich zur moralischen Norm in der bürgerlich patriarchalischen Familie, deren Erziehung den »autoritär-masochistischen Charakter« hervorbringe und damit dem totalitären System in die Hände arbeite.

Reich erkannte deutlich die dialektische Wechselwirkung zwischen Familien- und Gesellschaftsstruktur und wurde zum Anreger einer ganzen philosophisch-psychologisch-soziologischen Richtung, die noch behandelt werden wird.

Vieles kam nach dem Ersten Weltkrieg in Gang, und die Bewegungen der Sexualreform drangen nach langer Stauung überall vor, so in Deutschland z.B. durch Helene Stöcker und ihren »Deutschen Bund für Mutterschutz und Sexualreform« (1922).

Hier mischten sich Ziele der »gesunden« Neugestaltung familiären Lebens im Gegensatz zu den verwirrten gesellschaftlichen Zuständen der Vergangenheit mit ihrer »sexuellen Heuchelei und erzwungenen Enthaltsamkeit« mit Forderungen nach dem »einzigen Weg endlich zur vollen schöpferischen Ausgestaltung menschlichen Seins und Wesens in Mutterschaft und Vaterschaft« in einer »rechtlich anerkannten Einehe auf der Grundlage der wirklichen Gleichberechtigung der Geschlechter«. Das waren zumindest, gefördert durch Weltkrieg und Jugendbewegung, Anfänge eines neuen Denkens nach dem Muff des Plüschzeitalters, wenn auch die alten Ehevorstellungen noch weitgehend erhalten blieben.

Solche Ansätze, die hier nur angedeutet werden können, kupierte der Nationalsozialismus total und leitete eine neue Epoche der Familienideologie ein.

2) Reich, Wilhelm: *Die sexuelle Revolution.* 1971, S. 34.

Welchen Typus von Familienform übernahm der Nationalsozialismus? Welche soziale Größe schien den Ideologen des Systems angemessen, nachdem das deutsche Volk mit Autobahnbau und Rüstungsfabriken voll in die hochindustrialisierte Gesellschaft des 20. Jahrhunderts integriert worden war?
Hitler schreibt in »Mein Kampf« zum Thema Frau und Familie:

> »Nicht im ehrbaren Spießbürger oder der tugendsamen alten Jungfer sieht er (der völkische Staat) sein Menschheitsideal, sondern in der trotzigen Verkörperung männlicher Kraft und in Weibern, die wieder Männer zur Welt zu bringen vermögen«[3].

Und weiter:

> »Analog der Erziehung des Knaben kann der völkische Staat auch die Erziehung des Mädchens von den gleichen Gesichtspunkten aus leiten. Auch dort ist das Hauptgewicht vor allem auf die körperliche Ausbildung zu legen, erst dann auf die Förderung der seelischen und zuletzt der geistigen Werte. Das *Ziel* der weiblichen Erziehung hat unverrückbar die kommende Mutter zu sein«[4].

Im übrigen finden sich in Hitlers Werk vor allem rassenhygienische Bemerkungen über die Ehe, die in der Forderung nach einer frühen Verehelichung in den kommenden Generationen kulminieren, um Prostitution und Syphilis zu vertreiben, und in der Verurteilung der Rassenmischung:

> »Ein völkischer Staat wird damit in erster Linie die Ehe aus dem Niveau einer dauernden Rassenschande herauszuheben haben, um ihr die Weihe jener Institution zu geben, die berufen ist, Ebenbilder des Herren zu zeugen und nicht Mißgeburten zwischen Mensch und Affe«[5].

Das ist in der Hauptsache das, was Hitler zum Thema »Ehe« sagt. Die Stichwörter »Frau« und »Familie« fehlen im Sachregister von »Mein Kampf«.

3) *Mein Kampf.* II, S. 455.
4) ebda, S. 459f.
5) ebda, S. 272ff. und 444.

Um so ausführlicher äußerte sich die politisierte Wissenschaft zu diesem Thema. Als jetzt der Gegenstand »Familie« in der volkskundlichen Literatur wieder auftauchte, geschah das in vollideologisierter Form. Horst Beckers Familienbuch[6] baute auf den Riehlschen Positionen auf, ohne sich voll damit zu identifizieren. Der Verfasser heiligte die deutsche Familie germanisch-bäuerlicher Prägung im Blut-und-Boden-Geist. Seine »Familien-Sozialgeschichte« diente ausschließlich der Theorie einer Familie, wie sie innerhalb der nationalsozialistischen Volksordnung Gültigkeit haben könnte. Als eine »Volkskunde der Familie« ist dieses Buch nicht zu bezeichnen.
Horst Becker, geboren 1906, übernahm von Riehl das Bild der Familie als konservativ-bewahrendes Element im Volkskörper.

> »Sie (die Familie) ist das bewahrende Element innerhalb der natürlichen Ordnung des Volkes... Weil sie ein Glied der natürlichen Ordnung ist, ist ihr Bewahren von natürlicher, organischer Art: Sie ist Bewahrerin des Blutes, Erhalterin des Blutstromes im Volke. Zeugen und Gebären ist für die Familie nicht Hervorbringen eines Neuen, sondern Erhalten des Wachstums, Bewahren des Lebensstromes« (S. 135f.)

Auch über die Entstehung der Familie ist Becker sich mit Riehl einig: gottgewollt ist die Ungleichheit zwischen Mann und Weib und die Familie eine »natürliche Ordnung«:

> »Die Familie gehört dem naturhaften Grund des Volkes an, der Welt von Blut und Boden, der organischen Schicht des Geschehens... Trotzdem ist die Familie nicht wildwachsende Natur, sondern gesetzte Ordnung, die dem einzelnen als Forderung und Aufgabe entgegentritt« (S. 19).

Die Irrationalität dieser Aussagen verbindet sich mit dem Blut-und-Boden-Mystizismus jener Zeit. Von hier ist es nur ein kleiner Schritt zur Verherrlichung des Bauernstandes schlechthin und seiner Familienform, die

> »so ganz aus den Tiefen einer unmittelbaren Natürlichkeit pflanzenhaft emporzuwachsen scheint« (S. 14).

6) Becker, Horst: *Die Familie.* 1935.

Bergbauernfamilie

Auch das Verhältnis zu den Kindern erscheint – wie bei Riehl – naturgegeben, was immer damit gemeint sei:

»Von Natur ist dieses Verhältnis begründet als ein unmittelbares Verhältnis des Blutes: ›Weil Vater und Mutter die Auctores, die Urheber der Familie sind, darum besitzen sie von selber die Auctoritas, die Macht der *Autorität*...‹ Wenn das Familienhaupt den übrigen Gliedern der Familie gegenüber im Verhältnis der Autorität steht, so stehen diese zu ihm im Verhältnis der *Pietät*, der liebe- und ehrfurchtsvollen Hingebung‹ (Riehl)« (S. 27).

Die Verherrlichung der bäuerlichen Familie, oder vielmehr des Bildes, das man sich von ihr macht, – hervorgegangen aus der germanischen Sippe, rein und ungebrochen in ihrer Form bewahrt bis heute; das ist das Generalthema des gesamten Buches.
Der bürgerlichen Familie, deren Entstehen Becker mit einer Reihe interessanter Interpretationen klassischer Familiengemälde begleitet, begegnet er mit Mißtrauen:

»Die bürgerliche Familie trägt in sich selbst den Anfang ihrer Auflösung. Sie ist als Gemeinschaft nach der Arbeit aus dem tätigen Leben, aus der öffentlichen Welt der Arbeit ausgeschieden und zur privaten Gruppe geworden, und sie trägt die Tendenz zu immer weiter gehender Privatisierung in sich. Sie hat aus dieser Schrumpfung einen Gewinn gemacht, indem sie die menschliche Seite des Familienverhältnisses, die Liebe, zum Grund und Kern der Familie machte. Die bäuerliche Familie steht auf einer anderen breiteren Basis. Sie ist als Arbeitsgemeinschaft, geführt vom Vater, tätiges Glied der Arbeitsordnung des Volkes und ist, repräsentiert durch den Bauern, Glied des Dorfes als einer politischen Gruppe. Sie ist mehr als eine private Verbindung und alles andere als ein Feld privater Erholung« (S. 103).

Diese Analyse, gerade weil sie im Einzelnen Richtiges enthält, muß als ganzes richtig gestellt werden, denn sie ist falsch wegen ihrer ahistorischen ideologischen Denkgrundlage.
Richtig ist die Kennzeichnung der Bauernfamilie als selbst produzierende Arbeitsgruppe – aber doch nur im Sinne eines vorläufigen Fortbestandes der gemeinsam wirtschaftenden Haushaltsfamilie. Bei zunehmender Rationalisierung und Technisierung des Bauernhofes wird sie sich ebenfalls der Form der Kleinfamilie mit Konsumbedürfnissen annähern. – Richtig ist die Kennzeichnung der Bürgerfamilie als einer auf Häuslichkeit gerichteten Innengruppe – aber doch nur für die Epoche des 19. Jahrhunderts mit ihrer Vaterherrschaft und mangelnden Emanzipierung von Frau und Kindern. Obgleich Becker gewisse geschichtliche Veränderungen nicht unerwähnt läßt, erweckt er doch im ganzen, besonders was die Bauernfamilie anbetrifft, die Vorstellung eines statischen Zustandes von »Urzeiten« an.
Der Erhaltung dieses idealischen Zustandes soll die Erziehung der Kinder zu zukünftigen Volksgenossen dienen, denn Eheschließung ist nicht – wie in der bürgerlichen Familie –

»mehr nur Sache der Liebe, sondern steht unter politischer Verantwortung, unterliegt den Forderungen der Rassenpflege und Rassenpolitik. Kinder zeugen und gebären ist eine nationale Pflicht, eine Forderung der Bevölkerungspolitik« (S. 146).

Um diese Kinder zu erziehen, brauche man die Familie, denn Erziehen sei mehr als Aufzucht im biologischen Sinne.

»... Erziehen heißt nicht nur, daß man seine Kinder nährt und kleidet, daß man ihnen beibringt, wie man durch die Welt kommt,

> sondern daß man ihnen auch... die Werte einpflanzt, die für den Menschen ihres Volkes gültig sind« (S. 27).

Der kindliche Gehorsam sei dann die selbstverständliche Anerkennung für die elterliche Sorge.
Hier mündet die Darstellung Beckers wieder ganz ein in den Topos von der patriarchalischen Familienordnung, den er jedoch sogleich im politischen Sinne erweitert:

> »In der Familie lernen wir die Liebe, die treue Fürsorge. Aber diese Liebe ist streng persönlich gebunden, sie zielt auf diesen, unseren Blutsverwandten. Diese Gesinnung der sorgenden Liebe... muß auf den Volksgenossen erweitert werden. Damit dies geschehe, wird die Erziehung der Familie fortgesetzt in der Erziehung in der Jungmannschaft, im Bund, im Heer, in der Schulgemeinschaft« (S. 139).

Damit ist er angelangt an jenem Punkt, wo Unvereinbares vereint werden soll: gemütvolles patriarchalisches Familienleben mit gehorsamen Kindern und gleichzeitig männerbündische Freiheit in kriegerischen Jungmannschaften. Gewaltsam versucht er, die Diskrepanz dieser beiden Erscheinungsformen zu verbinden:

> »Beide, Familie und Männerbund, sind in ihrem Sinn und ihrer Aufgabe nach polar gegeneinander gesetzt, so daß beide erst durch ihr Gegeneinandergesetztsein ihren Sinn finden, steigern und erfüllen. So wie die Familie bewahrend, konservativ ist, so drängt der Männerbund über sie hinaus« (S. 134).

Den Kern einer solchen Gruppe bilden die jungen Burschen zwischen Pubertät und Heirat. In ihrem Zusammenschluß artikuliere sich ihr Drang, über ihr individuelles Sein hinauszuwachsen.

> »Werkstatt und Heer sind solche männerbündischen Organisationen, die aus der organischen Schicht herausgewachsen sind und zu tragenden Gebilden der Arbeitswelt und der politischen Ordnung des Volkes sich verselbständigt haben... Dieser bedeutsame Zug des Männerbundes liegt unmittelbar in seinem Charakter als einer Scharung von Männern, im besonderen von jungen Männern, begründet. Er trägt in sich das Revolutionäre der männlichen Jugend wie auch das Verstandesmäßige des Mannestums überhaupt. Der Männerbund ist von Hause aus kein Zweckverband, aber er

ist von Anfang an von männlicher Verstandesmäßigkeit und Zwecksinnigkeit durchtränkt. Das führt ihn fort zu immer neuen Gestaltungen. Diese innere Bewegung des Männerbundes ist gleichzeitig der Hebel, der die Entwicklung des Volkes zu immer neuer Gestaltung bringt« (S. 135).

Becker hat in seinem Buch die germanisch-bäuerliche Sippenfamilie in ihrer »geschichtlichen Beständigkeit« der bürgerlichen Familie in ihrer Veränderlichkeit gegenübergestellt. Er widerspricht Riehl insofern, als er dessen Postulat einer zeitlosen Gültigkeit der bürgerlichen Haushaltsfamilie nicht zustimmt. Er versucht, bäuerliche wie bürgerliche Familie als »historische Schöpfungen« darzustellen, doch zugleich preist er den historisch überlebten Sippengedanken, den »Gedanken des Blutes«, als alleinverbindlich für die Familie der Zukunft. Aber wie lassen sich nun Familie und wehrhafte Erziehung vereinigen?
Die Erziehung der Knaben in Richtung auf die heroisch männerbündische Daseinsform kann nach den gesellschaftspolitischen Vorstellungen der Nationalsozialisten nicht Sache der Familie bleiben. Sie muß in die Hand des Staates, in die Ordensburgen verlegt werden.
»Meine Pädagogik ist hart« sagt Hitler in seinen Gesprächen[7];

> »das Schwache muß weggehämmert werden. In meinen Ordensburgen wird eine Jugend heranwachsen, vor der sich die Welt erschrecken wird... Ich will keine intellektuelle Erziehung... aber Beherrschung müssen sie lernen. Sie sollen mir in den schwierigsten Proben die Todesfurcht besiegen lernen. Das ist die Stufe der heroischen Jugend. Aus ihr wächst die Stufe des Freien, des Menschen, der Maß und Mitte der Welt ist, des schaffenden Menschen, des Gottmenschen. In meinen Ordensburgen wird der schöne, sich selbst gebietende Gottesmensch als kultisches Bild stehen und die Jugend auf die kommende Stufe der männlichen Reife vorbereiten«.

Spätestens an dieser Stelle wird der Beschwichtigungscharakter des Topos von der »Familie als der Keimzelle des Staates« deutlich. Das galt nur in rein biologischer Hinsicht, denn als Ort der

7) Adolf Hitler über Jugenderziehung, in: *Der Nationalsozialismus. Dokumente 1933-1945.* Fischer-Bücherei 172, 1957, S. 88.

Sozialisation hatte die Familie nach dem Willen der nationalsozialistischen Führer so gut wie gar keine Rolle zu spielen. Ihre Funktion war damit so herabgemindert wie kaum jemals in ihrer gesamten Sozialgeschichte seit der Zeit der Germanen. Das betraf insbesondere die Frauen. War dem Manne die politische Tätigkeit vorbehalten, so der Frau die Mutterrolle.

> »Als erreichbares Ziel muß jedoch abgesteckt werden: Die Mutter soll ganz ihren Kindern und der Familie, die Frau sich dem Manne widmen können, und das unverheiratete Mädchen soll nur auf solche Berufe angewiesen sein, die der weiblichen Wesensart entsprechen. Im übrigen soll jede Berufstätigkeit dem Manne überlassen bleiben«[8].

Damit schien alles zurückgenommen, was die Frauen sich in den vorangegangenen Generationen erkämpft hatten.
Ehestandsdarlehen, Kinderbeihilfen, Steuerermäßigungen, völlige Steuerfreiheit ab 5 Kindern: das alles sollte der Auffüllung des völkischen Staates mit rassereinem erbgesundem Volkstum dienen. Dem Blut-und-Boden-Gedanken entsprach die Eigenheimbewegung: »Heim – nicht Wohnung«, hieß die Parole, – im Gegensatz zur bürgerlichen Familie, die von der natürlichen Entsprechung, dem Boden, getrennt sei:

> »Der Kleingarten des Arbeiters und Angestellten ist zwar ein schwacher Ersatz für den Boden eines Erbhofs... Er ist Boden, soweit es ihn innerhalb der bürgerlich städtischen Gesellschaft geben kann, Boden mit allen Unwägbarkeiten, die in diesem Wort liegen. Es müssen schon hartgesottene Materialisten sein, die in ihrem Kleingarten nur eine Produktionsstätte für Möhren und Kohlrabis sehen, denen nicht vom ersten Tag an, da sie auf eigenem Grund stehen, ein inneres und inniges Verhältnis zu ihrem Boden aufginge«[9].

Im Mittelpunkt all dessen stand die häusliche Frau, das Heimchen am Herde, die Gebärerin, die seit 1938 je nach Kinderzahl mit den verschiedenen Stufen des Ehrenkreuzes der deutschen Mutter ausgezeichnet wurde: in Bronze an Mütter von 4-5 Kindern,

8) Rudolf Frick, in: *Völkischer Beobachter* vom 12.6.1934.
9) Becker, Horst: *Die Familie.* 1935, S. 166.

in Silber an Mütter von 6-7 Kindern, in Gold an Mütter von 8 und mehr Kindern. Es wurde am blauen Band am Halse getragen und trug die Aufschrift: »Das Kind adelt die Mutter«.
Die politökonomischen Ziele dieser Maßnahmen waren durchsichtig: mit der Vergabe eines Ehestandsdarlehens verknüpfte man die Bedingung, daß die Frau aus dem Arbeitsprozeß ausschied und ihren Arbeitsplatz freigab. Damit war ihre Funktion und ihr Interesse gänzlich auf den Haushalt und die Aufzucht kleiner Kinder reduziert, die sofort nach Eintritt in eine selbständigere Altersstufe in die Erziehungsgewalt des Staates übergingen, zumindest die Knaben. Die Mutter sollte also als geistiger Partner, als selbständig denkender Bürger ausgeschaltet werden. Nur den politisch tätigen und arbeitenden Vater als Autorität und die haushaltende und gebärende Mutter sah die gewünschte Rollenverteilung vor. In dieses Schema wurden die Kinder hineingeboren und erzogen und so von vornherein einem Autoritätsbegriff unterstellt, der auf das gesamte politische System übertragbar war.
Der Krieg allerdings erzwang andere Konsequenzen, erforderte die Berufstätigkeit der Frauen in einem quantitativ sehr hohen und qualitativ sehr umfassenden Maße. Er erlegte den Frauen oftmals unfreiwillig die Erprobung ihrer Fähigkeiten als verantwortlicher Haushaltungsvorstand in schwierigsten Situationen auf, ihre Qualifikation für Aufgaben, für die es kein Vorbild gab. Damit wurde das autoritäre Familienmodell des Nationalsozialismus weitgehend zerstört, noch ehe es sich in allen Einzelheiten durchgesetzt hatte.

2. Autorität und Familie als politisches Instrument

Wurde im vergangenen Kapitel versucht, das zeit-gültige Familienmodell aus der Innensicht der Nationalsozialisten selbst zu verdeutlichen, so sei jetzt die Analyse referiert, die diesem Familienmodell von außen her zuteil wurde, von einer Gruppe emigrierter Soziologen, die mit Erschütterung und Sorge die Entwicklung in

Deutschland beobachteten und den Schlüssel für den anfänglichen Erfolg des Hitlersystems in der familialen Disposition der deutschen Bevölkerung zu finden glaubten.
Max Horkheimer, Erich Fromm und Herbert Marcuse veröffentlichten aus der Emigration 1936 ihr Studienmaterial über »Autorität und Familie«[10]. Entscheidend für unseren Zusammenhang ist der »Sozialpsychologische Teil« von Erich Fromm (S. 77-135).
Fromm, geboren 1900, seit 1934 in den USA, gehört zu den Neofreudianern. Auch seine Autoritätsstudie basiert auf dem Freudschen Persönlichkeitsmodell:

> »Er (Freud) nimmt im seelischen Apparat drei Instanzen an: Das ›Es‹, das ›Ich‹ und das ›Über-Ich‹. Dies sind nicht Bezeichnungen für ›Teile‹ Im statischen, sondern für Träger von Funktionen im dynamischen Sinne; nicht scharf abgegrenzt, sondern ineinander übergehend. Das ›Es‹ Ist die ursprüngliche und undifferenzierte Form des seelischen Apparates... Das Ich ist ›der durch den direkten Einfluß der Außenwelt... veränderte Teil des Es‹. Es repräsentiert, ›was man Vernunft und Besonnenheit nennen kann, im Gegensatz zum Es, welches die Leidenschaften enthält‹. ... Das Über-Ich, ... ist die phylogenetisch letzte und heikelste Instanz des seelischen Apparates. Als seine Funktion bezeichnet Freud ›die Selbstbeobachtung, das moralische Gewissen, die Traumzensur und den Haupteinfluß bei der Verdrängung‹. ... Die Entstehung des Über-Ichs bringt er in eine enge Beziehung zum Vater. Schon vor allen Objektbeziehungen identifiziert sich der kleine Knabe mit dem Vater, und hinter dem Ichideal ›verbirgt sich die erste und bedeutsamste Identifizierung des Individuums, die mit dem Vater der persönlichen Vorzeit‹« (S. 81f.).

Im Laufe der Entwicklung aber nimmt »das Über-Ich auch die Einflüsse jener Personen an, die an die Stelle der Eltern getreten sind, also von Erziehern, Lehrern, idealen Vorbildern«. Damit wird das

> »Über-Ich zum Träger der Tradition und ist die Verinnerlichung des äußeren Zwanges. Das Verhältnis des Über-Ichs zum Es ist ein zwieschlächtiges. Einerseits ist das Über-Ich eine ›Reaktionsbildung gegen die Triebvorgänge des Es‹, andererseits bezieht es seine Energien aus dem Es« (S. 82f.).

10) Horkheimer, Max (Hrsg.): *Studien über Autorität und Familie.* 1936.

Trotz der Widersprüche und Unklarheiten in der Theorie des Über-Ich hat Freud eine entscheidende Einsicht in das Problem der Autorität und der gesellschaftlichen Dynamik vermittelt.

> »Seine Theorie liefert einen wichtigen Beitrag zur Beantwortung der Frage, wie es möglich ist, daß die in einer Gesellschaft herrschende Gewalt tatsächlich so wirkungsvoll ist, wie uns das die Geschichte zeigt. Die äußerste, in den jeweils für eine Gesellschaft maßgebenden Autoritäten verkörperte Gewalt und Macht ist ein unerläßlicher Bestandteil für das Zustandekommen der Fügsamkeit und Unterwerfung der Masse unter diese Autorität« (S. 83).

Damit ist die entscheidende Frage der Beziehung zwischen familialer und gesellschaftlicher Autorität angesprochen. Durch das Über-Ich wird die äußere Gewalt in eine innere verwandelt, die autoritären Vertreter der äußeren Gewalt verinnerlicht, und das Individuum handelt nun nach ihren Geboten entsprechend den Forderungen, die es an sich selbst stellt.

> »Die äußere in der Gesellschaft wirksame Gewalt tritt dem in der Familie aufwachsenden Kind in der Person der Eltern und in der patriarchalischen Kleinfamilie speziell in der des Vaters gegenüber. Durch Identifizierung mit dem Vater und Verinnerlichung seiner Ge- und Verbote wird das Über-Ich als eine Instanz mit den Attributen der Moral und Macht bekleidet. Ist aber diese Instanz einmal aufgerichtet, so vollzieht sich mit dem Prozeß der Identifizierung gleichzeitig ein umgekehrter Vorgang. Das Über-Ich wird immer wieder von neuem auf die in der Gesellschaft herrschenden Autoritätsträger projiziert, mit andern Worten, das Individuum bekleidet die faktischen Autoritäten mit den Eigenschaften seines eigenen Über-Ichs. Durch diesen Akt der Projektion des Über-Ichs auf die Autoritäten werden diese weitgehend der rationalen Kritik entzogen. Es wird an ihre Moral, Weisheit, Stärke in einem von ihrer realen Erscheinung bis zu einem hohen Grade unabhängigen Maße geglaubt. Dadurch aber werden diese Autoritäten umgekehrt wiederum geeignet, immer von neuem verinnerlicht und zu Trägern des Über-Ichs zu werden. Diese Verklärung der Autoritäten durch Projizierung der Über-Ich-Qualität trägt zur Aufhellung einer Schwierigkeit bei. Es ist ja leicht zu verstehen, warum das kleine Kind infolge seiner mangelnden Lebenserfahrung und Kritik die Eltern für Ideale hält und sie infolgedessen im Sinne der Über-Ich-Bildung in sich aufnehmen kann. Es wäre für

> den kritischeren Erwachsenen schon viel schwieriger, das gleiche Gefühl der Verehrung für die in der Gesellschaft herrschenden Autoritäten zu haben, wenn eben nicht diese Autoritäten durch die Projizierung des Über-Ichs auf sie für ihn die gleichen Qualitäten erhielten, welche die Eltern einst für das kritiklose Kind hatten« (S. 84f.).

Die herrschenden Strukturen der Gesellschaft stehen also in engstem Zusammenhang mit den frühkindlichen Erlebnissen in der Familie:

> »Indem das Über-Ich schon in den früheren Lebensjahren des Kindes als eine durch die Angst vor dem Vater und dem gleichzeitigen Wunsch, von ihm geliebt zu werden, bedingte Instanz entsteht, erweist sich die Familie als eine wichtige Hilfe für die Herstellung der späteren Fähigkeiten des Erwachsenen, an Autoritäten zu glauben und sich ihnen unterzuordnen« (S. 87).

Über Freud hinausgehend sagt er weiterhin, daß

> »neben den individuellen Verschiedenheiten, die in den einzelnen Familien existieren, die Familie in erster Linie bestimmte gesellschaftliche Inhalte repräsentiert und daß in deren Vermittlung, und zwar nicht im Sinne der Vermittlung von Meinungen und Ansichten, sondern der Produktion der gesellschaftlich erwünschten seelischen Struktur, die wichtigste gesellschaftliche Funktion der Familie liegt« (S. 87).

Damit ergibt sich, daß die Autorität des Familienvaters nicht zufällig ist, sondern ihre Begründung in der Autoritätsstruktur der Gesamtgesellschaft findet. Der Familienvater erscheint für das Kind zwar als erster Vermittler dieser Autorität, ist aber (inhaltlich gesehen) »nicht ihr Vorbild, sondern ihr Abbild« (S. 88). Autoritätsgläubigkeit als irrationale Einstellung einerseits und autoritäres Verhalten als ebenso irrationale Attitüde andererseits sind also die beiden Möglichkeiten, die sich aus der Verinnerlichung der Autorität durch das Über-Ich ergeben. Erst wenn diese beiden Seiten »funktionieren«, kann der totalitäre Staat in vollem Maße seine Machtpositionen besetzen.
Fromm gesteht jedoch der Autorität nicht nur eine negative Funktion, sondern unter demokratischen Voraussetzungen auch eine positive zu:

> »... Neben dieser negativen Funktion hat die Autorität aber immer auch die positive, die ihr Unterworfenen zu einem bestimmten Verhalten anzuspornen, ihnen ein Vorbild und Ideal zu sein« (S. 108).

Gerade die Doppelfunktion von Autorität und Über-Ich eröffnet verschiedene Möglichkeiten:

> »Indem sie auch die idealen und positiven Triebe des Individuums zum Inhalt haben, wird die triebunterdrückende Seite gleichsam vom Glanze der positiven Funktion gefärbt... Die Verbote der Autorität zu übertreten, heißt eben nicht nur, die Gefahr der Bestrafung zu riskieren, sondern den Verlust der Liebe jener Instanz, welche die eigenen Ideale, den Inhalt alles dessen, was man selbst werden möchte, verkörpert« (S. 109).

Beide Funktionen der Autorität, die negative sowie die positive, werden innerhalb der Familie wahrgenommen, denn

> »die Bildung zu den anspornenden Idealen ebenso wie zu den triebeinschränkenden Verboten erfolgt in der bürgerlichen Gesellschaft durch das Medium der Familie« (S. 109).

Der Autoritätsbegriff erfährt hier eine neue Beleuchtung durch die Betonung seiner gesellschaftlichen Immanenz. War Autorität früher mehr oder weniger notwendig gewesen durch die gemeinschaftlichen unternehmerischen Interessen, die die Familienmitglieder verbanden (Handwerksbetrieb, Kaufmannskontor, Landwirtschaft), so nahm nach deren weitgehendem Fortfall autoritäres Verhalten im Hause jetzt einen irrationalen Zug an, der nur durch Konventionen und traditionelle Symbole gestützt werden konnte[11]. Durch das Zurücktreten der realen Interessensolidarität erhält der Machtanspruch der Autoritätsperson oder -instanz eine erhöhte und gefährliche, weil unkontrollierbare Qualität. Bei der Kindererziehung führt das zu einer frühzeitigen autoritätsgebundenen Prädisposition, die sich später auf das gesamte Verhältnis zu Staat und Gesellschaft auswirkt.
Auch Fromm unterscheidet zwischen der psychologischen Struktur einer demokratischen Autorität mit der Interessensolidarität ihrer Teilnehmer und der in einem totalitären Staat. In dem tota-

11) Horkheimer, Max: *Autorität und Familie.* 1973, S. 81f.

litären Staat besteht keine innere Beziehung zwischen dem Befehlenden und dem Gehorchenden.

> »Anders die demokratische Autorität. Die Kluft zwischen dem Autoritätsobjekt und dem Autoritätsträger erscheint hier nicht als unüberbrückbar.
> Die Leistung, welche die Autoritätsträger vollbracht haben, wäre an sich für jeden möglich. Mit der demokratischen Autorität kann man sich identifizieren, statt sich mit dem bloßen Partizipieren begnügen zu müssen« (S. 133).

Was den totalitären NS-Staat jedoch anbetrifft, so zeigte er eine extreme Autoritätsstruktur, für die die »Tatsache der unüberbrückbaren Distanz zwischen dem Autoritätsobjekt und dem Autoritätsträger fundamental« war (S. 133).
Von der Seite der Psychoanalyse sind durch die Autoren des Werkes über Autorität und Familie Zusammenhänge erhellt worden, die scheinbar Unerklärliches erklärbar machten. Das zweitausend Jahre alte, in immer neuen Kombinationen sich realisierende patriarchal-autoritäre Familiengefüge bot einen Schlüssel für das Verständnis einer historischen Erscheinung, die sich auf »Weltanschauung« berief, aber auf die Machtherrschaft der Autorität gegründet war. Fromm und Horkheimer haben die Beziehung zwischen diesem Autoritätsanspruch und dem patriarchalischen Familienmodell zu erklären gesucht.
Den Begriff des »Patriarchalismus«, ursprünglich die Autorität eines Herrn über seinen Haushalt, verwendete Max Weber (1864-1920) im Zusammenhang mit dem »reinen Typus« der traditionellen Herrschaft[12]. Im Doppelaspekt der willkürlichen Gewalt des Herrn und ihrer Beschränkung durch heilige, von jeher geltende Traditionen erkannte er ein Wesensmerkmal der traditionellen Herrschaft in allen ihren Formen. Damit wurde bereits von ihm in unübersehbarer Deutlichkeit die innere Beziehung zwischen Familie und Staat herausgestellt, die Vorformung der Autoritätsstrukturen im Familienverband und von hier aus

12) Weber, Max: *Wirtschaft und Gesellschaft.* 2 Bde ^{4}1956, Bd. I, S. 130f. und Bd. II, S. 588ff.; vgl. die dort vorangegangenen Kapitel über die Hausgemeinschaft und deren Beziehung zur Nachbarschaft und weiteren Gemeinde, zur Sippe und zu den militärischen und wirtschaftlichen Organisationen.

die Einleitung eines Identifizierungsmechanismus hin zum Staat. Jost Trier begegnete in seiner etymologischen Studie über den »Vater«[13] diesen Ableitungen vom Sprachlichen her und fand den eigentlichen Schwerpunkt des alten Vaterbegriffes in einem Umkreis von Politik und Macht, also nicht im biologischen oder gar sentimentalen Bereich.

Der Soziologengruppe Fromm – Marcuse – Horkheimer ist es gelungen, die inneren Abhängigkeiten zwischen autoritärer Familienerziehung und Nationalsozialismus aufzuzeigen, – zu entdekken, wie geschickt die Machthaber jener Zeit die vorhandenen psychologischen Mechanismen zu nutzen wußten. In ihrer Ideologie priesen sie die Blutsbande der reinrassigen Sippenfamilie als Grundlage des Staates; deren altüberlieferte autoritäre Struktur setzten sie für die Erreichung ihrer machtpolitischen Ziele ein. Aber das bezog sich auf eine irrationale Vorstellung von Familie, die man zu indoktrinieren versuchte, von der man aber wohl wußte, daß sie den realen sozialen Gegebenheiten jener Zeit durchaus nicht entsprach. So beargwöhnten die Nationalsozialisten im Grunde die Primärform Familie als eine dem totalitären Staat feindliche Struktur, der man die Kindererziehung so früh wie möglich entziehen müßte.

»Heute erhebt sich die Frage«, schreibt Horkheimer, »ob das komplizierte Zusammenspiel jener Kräfte etwas Einmaliges war oder ob sich hier eine allgemeine geschichtliche Tendenz ankündigt«[14].

Den Weg von der autoritären Identifizierungs- zur demokratisch-humanen Einfühlungsphase aufzuzeigen, ist das Thema des Psychoanalytikers Alexander Mitscherlich[15]. Er versteht den personalkulturellen Sozialisierungsprozeß als den einer permanenten Anpassung an die menschliche Mitwelt, und so treten hier wieder die bewährten Kategorien der funktionellen Dynamik in ihr volles Recht. Das durch Identifikationen geschaffene Verhaltensre-

13) Trier, Jost: *Vater. Versuch einer Etymologie.* 1947.
14) Horkheimer, Max: *Autorität und Familie.* 1973, S. 94.
15) Mitscherlich, Alexander: *Auf dem Weg zur vaterlosen Gesellschaft.* 1963; ders. u. Margarete Mitscherlich: *Die Unfähigkeit zu trauern.* 1968.

pertoire, bestimmt durch den »unsichtbaren Vater«, kann dann zu jenen Gehorsamkeitsmechanismen führen, zur »Angsterwekkung als Herrschaftsmittel«, die die Autoritätsstrukturen ausmachen.

B Exkurs: Patriarchat und Erntebrauch

Mitscherlichs im weitesten Sinne gefaßter Vaterbegriff und die Bedeutung der paternistischen Großstrukturen für die individuelle Rollenverteilung in Familie und Gesellschaft werden zum erklärenden Hintergrund auch für viele kulturelle Phänomene, die die Volkskunde bisher im allgemeinen lediglich als Fakten mit motivgeschichtlicher Interpretierung zu sehen gewohnt war. Autoritätsstrukturen und Autoritätskonflikte in ihren sozialgeschichtlich wechselnden Stellenwerten müssen sich notwendig, strukturalistischen Gesetzmäßigkeiten folgend, widerspiegeln in den Äußerungen der Gruppenkultur und damit also auch im passiven und aktiven Normverhalten der Familie. Es wird hier als ethnologisches Exempel ein Bereich gewählt, der auf den ersten Blick nicht unmittelbar mit dem Thema Familie verbunden zu sein scheint. Doch erweist sich bei näherem Zusehen, wie das nach ideologischen Bedürfnissen konstruierte Bild der Sippenfamilie weite Bereiche der national-sozialistischen Kulturlandschaft überschattete und färbte, – in ganz besonderem Maße die agrarische Welt. Der folgenden Darstellung liegt dabei der theoretische Ansatz zugrunde, daß die kulturellen Erscheinungen in unmittelbarem Zusammenhang mit der jeweiligen sozioökonomischen Wirklichkeit stehen; sobald man sie von dieser Basis löst, gelangt man unweigerlich zu ideologisierten Verfälschungen.

Es blieb den Nationalsozialisten vorbehalten, ein Bild des deutschen Bauern zu zeichnen und zu propagieren, das den realen Verhältnissen des industriellen 20. Jahrhunderts unangepaßt war. Mit dem Bemühen um Konservierung und Reaktivierung längst vergangener agrarischer Kulturgedanken für die gesamte »Volksgemeinschaft« sollte die ungebrochene Kontinuität der nordisch-bäuerlichen Rasse und ihrer germanischen Weltschau in einem Kreisschlußverfahren bewiesen werden[1]. So hieß es in

1) vgl. Weber-Kellermann, Ingeborg: *Deutsche Volkskunde*... 1969, S. 82f.

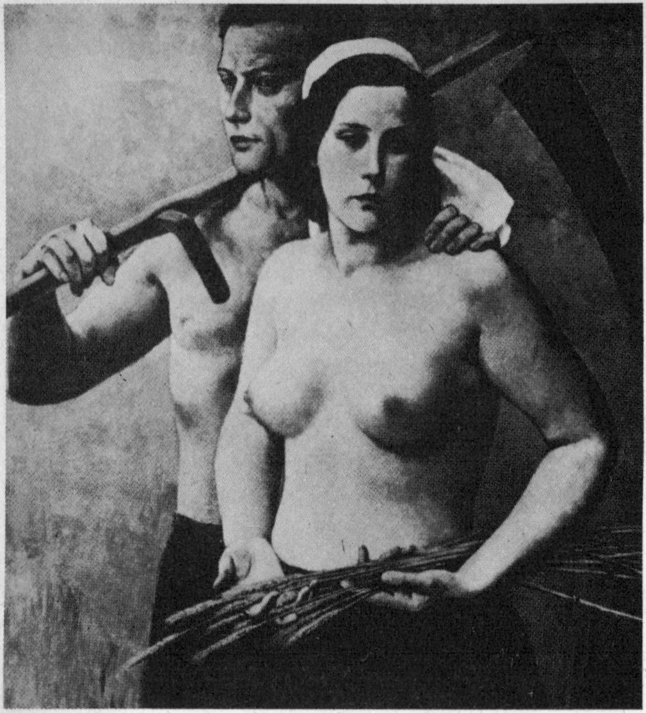

Blut und Boden

einem vielgelesenen Werk über die deutschen Bauernbräuche:

> »Erst seit dem nationalsozialistischen Siege feiern wir ein Erntefest als Nationalfeiertag des ganzen Volkes, das unter dem Zeichen der Schicksalsverbundenheit von Stadt und Land und unter dem der völkischen Sendung des Bauerntums steht«[2].

Das bedeutete zunächst einmal ganz konkret eine Überbewertung des bäuerlichen Anteils an der Gesamtbevölkerung mit ideologischer Zielsetzung, denn tatsächlich waren nur noch knapp 20% in der Landwirtschaft tätig[3].

2) Strobel, Hans: *Bauernbrauch.* 1937, S. 139.
3) Die tatsächlichen Verhältniszahlen waren 1882: 52,5% der Gesamtbevölkerung in der Landwirtschaft tätig; 1907: 28,65%; 1939: 19,1%.

Aber wie sah es nun mit der Interpretation der Erntebräuche des 20. Jahrhunderts aus. Strobel schildert die Ernte im Geist einer Mythologie, in der der germanische Vatergott Wodan keine geringe Rolle spielt. – In den Ernteabschlußbräuchen äußere sich der Dank an den »treuen Allvater«, an Donar und die drei Schicksalsfrauen in Sprüchen und sinnbildlichen Handlungen. Da liest man:

> »Der Rassenseele des germanischen Bauern entspricht es nicht, seinen Dank in viele Worte langer Litaneien zu fassen. Sein Handeln, sein Brauch ist sinnbildlicher Ausdruck seiner Seele, und der höchste Gottesdienst ist und bleibt für den Bauern eben seine Arbeit an der Scholle und am Volk« (S. 140).

Tatsache ist, daß gerade in Norddeutschland außerordentlich lange Sprüche beim Überreichen der Erntekrone sehr beliebt waren, allerdings aus anderen Gründen als der Beziehung zu »nordischer Rassenseele«, wie noch dargestellt wird[4]. Strobel deutet nun die Sinnbildhaftigkeit der Bräuche unter Bezugnahme auf ihre angenommene germanische Kontinuität, und alles, was mit Wodan und Frau Gode zusammenhängen könnte, wird bedeutsam hervorgehoben. Besonderen Wert legt er auf die Ernteabschlußbräuche, den Erntekranz mit dem holzgeschnitzten Hahn (»Sinnbild der Lebenskraft«), die Überreichung der Erntekrone (»Sinnzeichen der Fruchtbarkeit«) und – im Widerspruch zu dem obigen Zitat – auf die Sprüche, die deren Überreichung an Bauer und Bäuerin begleiten. Es geht dem Verfasser um die Aufwertung dieser Bräuche im Sinne einer Aufwertung der vermeintlichen germanisch-bäuerlichen Lebensform überhaupt.

> »Als im Reiche Adolf Hitlers der deutsche Bauer Ehre und Freiheit wieder erhielt, rückte er und sein Tun auch wieder in die Stelle der Volksgemeinschaft ein, die ihm dank seiner Aufgabe gebührt. Und so findet sich einmal im Jahre, am Sonntag nach dem Micheltag, wenn alle Ernte heimgebracht, das ganze Volk zusammen im Bewußtsein, daß nur Bauernart unser Volk und Reich erhalten kann. Das Führerwort, ›Das Dritte Reich wird ein Bauernreich sein, oder es wird untergehen, wie die Reiche der Hohenzollern und Hohenstaufen untergegangen sind‹, steht an diesem

4) Weber-Kellermann, Ingeborg: *Erntebrauch.* 1965, S. 141ff.

Überreichung der Erntekrone an den Führer 1935 auf dem Bückeberg

> Tage im Herzen des ganzen Volkes, das sich in Stadt und Land zusammenfindet, um des Führers Worten zu lauschen, die er vor Hunderttausenden deutscher Bauern aus allen Teilen des Reiches auf der altheiligen Weihestätte, dem Bückeberg, zur Zeit des alten germanischen Micheldings spricht« (S. 150).

Das Erntefest auf dem Bückeberg bei Hameln war der Höhepunkt dieser Identifikationsversuche des deutschen Volkes mit bäuerlicher Art.

> »Es ist geballter Volkswille, wesentlich politische Kundgebung. Aber alles, was sich in Jahrhunderten an Brauchtum entwickelt hat, ist in das neue Bild aufgenommen. Die Männer und Frauen tragen das Trachtenkleid ihrer Landschaft, sie führen ihre Zeichen und Erntekränze, den Hahn und den Kornalten mit... Dann wird dem Reichsbauernführer der Erntekranz übergeben, dazu

ein Brot aus neuem Mehl. Und eine Abordnung von Jungbauern – jedes Jahr aus einer anderen Landschaft – überreicht dem Führer die Erntekrone, aus Roggen, Weizen, Hafer, Gerste und Flachs gebunden, von einem leuchtend roten Bande, dem Symbol des fruchtbringenden Lebens, durchflochten und mit farbigen Bändern geschmückt. Eine Bäuerin spricht den Spruch... Mit dieser Krone bietet das deutsche Bauerntum sich selbst dem Führer dar und gelobt ihm aufs neue Gefolgschaft und Dienst an der Heimatscholle«[5].

Bauerntum als innere Haltung, als die Lebensform, in der noch die heilenden Kräfte des Mythos und der Natur anzutreffen seien, Mythologie als bäuerliches Sippenwerk[6]: das waren die ideologischen Grundsteine, auf denen man eine erneuerte deutsche Kultur errichten wollte, und die bäuerliche Familie sollte Träger und Reaktivator solcher kulturellen Kräfte sein.

Wie stand es nun tatsächlich mit dem Verhältnis der historisch bedingten, bäuerlichen Familie zu solchen Brauchüberlieferungen. Wie bereits früher (Kap. IV A, 5.) ausgeführt, war schon die ländliche Familie des 19. Jahrhunderts (um 1880 ca. 50% der Gesamtbevölkerung) keineswegs eine homogene Gruppe von »Bauern« mit einheitlichem Kulturverhalten, sondern eine vielschichtige Sozialform, die in den einzelnen deutschen Landschaften den verschiedensten sozialen Gruppen angehörte. Die Enquête des Grimmschülers Wilhelm Mannhardt (1831-1880) zum Komplex der Erntebräuche, die dieser 1865 mit einem detaillierten Fragebogen in ganz Deutschland und seinen Grenzgebieten anstellte[7], erbrachte jedenfalls ein Ergebnis, das die unterschiedliche Struktur der ländlichen Lebensformen deutlich widerspiegelte: Eine Verbreitungskarte[8] zeigt, daß Erntefeste mit Überreichung eines Erntekranzes damals nur in Landschaften mit landwirtschaftlichen Großbetrieben üblich waren, also vor allem den Güterlandschaften in Norddeutschland und Ostelbien. Gebiete mit land-

5) Jarosch, Günther: *Erntebrauch und Erntedank.* Jena 1939, S. 90f.

6) vgl. Emmerich, Wolfgang: *Germanistische Volkstumsideologie.* 1968, S. 171f. und die dort verarbeitete Literatur.

7) Weber-Kellermann, Ingeborg: *Erntebrauch.* 1965, S. 28ff., 41ff.

8) ebda., Karte 2, vgl. S. 363f. und die Abschnitte über die Erntefeste; ausführliche Angaben zu den folgenden Zusammenfassungen.

wirtschaftlichem Kleinbetrieb dagegen pflegten kaum Gestaltungsformen des Erntefestes. In Bauerndörfern vereinte sich dieses Fest zumeist mit den Gemeindefreuden der Kirmes.
Wie ist diese Erscheinung, die sich in der Zeit bis zum 2. Weltkrieg nicht grundsätzlich verändert, sondern höchstens abgeschliffen hat und im Gegensatz zu den nationalsozialistischen Interpretationen steht, zu erklären?
Um die reale Situation auf den Erntefeldern des 19. und 20. Jahrhunderts zu beurteilen, muß die einschlägige wirtschafts- und sozialgeschichtliche Literatur herangezogen werden. Sie macht die Lage deutlich, die in Kap. IV, A 5. dargestellt wurde: Die von der Leibeigenschaft befreiten Bauern waren nun der Güte oder Strenge ihrer Gutsherrn preisgegeben, deren Mehrzahl sich – ihrerseits »befreit« von der alten patriarchalischen Sorgepflicht – am Grund und Boden der Bauern als Gegenleistung für den Fortfall der bisherigen Frondienste schadlos hielt.
Der Übergang zur intensiveren Bearbeitung des Bodens entwikkelte den Saisoncharakter der landwirtschaftlichen Arbeit. So kam es, daß das Erntequartal zur einzigen Periode sicherer Verdienstmöglichkeiten für Tagelöhner, freie Landarbeiter, Saisonarbeiter und deren Familien wurde und damit zu einem sehnsüchtig erwarteten und freudig begangenen Zeitabschnitt, in dem eine kollektive überschaubare Arbeitsleistung vollbracht wurde.
Wie sehr ein solcher bedeutungsvoller Schwerpunkt im wirtschaftlichen Leben des Landarbeiters auch dessen brauchtümlich-kulturelle Gestaltungsformen eindrücklich prägte, zeigt der Brauch der Überreichung eines Erntekranzes an den Gutsbesitzer.
Die Gruppe der Brauchausübenden war durch den Charakter ihrer gemeinsamen Arbeit gekennzeichnet, durch die arbeitsteilige Organisation und Technik ihrer Tätigkeit miteinander verbunden. Sie erreichte in der Saisonarbeit der Erntezeit einen gewissen Grad der Bewußtheit, den sie in den anderen Abschnitten des ländlichen Jahres vermissen ließ, war doch gerade die ostelbische Landarbeiterschaft, sorgfältig abgeschirmt durch Gutsherrschaften und Kirche, viel später von den Bewegungen des Sozialismus

erfaßt worden als die Arbeiterschaft der Städte. Doch in dem für den Gutsbesitzer wirtschaftlich wichtigen Erntequartal gelangten sie in eine Art von Ausnahmesituation und fingen an, die Bedeutung ihrer Arbeitskraft zu begreifen. Nach dem Verlust von Boden und Vieh hatten sie ja erst langsam begonnen, sich von der alten Wertskala bäuerlicher Maßstäbe und deren Besitzideologie zu lösen und als neu entstehende ländliche Sozialgruppe ihre Arbeitskraft als einziges ihnen verbliebenes Produktionsmittel zu erkennen und in der Auseinandersetzung mit dem Gutsherrn voll einzusetzen gelernt. Aus diesem Bewußtseinswandel erwuchs ein neues Wertgefühl, aus dem heraus sie sich während der Erntezeit als die eigentlichen »Herren des Feldes« empfanden, nicht mehr in familiär gefärbter Abhängigkeit von der Gutsherrschaft.
Je mehr die Erntearbeit organisiert wurde, je komplizierter sich das Ineinanderspiel der Arbeitsteilung formierte, je erfolgreicher sie das damalige moderne Gerät, die Getreidesense, handhabten, je schneller im Zuge des Akkordsystems der Schnitt vorangetrieben werden mußte, umso mehr wuchs ihr Stolz auf die eigene Leistung und ihr Bescheidwissen. War einst der Getreideschnitt eine von vielen Arbeiten des ländlichen Jahreslaufes gewesen, wenn auch eine besonders wichtige, so wechselte er nun in der Zeit des ostelbischen Agrarkapitalismus zu einer Art von Berufsarbeit der Schnitter und ihrer Binderinnen. Die arbeitsbedingte Rollenverteilung beim Ernteschnitt hatte ihre Rückwirkung auf Partnersuche und Familienbildung: der ansässige Landarbeiter achtete bei seiner Brautwahl auf Kraft und Geschicklichkeit des Mädchens und fragte, ob sie als Binderin hinter seiner Sense Schritt halten konnte. Der mobile Saisonarbeiter mußte, wenn er nicht verheiratet war, eine Art von »Ernteehe« eingehen, um die geforderten Voraussetzungen für diesen wichtigen Jahresabschnitt zu erfüllen.
Die sozialen Konsequenzen der paarweisen Arbeitsorganisation hat Rühle für Mecklenburg geschildert:

> »Kommt der Arbeiter zu einem Stellenvermittler, so wird er gefragt, ob er auch eine Arbeiterin mitbringe. Denn Arbeiter werden nur paschweise, wie es heißt, eingestellt, immer nur Arbeiter

> und Arbeiterin zusammen als »Schnitterpärchen«. Wer nun unverheiratet ist, hat sich, wenn er Arbeit haben will, ein Mädchen zu suchen, das mit ihm die Stelle zusammen antritt, mit ihm arbeitet und mit ihm zusammen das Obdach teilt. Und zwar immer mehrere solcher Pärchen in einem Raume. Ohne äußere Trennung, selbst ohne Andeutung einer solchen Trennung. Wie wilde Tiere, wild zusammengeworfen. Von den Trägern des Gedankens einer Heiligkeit der Ehe. Wird das Mädchen krank, wird auch der Arbeiter entlassen. Und umgekehrt. Es geht nur paschweise. Ist die Arbeit zu Ende, gehen beide auseinander. Das Mädchen oft schwanger, mit einem Kinde, ohne Unterkunft und Mittel. Reif für die Prostitution«[9].

Das war eine makabre Form der »Familienpolitik«, die andauerte, bis die Mechanisierung der Landwirtschaft die alte Arbeitsorganisation überflüssig machte. Diese Schnitterpaare jedenfalls bildeten bis weit ins 20. Jahrhundert auf den Gütern die Gruppe der Erntearbeiter.
Die Sprüche beim Überreichen des Kranzes erhalten von daher einen neuen Sinn. Die Arbeiter produzierten alles andere als Fruchtbarkeitsmagie, mythische Glaubensvorstellungen oder Bettelverse: »der Herr wird schon wissen, was auf diesen Kranz gehört!« oder: »wir haben eingeführt, daß der Sand stäubt – nun möge der Herr auftragen lassen, daß der Tisch sich beugt!«. Hier formulierten sie, wenn auch im Zeitstil der üblichen Glückwunschverse und in der gängigen Dorfschullehrerpoesie, *Rechtsansprüche,* die sich allerdings bescheiden genug auf eine gute Mahlzeit und Tanzmusik beschränkten. In ihrer Form spiegelten sich entsprechend der Ambivalenz solcher Übergangszeiten noch die Denkweisen der alten patriarchalen Schutz- und Treuepflicht wieder. Der Gutsherr stattete seinen Dank für die Arbeit in der Ernte ab. Der Unterschied der Stände hörte auf; alle bildeten eine große Familie: der Herr tanzte mit dem Großmädchen, die Frau mit dem Großknecht; Herr und Frau tanzten mit Krone und Kranz und gaben dann beides weiter an den Inspektor und dessen Tänzerin, diese an den Statthalter, und so machten Krone und

9) Rühle, Otto: *Illustrierte Kultur- und Sittengeschichte des Proletariats.* 1930, S. 470; in Dänemark nannte man illegale Liebesverbindungen »polnische Heiraten« in Anlehnung an das »Pasch« der polnischen Erntearbeiter.

Kranz ihre Wanderung bis zum Hofjungen und Hofmädchen – in einer Art von Zeichensetzung von, modern ausgedrückt, einem Ansatz zu demokratischer Mitbestimmung[10].

Die agrar-romantische Vorstellung von der Geschlossenheit eines angeblich in sich ruhenden, in seinen »überlieferten Ordnungen« beharrenden, »heilen« Bauerntums lassen sich nicht festhalten, wenn man die Realitäten einer außerordentlich differenziert gestaffelten Sozialstruktur im agrarischen Bereich erkannt hat, die in Verbindung stand mit dem allgemeinen sozioökonomischen System jener Zeit.

Wenn sich die Erntearbeiter die auf den Bauernhöfen absterbenden Traditionsformen des Erntekranzbrauches aneigneten, so verfolgten sie damit durchaus ein eigenes Ziel. Das Umprägen der Brauchhandlungen, die Kompilation der Sprüche waren ein lebendiger und aktiver, progressiver Vorgang.

Es fand also keine Sinnentleerung einst bäuerlicher Überlieferungen statt, sondern im Gegenteil eine neuen Zwecken entsprechende Sinnaufladung, eine Innovation, die sich auf dem Boden der sozialen Konfliktsituation entfaltete, in der sich die Brauchausübenden befanden. Die Bräuche waren ihre Sprache in einem Kommunikationsprozeß zwischen Landarbeitern und Gutsherrschaft. Der Kranz blieb wohl Symbol des Erntesegens, aber in dem Sinne, daß die Schnitter diesen Segen nicht mit der Güte Gottes, sondern mit ihrer eigenen Arbeitsleistung identifizierten. Die Überreichung des Kranzes bildete für sie den Schluß der kurzen Jahresperiode, in der die Macht des Patriarchats verblaßte, in der Gedeih und Verderb der Gutsherrschaft von ihnen abhängig gewesen war. Im Symbol des Erntekranzes kulminierte dieses Bewußtsein, das sich in jener Epoche einer noch unentwickelten Rationalität nur mit den Mitteln traditioneller Brauchsprache ausdrücken konnte. Die Kranzüberreichung wollte etwa sagen: »Dieser Kranz beinhaltet den Segen des Feldes deshalb, weil er das Zeichen unserer Arbeit ist. Wenn wir ihn Euch in Eure Diele hängen, dann könnt Ihr unter der Bedingung eine gute Vorbe-

10) vgl. Weber-Kellermann, Ingeborg: *Tradition und Innovation am Beispiel der Erntebräuche«*, Debrecen 1971, S. 199-211.

deutung für neuen Erntesegen daraus ableiten, daß Ihr uns, die Arbeiter, ehrt und gut bewirtet! Diese Ernte haben wir Euch eingebracht. Einen neuen Erntesegen werdet Ihr nicht erhalten, wenn Ihr das Prinzip der Gegenseitigkeit nicht allsogleich mit einem Erntefest erfüllt!«

Hier klangen andere Vorstellungen an, als die von einer unauflöslichen, hierarchisch-patriarchalischen Ordnung von oben nach unten.

Das, was die Landarbeiter bei der Erntearbeit unter Benutzung älterer Brauchtraditionen und auch unter Befreiung vom Druck des Numinosen betrieben, war also so etwas wie der zage Beginn einer emanzipatorischen Bewegung. Dieser inneren sozial-psychischen Leistung entsprach die kulturelle Kraft, mit der sie die Brauchinnovationen ausgestalteten – bis hin zu einer Art von brauchtümlicher Antistruktur, die den gesellschaftlichen Antagonismus für kurze Zeit in sein Gegenteil verkehrte, die Herrschaftsverhältnisse halb spielerisch pervertierte.

So wie die Richtkrone auf dem Dachgerüst den Bauherrn zum Spendieren eines Umtrunks für die Bauarbeiter ermahnt, so sollte auch der Erntekranz den ländlichen Arbeitgeber an seine derartigen Pflichten erinnern. Diese Funktion des Erntebrauches im Bereich eines Gewohnheitsrechtes der Arbeitenden hat sich in den folgenden Jahrzehnten nicht verändert und geriet erst allmählich in Vergessenheit, als die zunehmende Mechanisierung der Landwirtschaft den gesamten Charakter der Ernteperiode für Arbeitgeber und Arbeitnehmer wandelte. Der wachsende Maschinenpark verkürzte die Erntearbeit auf wenige Tage und machte den Gutsbesitzer und Großbauern mehr und mehr unabhängig vom Landarbeiterbesatz, der zahlenmäßig gewaltig abnahm und die Arbeiterbevölkerung der Städte vermehrte.

Die Nationalsozialisten haben mit der Konservierung gerade des Erntefestbrauches freilich andere Vorstellungen verbunden und vermittelt als die Erntearbeiter auf den großen Gütern. Als sie in den dreißiger Jahren des 20. Jahrhunderts Bräuche mit der Erntekrone zum Nationalfest hochstilisierten, war das in vieler Hinsicht anachronistisch und voll ideologisiert, d.h. unvereinbar mit dem damals gegenwärtigen Stand der Produktionskräfte. Es gehörte in ihren Ideologieplan, mit der Ehrung der Erbhofbauern den Gedanken der germanisch-bäuerlichen Sippe aufzuwerten und in einer Stadt-Land-Bewegung auch dem Städter Geschmack an bäuerlicher Lebensform zu vermitteln. Diese Verherrlichung des Bauerntums durch die Übernahme seiner Brauchrequisiten in einem überdimensionalen Maßstab war die eine Seite des Bückebergfestes. Daneben fand aber in der Sprache agrarischen Brauches noch eine andere Machtdemonstration statt. Die Oppositionsstruktur des Brauches: Gutsbesitzer – Erntearbeiter wurde als äußerliches Formelement auf Führer – Landbevölkerung, ja »Volk« überhaupt übertragen. Dabei mißverstand man dieses Verhältnis als ein vorwiegend patriarchalisches, wobei der Führer in die Rolle des Gutsherrn und Landesvaters eintrat; man übersah, daß die Landarbeiter nicht als jubelnde Untertanen, sondern mit dem Rechtsanspruch der Arbeitenden vor die Gutsherrschaft getreten waren; man unterdrückte weiterhin die Tatsache, daß die industrielle und marktwirtschaftliche Entwicklung schon längst auch ganz objektiv die Situation auf dem Lande verändert hatte.

Ein »Volksfeiertag aus bäuerlichem Brauchtum hervorgewachsen«[11]! Das waren sehr falsche Töne, denn »jede Erscheinung ist dort entsprungen, wo das, was sie angibt oder aussagt, Wahrheit ist oder Wahrheit sein soll«[12].

Das Erntefest auf dem Bückeberg war keine solche Wahrheit. Es stand im totalen Widerspruch zur sozialen Wirklichkeit, eingepaßt einem irrationalen völkisch-politischen Weltbild. Die »bäuerliche Sippe« sollte auf dieser Bühne, erdacht und geführt von der Hand der Herrschenden, eine bedeutsame und bevölkerungspolitisch prägende Rolle spielen.

11) Jarosch, Günther: *Erntebrauch.* 1939, S. 92.

12) Peuckert, Will-Erich in seinen Ausführungen über den geschichtlichen Grund der Volkskunde im Bericht über den Allgemeinen volkskundlichen Kongreß (7. deutscher Volkskundetag) 1951. Stuttgart 1952, S. 59.

VI.
A Ausblick: Die Familie in der Gegenwart

Noch im 19. Jahrhundert verstand man die Familie gern als eine biologisch begründete, mehr oder weniger autonome Einheit; Pierers Universal-Conversations-Lexikon von 1876 gibt die damals gängigen Anschauungen folgendermaßen wieder:

> »... Die Familie erscheint als eine Verbindung, welche durch die Natur des Menschen von selbst gefordert ist, insofern nur durch sie eine geordnete Fortpflanzung, Unterhalt, Pflege und Erziehung genügend ermöglicht werden kann...«

Hundert Jahre später liest man in der Brockhaus-Enzyklopädie (Wiesbaden 1968) unter dem Stichwort »Familie«:

> »... Die Familiengründung ist rechtlich fast unbeschränkt... Umgekehrt hat der Staat wesentliche Aufgaben übernommen, die früher zumeist der Familie oblagen, und wirkt damit entscheidend auf das Familienleben ein, insbesondere durch öffentliche Anstalten und halböffentliche Einrichtungen der Ausbildung für den Nachwuchs (Schule, Berufslehre) und durch Vorsorge für die Arbeitsunfähigkeit (Sozialversicherung)...«.

In dieser Gegenüberstellung kommt deutlich der entscheidende Wandlungsprozeß für die ökonomische Lage der Durchschnittsfamilie zum Ausdruck. Einst lag ihr die Versorgung mehrerer Generationen ob – Verpflichtungen, die heute weitgehend die Öffentlichkeit trägt. Wie spiegeln sich diese Veränderungen in der familiensoziologischen Forschung?

Nach dem Zweiten Weltkrieg rückte René König die moderne Familie aus dem Schatten eines verbreiteten Kulturpessimismus in die Normalbeleuchtung einer objektiven Betrachtung sozialer Wandlungsprozesse[1]. Die ersten Nachkriegsverhältnisse hatten

1) König, René: Art. »Familie und Familiensoziologie.« 1969; ders.: *Alte Probleme* 1966, S. 1ff.

zu einer Einschätzung der Familie als dem einzigen Halt geführt, der in ungewissen Zeiten verblieben war, und daher zur Beschwörung althergebrachter Familienstrukturen. So sieht auch König den modernen Individualismus weniger als Mangel an Regelungen überhaupt, sondern selbst als volles Regelungssystem mit allen Konsequenzen für die Struktur von Ehe und Familie. Er möchte deshalb einen Begriff wie »Desorganisation«, der sich auf die innere Verfassung der Familiengruppe bezieht, nicht verwechselt wissen mit »Desintegration«, worunter er das Verhältnis der Familie zur Gesamtgesellschaft versteht. Die »Desintegration« hält König für das entscheidende Merkmal aller differenzierteren Kulturen, die eine Auffächerung ihres gesellschaftlichen Gesamtbewußtseins in eine Fülle von einzelnen Kultursektoren aufweisen. Diese psychische Schichtung des sozialen Bewußtseins wurde übrigens gerade auch von Seiten der Volkskunde schon früh betont, so u.a. von Spamer[2], der sich damit in bewußten Gegensatz zu einer national begrenzten Völkercharakterologie setzte.

Andererseits ist jedoch mit einer solchen makro- und mikrosoziologischen Betrachtungsweise eine Trennung von Gesellschaft und Individuum angenommen, die in dieser Schärfe nicht aufrechterhalten werden kann. »Das dialektische Verhältnis zwischen den geronnenen Formen des sozialen Lebens, den Institutionen und befestigten Gruppenstrukturen einerseits und den Individuen andererseits, die doch in der tätigen Auseinandersetzung mit der Umwelt die gesellschaftlichen Verhältnisse erst produzieren, kann mit dieser Konzeption nicht erfaßt werden«[3].
Nach dem Zweiten Weltkrieg sind in Deutschland drei Phasen einer wissenschaftlichen Beschäftigung mit familiensoziologischen Fragen zu unterscheiden[4]: Die Phase um 1950, als Familienforschung in der neu entstehenden Bundesrepublik einen großen

2) Spamer, Adolf: *Wesen, Wege und Ziele.* 1928, S. 15ff.
3) Rosenbaum, Heidi: *Familie als Gegenstruktur.* 1973, S. 105.
4) ebda., S. 4f.

Aufschwung erfuhr, verbunden mit den Namen Baumert[5], König[6], Schelsky[7], Wurzbacher[8].
Gerhard Wurzbacher zeichnet aufgrund von 164 Familienmonographien ein Bild der Wandlungen in der ersten Nachkriegszeit, indem er aus seinem empirischen Material eine Analyse der Kleinfamilie und ihrer Verwandtenbeziehungen erarbeitete. – Einen ähnlichen Ansatz zeigte schon vorher die materialreiche Arbeit von Hilde Thurnwald[9], die 1946/47 fast 500 Berliner Familien nach ihrem familiären Eigenbewußtsein und ihren Lebensverhältnissen befragt hatte. Sie gelangte angesichts der unmittelbaren Nachkriegssituation in einer zerstörten Großstadt zu mehr pessimistischen Folgerungen im Hinblick auf Desorganisation und Unstabilität der Familienverbände.
Schelsky, aufbauend vor allem auf Gehlens Institutionsbegriff[10], trennt zwischen Organisation und Institution, wobei er erstere als Koordinierung von Personen zur Verwirklichung bewußter Ziele bezeichnet und letztere als dauerhafte Regelung mit Entlastungsfunktion. In seiner Familiensoziologie betrachtet er, ausgehend von den Auflösungserscheinungen nach dem 2. Weltkrieg, die Familie als einzigen Stabilitätsrest. Die Reform der Gesellschaft glaubt er, durch eine Reform der Familie vollziehen zu können. Hier ist an Wilhelm Heinrich Riehl zu denken, der mehr als hundert Jahre früher von einem gleichen Ansatz aus in seinem Familienbuch traditionell und konservativ die alte Gesellschaft durch eine Stärkung der Kräfte des Beharrens in der Familie restaurieren wollte.
Auch Schelsky sieht wie ehemals Riehl in jedem Autoritätsschwund eine Überbelastung und Verletzung der alten Familienformen und wendet sich von solchem Ansatz her scharf gegen die Frankfurter Soziologenschule und damit auch gegen die von der Psychoanalyse aufgedeckte Beziehung zwischen autoritärer Er-

5) Baumert, Gerhard und E. Hünninger: *Deutsche Familien.* 1954.
6) König, René: *Die Familie der Nachkriegszeit.* 1957.
7) Schelsky, Helmut: *Wandlungen.* 1953.
8) Wurzbacher, Gerhard: *Leitbilder gegenwärtigen deutschen Familienlebens.* 1952.
9) Thurnwald, Hilde: *Gegenwartsprobleme Berliner Familien.* 1948.
10) Gehlen, Arnold: *Urmensch und Spätkultur.* 1956.

ziehung und politischem Verhalten. Er errichtet eine starre Front zwischen den Gesetzen der Privatheit in der Familie und denen der Öffentlichkeit in der Gesellschaft.
Die Kritik H. Rosenbaums am ahistorischen Charakter der vielfach angewandten institutionalistischen Methode ist weithin berechtigt. Dazu kommt, daß immer nur »die moderne Familie« im Mittelpunkt steht; historische Tatbestände werden meist nur zum Vergleich herangezogen, wenn sie nicht, wie bei der Rechtshistorikerin Hildegard Bürgin-Kreis[11], das eigentliche Thema bilden. Für die letzten 150 Jahre in der Schweiz stellt sie dar, daß sich die Familie als Rechtsgemeinschaft zu einer Gruppe von mehreren freien Rechtspersönlichkeiten wandelt, was eine Fülle gesellschaftlicher und sozialkultureller Konsequenzen nach sich zieht. Auch aus einer derartigen, wenn gleich thematisch begrenzten Studie geht hervor, daß kein Gegenstand der Familiensoziologie nur binnenfamiliär betrachtet werden kann, sondern immer entsprechend seiner Beziehung zur jeweiligen gesamtgesellschaftlichen Situation.
Die Gründe für das lebhafte Interesse am Thema Familiensoziologie in der Zeit nach dem 2. Weltkrieg sieht H. Rosenbaum[12] in der Tatsache, daß damals die Familie oft als einzige intakte Stütze für den Einzelnen übriggeblieben war und von daher eine große gesellschaftliche Relevanz besaß. Man hielt auch sozialpolitisch die Stärkung dieser Kleingruppe für absolut wichtig, hatte man doch erlebt, wie eine unüberschaubare Massengesellschaft besonders anfällig für politische Verführer gewesen war. Zudem fügte sich die Beschäftigung mit der Kleingruppe Familie in die allgemeinen Dezentralisierungstendenzen, die die gesellschaftliche und politische Arbeit in der damaligen Bundesrepublik beherrschten und die von den unterschiedlichsten politischen Richtungen her vertreten wurden.
Nach dem Abflauen der 1. Phase in der familiensoziologischen Forschung erwachte Mitte der sechziger Jahre neues Interesse für

11) Bürgin-Kreis, Hildegard: *Der Wandel der Familie in Sitte und Recht in den letzten 150 Jahren.* 1953, S. 101ff.
12) Rosenbaum, Heidi: *Familie als Gegenstruktur.* 1972, S. 3.

das Thema mit den Arbeiten von Claessens[13], Neidthardt[14], Wurzbacher[15], Oeter[16], Pfeil[17]. Eine dritte Phase ist durch die zusammenfassenden Untersuchungen der letzten Zeit, vor allem von König[18] und Schwägler[19] bestimmt.
In dem hier vorgelegten Versuch wurden Fragen der familiensoziologischen Forschung nur behandelt, soweit sie das historische Problem Familie berühren und ihrem prozeßhaften Charakter Rechnung tragen.
Die beiden eingangs zitierten Lexikonartikel verdeutlichen diese Fragestellung. Veränderungen in der ökonomischen und sozialen Struktur der Gesamtgesellschaft verändern auch die Struktur der Familie und das zwischenmenschliche Verhältnis ihrer Mitglieder. So hat Elisabeth Pfeil[20] in diesem Zusammenhang die Umwertung der Frau in neues Licht gerückt: vom Heimchen am Herd zur berufstätigen Ehefrau mit allen daraus resultierenden Änderungen des Familienlebens. Helge Pross[21] erkennt die Veränderung der wirtschaftlichen Verhältnisse als maßgebend. Den Stellenwert von Kinderzahl und »Kindersegen« sieht sie für die Vergangenheit innerhalb einer hauptsächlich ökonomiebedingten Skala, und nach deren Wegfall glaubt sie für die Gegenwart »Zufall und traditionalistische Imitation« an der Wiege der Kinder zu entdecken. Man hat Kinder, weil das so üblich ist, oft ohne sich als »Familie« der sozialkulturellen Erziehungsaufgabe voll bewußt zu werden. In der weit verbreiteten Hinführung zu kritiklosem Konsumverhalten sieht Helge Pross die Gefahr einer Orientierung hin auf autoritär-bürokratische Systeme. Die Hinwendung auf gesellschaftshistorische Zusammenhänge ist jedoch selten in der modernen Familiensoziologie.

13) Claessens, Dieter: *Familie und Wertsystem.* 1962; *Die Familie in der modernen Gesellschaft.* 1966, S. 235ff.
14) Neidthardt, Friedhelm: *Die Familie in Deutschland.* 1966.
15) Wurzbacher, Gerhard: *Die Familie als Sozialisationsfaktor.* 1968.
16) Oeter, Ferdinand (Hrsg.): *Familie und Gesellschaft.* 1966.
17) Pfeil, Elisabeth: *Die Familie im Gefüge der Großstadt.* 1965.
18) König, René: *Soziologie der Familie.* 1969, S. 172ff.
19) Schwägler, Georg: *Soziologie der Familie.* 1970.
20) Pfeil, Elisabeth: *Die Frau in Beruf, Familie und Haushalt.* 1966, S. 141-176.
21) Pross. H.: *Notizen zur gegenwärtigen Situation der Familie.* 1966, S. 128-134.

Es bleibt René Königs großes Verdienst, betont zu haben, daß die Entwicklung der sogenannten primitiven Gesellschaften und die der Hochkulturen nicht auf einer Linie abgehandelt werden kann, wie es ältere Autoren und auch die amerikanischen Kulturanthropologen immer wieder versuchten. – Lebten die von kulturellen Wandlungen nur wenig erfaßten naturvolklichen Ethnien vielfach lange Zeit im gleichen Rahmen wie ehedem weiter, so bahnte sich in Europa mit dem Christentum eine völlig neue Entwicklung an, vorbereitet in der antiken Philosophie, einmündend in die christliche Monogamie, die Treue- und Beistandspflicht zum Gebot erhob. Das ergab eine Fülle von Überschichtungsprozessen, die das jeweilige Nebeneinander verschiedener Familientypen in verschiedenen sozialen Schichten mit sich brachte. Den von Durkheim geprägten, noch evolutionistischen Begriff der »Kontraktion« ersetzt König durch denjenigen der historischen »Konvergenzerscheinung« zwischen verschiedenen Familientypen, insbesondere zwischen »Kernfamilie« und »Großfamilie« (große Haushaltsfamilie). Die Konvergenzerscheinung im ausgehenden 18. und 19. Jahrhundert bewegte sich nach König zwischen der durch die Wirtschaftsentwicklung modifizierten erweiterten patriarchalischen Familie der Ober- und Mittelklassen und der Kernfamilie der aufsteigenden Arbeiterklasse. Und diese ganz konkreten historischen Fakten waren es, die Durkheim zu seiner Kontraktionstheorie führten.
Aber auch hier hielt die Entwicklung nicht an. König betont, welche gesellschaftliche Rolle die desintegrierte Familie in der Gegenwart mit einem sich nach innen wendenden Verantwortungsgefühl für den Aufbau der sozial-kulturellen Persönlichkeit ihrer Kinder spielt mit neuen stabilisierenden Momenten[22]. Als Folgemöglichkeiten, teilweise im Zuge einer Desorganisation, wären dann nach König Überorganisation und schließlich die frühe Emanzipation der jungen Familienmitglieder zu nennen. Solche Überlegungen verraten jedoch ein Konzept, in dem eine bestimmte Familienstruktur wieder mehr oder weniger zeitlos als

22) vgl. Burgess, Ernest W.: *The Family. From Institution to Companionship.* 1945; Claessens, Dieter: *Familie und Wertsystem.* 1962.

vorgegebene Größe erscheint, als einziger Ort der jugendlichen Sozialisation, als gesellschaftlich weitgehend konstant[23]. Das Bild solcher scheinbar invarianten Vater-Mutter-Kind-Beziehungen kann durch eine sozialhistorische Beschäftigung mit der Familie neue Konturen gewinnen. Bei nüchterner Betrachtung wird sich dann ergeben, daß durchaus nicht grundsätzlich die Aura der Geborgenheit und Harmonie mit dem Topos »Familie« verbunden sein muß. Jede Gesellschaft und jede Gesellschaftsschicht hat in der Vergangenheit die ihr gemäße Form der Familie, ihren sozialen und ökonomischen Möglichkeiten entsprechend, hervorgebracht. Werturteile verbieten sich von daher ebenso wie der nostalgische Wunsch nach *der* Familie der guten alten Zeit.

Will man die Sozialgeschichte der Familie bis in die Gegenwart führen, so ergibt sich für ihre Phänomene wiederum die Notwendigkeit einer passenden sozial- und wirtschaftshistorischen Einordnung in einen gesamtgesellschaftlichen Rahmen. Das heißt z.B., daß nur für den die Bestrebungen der heutigen Jugend nach frühzeitiger Selbständigkeit gleichbedeutend mit dem »Verfall der Familie« sind, der unter diesem Begriff lediglich die alte patriarchalische Struktur versteht. Unter solchen Voraussetzungen werden dann u.a. von manchen Kritikern die Eheschließungen von Studenten umgemünzt zu »Frühehen«, die ohne gebührende »Reife« der ökonomisch ungesicherten Partner geschlossen seien. In anderen Gesellschaftsschichten bezeichnet man es jedoch durchaus nicht als Frühehe, wenn Dreiundzwanzigjährige heiraten. Tatsächlich ist es also die Gesellschaft selbst, die die bürgerlichen Maximen der Vergangenheit, z.B. die finanzielle Abhängigkeit vom Elternhaus als Ehehindernis, unverändert in die Gegenwart transponieren will. Erst solche Vorurteile schaffen die Vorbedingungen für die weitgehende Ablehnung der Studentenehe in der Öffentlichkeit[24].

Kein Wunder, wenn in einem Teil dieser jungen Familien der

23) vgl. hierzu die Auseinandersetzung H. Rosenbaums mit der Familiensoziologie im 3. Teil ihres Buches: *Familie als Gegenstruktur* 1973, S. 106ff.

24) ausführlich dazu Bimmer, Andreas C.: *Traditionelles Verhalten als Konstitutivum autoritärer Strukturen.* 1972.

Verlobung 1862 und 1972

Wunsch nach Befreiung von gesellschaftlichen Traditionen übermächtig wird und manchmal nach ungewöhnlichen Zeichen verlangt. Das Bedürfnis nach frühzeitiger Emanzipation und selbständiger Persönlichkeitsentfaltung ohne Verwandtenkontrolle muß sich nicht unbedingt familienfeindlich auswirken, wenn man den Begriff »Familie« nicht statisch, sondern gesellschaftsdynamisch versteht.

Neue Formen der Familiengestaltung drücken sich heute in vielen jungen Familien vor allem in der Abkehr von der alten Verteilung der Machtpositionen nach dem patriarchalisch-autoritären Familienmodell aus. Hier spielt für den Bereich der familiären Erziehung die Ablehnung der Prügelstrafe eine entscheidende Rolle, die ja erst 1971 an deutschen Schulen endgültig verboten wurde.

Daß sie in vielen Familien jedoch weiterhin zum normalen Ritual gehört, – dafür bietet Walter Hävernick in seinem berechtigterweise stark kritisierten Buch »Schläge als Strafe«[25] eine geradezu horrende »wissenschaftliche« Legitimierung. Er bezeichnet auch

25) Hävernick, Walter: *»Schläge« als Strafe.* 1964, S. 24ff. usw.

für die Gegenwart das planvolle Schlagen der Kinder und Jugendlichen im Familienbereich als »von der Sitte gebilligte feste Form des Strafvollzuges«, der von den Jugendlichen als Teil des elterlichen Schutzes empfunden und akzeptiert würde! Damit wiederholt sich wieder einmal die alte Vorstellung von der Familie als einer Institution, die unabhängig von den Bewegungen der Gesamtgesellschaft in traditionellen Verhaltensmustern beharren solle. Hävernicks ahistorische und undynamische Auffassung dessen, was »Sitte« sei, führt ihn weiterhin zur unreflektierten Verteidigung von groben Auswirkungen der rein kräftemäßigen Überlegenheitsverhältnisse im Elternhaus und damit zur scheinwissenschaftlichen Verteidigung eines autoritären Prügelprinzips überhaupt[26], wie es in vergangenen Jahrhunderten zur Norm gehört haben mag: Nicht Erziehung als Prozeß des Autonomwerdens, sondern Schläge als selbstverständlicher Teil der sogenannten elterlichen »munt«. Die Vorstellung, daß Gewalt unter bestimmten Prämissen gerechtfertigt sei, wird so dem Kind in früher Jugend mit den Schlägen gewissermaßen eingebleut. Was eine solche Auffassung von den Möglichkeiten der innerfamiliären Kommunikation für die Entwicklung der Kinder bedeutet, hat Hävernick nur in konservativstem Sinne zu Ende gedacht.

> »Denn Menschen, die schon als Kinder nur auf die Dimension von Befehlen und Gehorchen eingeschworen wurden, finden später nichts Außergewöhnliches am Quälen und Gequältwerden, am Vernichten und Vernichtetwerden, am scheinbar zufälligen, schicksalhaften Spiel von Macht und Ohnmacht; insbesondere dann nicht, wenn das Kollektiv ökonomisch in Bedrängnis gerät. Der Zusammenhang von Demokratie und Erziehung unter den gegebenen gesellschaftlichen Verhältnissen ist so beunruhigend, daß man Hävernicks Thesen nicht unkommentiert lassen kann. Denn eine Gesellschaft, die durch Prügel – und seien sie normiert – in ihren Fugen gehalten werden soll, ist danach«[27].

Aber abgesehen von solchen negativen Konstituanten eines autoritär-patriarchalischen Familiengeistes haben sich auch andere

26) kritische Äußerungen dazu bei Bimmer, Andreas C.: *Traditionelles Verhalten als Konstitutivum autoritärer Strukturen.* 1972, S. 73ff. und besonders bei Horn, Klaus: *Dressur oder Erziehung.* 1967.
27) ebda., S. 17.

Die Fernsehfamilie

Elemente und Vorstellungen erhalten, haben bürgerliche Verhaltensmuster der Vergangenheit in einer zeitlichen Phasenverschiebung auf dem Lande Eingang gefunden. Dazu trugen in nicht geringem Maße die Familienfernsehsendungen bei, die das standardisierte Bild von einer bürgerlich utopischen »heilen Welt« mit ihrer »naturgegebenen« hierarchischen Generationsschichtung in die Wohnstuben der Landbevölkerung flimmerten[28].

Damit wurden Vorbilder für ein altüberkommenes Familienbewußtsein vermittelt und mancher Ansatz zu verändertem und angepaßtem Denken im Keime erstickt. Gerade der leitbildgebende

28) Schäfer, Harald: *Strukturuntersuchungen zur Situation der Familie.* 1973. Der Verfasser untersucht diese Vorgänge am Beispiel der »Familie Hesselbach«.

Einfluß der Massenmedien auf die Familienmodelle harrt noch der gründlichen Erforschung als Grundlage für angewandte Sozialisationsmaßnahmen auf diesem Gebiete.
Die Landfamilie jedenfalls war und ist hier z.T. fremden Vorbildern konfrontiert, was Denken und Verhalten, aber auch Kleidung, Wohnungseinrichtung usw. anbetrifft, – Vorbildern, die ihrerseits zumeist wieder auf überholten bürgerlichen Normen beruhen.
Daneben aber haben sich gerade auf dem Dorfe noch vielerlei traditionelle Familienbräuche erhalten, wenn auch zuweilen in neuen Kombinationsmustern und verändertem sozialen Zusammenhang.
Denn neben den großen Familien der Aristokratie und den »schönen« Familien des Großbürgertums, in denen Zusammenhalt und Familiensinn gleichbedeutend sind mit Macht und Geld, bewahrt sich der Familiengeist in der Gegenwart am stärksten auf dem Lande und in der Kleinstadt. Geburtstage, Hochzeiten, Einsegnungen und Begräbnisse sind hier noch wirkliche große Familienzusammenkünfte, wenn auch die Verwandtenkontrolle und -mitsprache vornehmlich verbalen Charakter erhalten hat und sich meist auf Klatsch reduziert. Aber die gegenseitigen Besuche der weiteren Verwandtenkreise zu diesen Gelegenheiten sind obligatorisch. Viele Kannen voll Kaffee werden gekocht, Massen von Torten aus den Beständen der Tiefkühltruhe gefertigt und am Abend Schnitzel und Schaschlik serviert.
Einige dieser Familienfeiern wie Hochzeit und Begräbnis haben auf dem Lande immer eine große familienverbindende Funktion besessen. Mit dem Leichenschmaus als Zeichen, daß das Erbe angetreten wurde, muß bis heute in vorgeschriebener Speisenfolge die Trauergemeinde bewirtet werden[29]. Die Kleidungsbräuche der Trauer waren jedoch weit über den Termin des Sterbefalles hinaus bedeutsam und verpflichteten die Familienangehörigen zu einer äußeren Zeichensetzung, die bei vielen Trachten den Verwandtschaftsgrad und das Maß der Trauer über 2-4 Jahre erken-

29) Freybe, Albert: *Das alte deutsche Leichenmahl.* 1909; Wiegelmann, Günter: *Alltags- und Festspeisen.* 1967, S. 176ff., S. 209ff.

Die »schönen« Familien des Großbürgertums – die ländliche Familie

nen ließen. Von der »harten Trauer« in stumpfem Schwarz reichten die dörflichen Vorschriften zu den Übergangsstadien mit weißen Farbelementen, zeigten Kleidung und Zubehör bis hin zu den farbigen Tragkörben z.B. in der hessischen Schwalm das Maß der Trauer.

Wohl diktiert die Gesellschaft auch den städtischen Menschen einen bestimmten Kleidungsstil beim Todesfall seiner Angehöri-

Statt besonderer Anzeige

Heute morgen entschlief nach schwerem, mit Geduld ertragenem Leiden mein lieber Mann, unser treusorgender Vater, Opa, Schwiegervater, Bruder, Schwager, Onkel und Pate

Adam Gärtner

* 11. 2. 1907 † 26. 1. 1973

In stiller Trauer:
Katharina Gärtner, geb. Klingelhöfer
Ludwig Gärtner
Johannes Gärtner und Frau
Else, geb Gärtner
Wilhelm Jung und Frau
Anna, geb. Gärtner
Anita, Ralf, Gerd, Elke, Andrea, Martina

Treysa, Marburger Straße 110, den 26. Januar 1973

Die Beerdigung findet am Montag, dem 29. Januar 1973, um 13.30 Uhr von der Friedhofskapelle Treysa aus statt.

Ländliche Todesanzeige

gen. Doch kann er sich bis zu einem gewissen Grade von solchen Etiketten emanzipieren und tut es heute in zunehmendem Maße. Die dörfliche Ordnung dagegen war unerbittlich und ist es z.T. noch heute. Den Maßen der »harten Trauer«, der »Halb- und Vierteltrauer« entspricht in den Trachten eine ganze Skala von Tüchern, Hauben, Schürzen und in der hessischen Schwalm gar Schuhschnallen, die bei Trauer oval und nicht eckig sein dürfen[30]. Solche Trauersitten und -normen erweisen sich als Verhalten häufig stärker als die Tracht selbst und werden nach deren Ablegen auf die bürgerliche Trauerkleidung übertragen.
Auch andere Elemente bürgerlichen Familienverhaltens haben Eingang auf dem Lande gefunden und sich mit den dort herrschenden Denkweisen zu neuen Formen verbunden. Dazu gehören vor allem gedruckte Traueranzeigen in der Lokalzeitung. Sie

30) vgl. Weber-Kellermann, Ingeborg und W. Stolle: *Volksleben in Hessen 1970.* 1971, S. 53f. und die dazu angeführte Literatur.

Für die vielen Glückwünsche, Blumen und Geschenke zu meiner

Konfirmation

möchte ich mich, auch im Namen meiner Eltern, recht herzlich bedanken.

Kerstin Benkel

Laudenbach, Heppenheimer Str. 6, im April 1968

Herzlichen Dank, auch im Namen meiner Eltern, allen, die mich zu meiner

Konfirmation

so überaus reichlich mit Glückwünschen, Blumen und Geschenken erfreut haben.

Luise Kämmerer

Fronstadt/Lahn, im April 1968
Stöcksweg 27

Für die vielen Glückwünsche, Blumen und Geschenke zu meiner

Konfirmation

bedanke ich mich, auch im Namen meiner Eltern, recht herzlich.

Gabriele Walch

Hattersheim, Goethestr. 9
im April 1968

Für die vielen Blumen, Glückwünsche und Geschenke zu meiner

Konfirmation

danke ich, auch im Namen meiner Eltern, recht herzlich.

Klaus Rüggert

Okriftel, im April 1968
Am Krummweg 16

Für die vielen Glückwünsche und Geschenke zu meiner

Konfirmation

danke ich, auch im Namen meiner Eltern, recht herzlich.

Rolf Rathscheck

Hofheim Nr. 29, im April 1968

Herzlichen Dank sage ich allen, auch im Namen meiner Eltern, die mich anläßlich meiner

Konfirmation

so zahlreich mit Glückwünschen und Geschenken erfreut haben.

Alexandra Brück

Neu-Isenburg, im April 1968

Konfirmationsbedankungen

zeigen neben Gedenkversen der seit dem 19. Jahrhundert beliebten Lesebuchpoesie vor allem den Verwandtenbereich, in dem der Verstorbene gestanden hat, und offenbaren damit ein ausgeprägtes Familienbewußtsein. Alle Verwandtschaftsgrade, aus denen der Tote herausgestorben ist, werden hier angegeben, und auch der »Pate« darf nicht fehlen, ist doch das Patenverhältnis für die ländliche Familienbindung von ganz besonderer Bedeutung[31].

Gedruckte Familienanzeigen bieten die seltene Gelegenheit, die Familie in der Zeitung veröffentlicht zu finden. Das mag ein Motiv für eine ländliche Innovation sein, die mit jedem Jahr an Intensität zunimmt: die Dankesanzeige bei Trauerfällen, aber auch für Glückwünsche und Geschenke zur Konfirmation. Hier zeigt sich der eingesegnete Jugendliche mit seiner gedruckten Unterzeichnung zum ersten Mal offiziell als selbständige Person. Zugleich sind diese Anzeigen, die tagelang ganze Seiten der Lokalzeitungen bedecken, ein Zeichen für die Ausmaße, zu denen Konfirmationsfeiern angewachsen sind. Sie bilden für die ländliche und kleinbürgerliche Familie vor der Hochzeit die letzte große Zusammenkunft, die ganz auf das heranwachsende Kind abgestimmt ist.

In der Großstadt gelten Einsegnungen nicht so ausschließlich als Familienfeste, sondern umfassen auch die »gemachten Gemeinschaften«: Freunde, Schulgenossen, Berufs- und Vereinskollegen. Die Befreiung von der rein familiären Gebundenheit beginnt hier häufig früher. Doch dürfen solche Bemerkungen nicht zu der pauschalen Vorstellung führen, als ob die Familie in der Großstadt keine Rolle mehr spiele. Elisabeth Pfeil hat nachgewiesen[32], daß in der Großstadt die Familie vielfach funktionsreicher geblieben ist, als man das zunächst annehmen konnte, wenn sich auch – nach Pfeil – Familie und öffentliches Leben voneinander entfernen. Aber sowohl an dieser Aussage wie an mancher anderen über die städtische Nachkriegsfamilie wären aufgrund neuer empirischer Forschungen Korrekturen anzubringen und das Klischee der vorherrschenden Desintegrationserscheinungen zu berichtigen. Die Veränderungen können auch in die positive Richtung weisen. Das betrifft besonders die freiere Lebenslandschaft der Frau in der Gegenwart. Moderne Technik und Medizin haben

31) vgl. Staudt, Reinhold: *Studien zum Patenbrauch in Hessen.* 1958.
32) Pfeil, Elisabeth: *Die Großstadtfamilie.* 1973, S. 155ff.

sie von vielen binnenfamiliären Aufgaben entlastet, die ihre Mütter und Großmütter zu bewältigen hatten. Diesen freien Raum muß sie ihren Fähigkeiten entsprechend ausfüllen lernen, ohne daß ihr ständig das mahnende Leitbild der sogenannten »Familienmutter« und »guten Hausfrau« vor Augen gehalten wird[33]. Frau und moderne Familie brauchen den Beruf, in dem sich die Frau wohl fühlt und Bestätigung für ihre Fähigkeiten finden kann. Aber was geschieht dann mit den Kindern, und wie wird die Familie unter solch veränderten Voraussetzungen ihren Sozialisationsaufgaben gerecht? Die Heranziehung der Großmütter und damit das modifizierte Wiederaufleben einer Dreigenerationenfamilie muß nicht der einzige Ausweg sein, wenn die Frau ein Rollengleichgewicht in der Ehe anstrebt und ihrem Beruf nachgeht. Es gibt auch Ansätze zu neuen Entwicklungen, bei denen die Ehemänner in einer modernen Aufgabenteilung mit ihren Frauen partnerschaftlich kooperieren. Überall entschließen sich Eltern-Kinder-Gruppen, Initiativkreise und Wohngemeinschaften, in dieser Richtung zu experimentieren[34]. Es geht dabei um die Einübung von neuen Formen des Zusammenlebens, die allerdings sämtlich zunächst noch den Charakter des Vorläufigen haben.

So tritt an die Stelle der bürgerlichen Verlobung mehr und mehr die Ehe auf Probe[35] oder eine andere Form der vorehelichen Monogamie. Die ist allerdings häufig so streng, daß sie auch harmlose Formen jugendlicher Geselligkeit empfindlich lähmen kann, wenn z.B. auf Parties jeder nur ausschließlich mit seinem Partner tanzt, – Verhaltensweisen, die der vorhergehenden Generation ganz unbekannt waren.

Die persönlichen Beziehungen sind also enger geworden, und freie Gefühlsäußerungen zwischen den Partnern gehören zur Selbstverständlichkeit. Schon in der frühen Phase des Zueinanderfindens distanziert man sich in seinem privaten Raum von verwandtschaftlicher Kontrolle. Das kann man um so eher, als für

33) Über die Befreiung der Frau durch die Mittel der modernen Zivilisation vgl. u.a. Spiegel-Bericht »Die deutsche Frau« Nr. 52, 1966, S. 42-56.

34) Richter, Horst Eberhard: *Konflikte und Krankheiten der Frau.* 1973, S. 301.

35) vgl. Reportage im *Stern* 38 vom 13.9.1973.

MIT FREUDE GEBEN WIR DIE VERMÄHLUNG
UNSERER KINDER EDDA UND JOACHIM BEKANNT

ANNEMARIE NEUMANN geb. Schuchardt

Oberlandforstmeister a. D. Dr. JOHANNES HELLFRISCH
und FRAU EDITH geb. Keller

356 Stiegenkopf
Grünewaldstraße 14

5928 Strahlau
Am Schloßberg 10

die Jugendlichen das eigene Fortkommen im Mittelpunkt des Interesses steht und das Verdienenkönnen im allgemeinen Arbeitsleben kein Problem darstellt. So verlieren Konflikte mit dem Elternhaus ihre Schrecken. »Autorität im Hause nimmt einen irrationalen Zug an«[36].

Wenn das Bedürfnis nach ökonomischer und damit auch psychischer Unabhängigkeit in der jungen Generation immer früher nach Ausdruck verlangt und sich auch tatsächlich artikuliert, so wird damit wohl die alte patriarchalische Familie mit ihren Tabus und Autoritätsstrukturen ihr Ende finden. Aber es können sich neue freiere Familien- und Sozialisationsformen bilden, die sich andere Maßstäbe und Ziele setzen.

Es kann nicht der Sinn dieses sozialhistorischen Überblicks sein, hier einen vollständigen Katalog zu bieten oder gar Prognosen zu stellen. Erwähnt seien die tastenden Versuche der sogenannten modernen »Großfamilien« oder Kommunen, die sich allerdings bisher kaum durchsetzen oder auch nur bewähren konnten[37]. Ihre Nachfolger sind von der ökonomischen Seite her die Wohngemeinschaften, die besonders die Studenten in Anbetracht der oft katastrophalen Zimmerprobleme an Hochschulorten prakti-

36) Horkheimer, Max: *Autorität und Familie in der Gegenwart.* 1973, S. 81.
37) vgl. dazu Claessens, Dieter u. F.W. Menne: *Zur Dynamik...* 1970, S. 169ff.

WIR HEIRATEN

JOACHIM HELLFRISCH
EDDA HELLFRISCH geb. NEUMANN

DIE TRAUUNG FINDET AM 24. OKTOBER 1970
UM 17 UHR IN DER STADTKIRCHE IN STIEGENKOPF STATT!

Wir haben unseren Kram zusammengeschmissen.

Marianne Neuhaus-Lambrusky
Martin Krauskopf

August 1971

89 Aschaffenburg, Roseggerstraße 11

Konventionelle und unkonventionelle Vermählungsanzeigen

zieren; – von der erzieherischen Seite her die Eltern-Kind-Gruppen, die sich vielerorts zusammenschließen. Es handelt sich hier also um so etwas wie praktikable »Kunstfamilien« oder um erweiterte Familienkreise mit neuem Funktionsbereich. Auf der gleichen Linie einer kooperativen Mehrfamilienvorstellung liegen Projekte, die die Bauherren in Zukunft verpflichten sollen, Kinderspielplätze und spezielle gemeinsame Spielzimmer auf den einzelnen Etagen in Mehrfamilienhäusern einzuplanen. Das führt zu der Konsequenz, daß die Familie, wenn sie aus ihrer gesellschaftlichen Abschirmung heraustritt, nicht mehr die einzige Sozialisationsinstanz sein kann. Doch müssen derartige Funktionsverluste nicht ihre Auflösung bedeuten.

Was aufhören wird und schon vielfach aufgehört hat, das ist die unmittelbare persönliche Abhängigkeit, wie sie zum bürgerlichen Familienideal gehörte und von diesem Modell her auf zahlreiche andere Formen der bürgerlichen Gesellschaft ausstrahlte. Das Wort von der totalen Demokratisierung des Lebens beinhaltet auch für die Familie eine freie Bahn, die viele gangbare Möglichkeiten offen läßt, ohne daß sich ein verbindlicher Typus festlegen ließe.

Die Beobachtung dieser Entwicklungen, die sich bereits in einer großen Menge von soziologischer Literatur niedergeschlagen hat, ist heute intensiver und gründlicher, als sie dem Phänomen Familie je in der Vergangenheit zuteil geworden ist. Damit werden in Zukunft auch ihre kulturellen Leistungen verbindlicher in ihrem sozialen Kontext gedeutet werden können.

VI.
B Exkurs:
Die deutsche Bürgerfamilie und ihre weihnachtlichen Verhaltensmuster

Zahlreichen Menschen der jungen Generation – und nicht nur ihnen – ist das Weihnachtsfest in seiner heutigen Form fatal. Warum? Wegen des oft zitierten Konsumterrors? Der falschen Sentimentalität? »Es gibt viele seriöse Leute, die mit Weihnachten unzufrieden sind«, – so begannen die Tübinger Volkskundler vor ein paar Jahren ihre originelle Weihnachtsmannperversion, Versuch einer Entmythologisierung der weihnachtlichen Vaterfigur, die im Zwielicht von Innerlichkeit und Geschäftsinteresse stehe. Man kann auch weitergehen und die Beziehung zwischen dem Typus der bürgerlichen Kernfamilie und unserem deutschen Weihnachtsfest analysieren, dessen kulturelle Ausformung mit all ihren Qualitäten wie auch problematischen Momenten die Bürgerfamilie des 19. Jahrhunderts hervorgebracht hat (s. S. 112). Die volkskundliche und germanistische Forschung freilich wollte das lange Zeit nicht wahrhaben. Weihnachten mußte irgendwie »uralt« sein, und so beschäftigte man sich vornehmlich damit, die germanischen und christlichen Bestandteile des deutschen Weihnachtsfestes mühsam auseinanderzuflechten. Denn seit den Brüdern Grimm galt der Grundsatz, daß die wertvollen Kulturerscheinungen und -traditionen der Gegenwart stets in dauernder Kontinuität bis in das germanische Altertum zurückzuverfolgen seien. Das sollte auch für das Weihnachtsfest zutreffen, und so interpretierte man den Lichterbaum als Kultbaum des Mittwinterfestes, als Weltenesche des germanischen Mythos. Solche kühnen Verbindungsketten lagen dem Geist des Nationalsozialismus nahe, der das populäre Weihnachtsfest zum germanischen Julfest umzufunktionieren suchte. Auch der Weihnachtsmann wurde zum Teilhaber des germanenfreundlichen Kontinuitätsdenkens, und noch in einem gut ausgestatteten und in hoher Auflage erschienenen Weihnachtsbuch des Jahres 1962 ist zu lesen, daß der Knecht Ruprecht auf Odin, den Göttervater, zurückzuführen sei, – in christlicher Zeit späterhin zum »Knecht Ruprecht« herabgesunken, nicht mehr als Gott verehrt, aber immerhin noch als »ruhmglänzender« Gabenbringer[1].

Nun: derartige Interpretationen sind in dieser Form nicht aufrechtzuerhalten und ohne Sinn. Feste werden von Gruppen gestaltet als kulturelle Funktion der ökonomischen Basis dieser Gruppen. Das ist ihre strukturelle gesellschaftliche Bedeutung. Selektiert man jedoch einzelne Elemente zum Zwecke der Deutung, entsprechend den subjektiven Auswahlprinzipien des jeweiligen Forschers, und reißt sie damit aus ihrem funktionalen Zusammenhang heraus, so führt das allzu leicht zur Ideologisierung in der einen – germanisch-heidnischen – oder anderen – der christlichen – Richtung.

Im Mittelpunkt der strukturell geordneten häuslichen Weihnachtszeremonie und Kinderfreude steht der lichtergeschmückte *Tannenbaum.* Wohl hat es immer schon den Brauch gegeben, zur Feier der Jahreswende die Häuser mit grünen Zweigen zu schmücken. Die Römer zierten ihre Häuser zu den Kalenden mit Lorbeerzweigen, und auch für das mittelalterliche Deutschland ist solcher Grünschmuck aus vielerlei Quellen getreulich belegt. Aber Weihnachtsbäume waren das nicht. Als geschenktragende Schüttelbäume erscheinen sie erstmals in den Zunftstuben der Reformationszeit[2], also noch nicht vornehmlich im Zusammenhang mit der Familie. Neben der bürgerlichen Handwerkerwelt tritt dann später ein weiterer sozialer Kreis als Träger weihnachtlicher Baumbräuche ins Blickfeld: die europäischen Fürstenhöfe. 1708 schrieb Liselotte von der Pfalz sehnsüchtig aus Paris von den lichtergeschmückten Buchsbäumchen, die in ihrer Jugend am Hannoverschen Hofe üblich gewesen seien. Hundert Jahre später, 1816, führte eine gebürtige nassauische Prinzessin und spätere Erzherzogin den brennenden Weihnachtsbaum am österrei-

1) Riemerschmidt, Ulrich: *Weihnachten. Kult und Brauch – einst und jetzt.* Hamburg 1962, S. 27.
2) Spamer, Adolf: *Weihnachten in alter und neuer Zeit.* Jena 1937, S. 71ff.

Queen Viktoria und Prinzgemahl Albert unter dem Weihnachtsbaum

chischen Hofe ein; 1830 brachte ihn Caroline, die Gemahlin Ludwigs I., in die Münchner Residenz; 1840 entzündete die deutschgebürtige Herzogin von Orléans einen Weihnachtsbaum in den Tuilerien, und an den englischen Königshof kam die Sitte durch Albert, den deutschen Gatten der Queen Viktoria. 1820 war der Weihnachtsbaum in die Prager Adelspaläste gewandert, zur gleichen Zeit über Dänemark an die norwegischen Adelshöfe, und auch in Rußland feierten die Aristokraten das Weihnachtsfest unter dem Lichterbaum. Im Volke aber hatte sich in Deutschland der Weihnachtsbaum um diese Zeit noch keineswegs durchgesetzt, und es dauerte eine beträchtliche Zeit, bis es endlich dazu kam. Zunächst war es nur die bürgerliche Oberschicht, die sich aus den Geschenk- und Umgangsbäumen der Zünfte allmählich ihren eigenen Weihnachtsbaum entwickelte und nach seltsamen Umwegen endlich die Verbindung zwischen immergrünem Baum und Licht vollzog.

Im 19. Jahrhundert verbreitet sich der Brauch, einen Weihnachtsbaum zu entzünden, dann mehr und mehr bei den Bürgerfamilien in den Städten, aber richtig populär auch im Kleinbürgertum wurde er erst nach dem Krieg von 1870/71, als er auf den Wunsch des preußischen Königs in den Unterständen und Lazaretten aufgestellt worden war. Danach allerdings vollzog sich seine Ausbreitung mit lawinenartigem Tempo, – von den Städten mit ihren verschiedenen Bevölkerungsschichten auch auf die Dörfer.

Das Entzünden des Weihnachtsbaumes hinter verschlossener Tür im Kreise der Kleinfamilie nun entsprach dem Bedürfnis nach Intimität und Abschließung nach außen, das kennzeichnend war für das bürgerliche Familienleben des 19. Jahrhunderts. Um diesen zeremoniellen Mittelpunkt rankte sich ein fast liturgisch anmutendes festliches Programm, das in vielen Familien bis in die Gegenwart gültig geblieben ist: unter Benutzung zahlreicher traditioneller Requisiten (grüner Zweig und Licht, gemeinsamer Gesang und Spiel, Geschenke, gemeinsames Mahl, gemeinsamer Trunk) gestalten die Eltern als Frucht langer Vorbereitungen einen Abend familiärer, verinnerlichter Harmonie, mit der sie alle Konflikte beschwichtigen und für einige Stunden die Utopie einer heilen Welt hervorzaubern möchten.

So wurde der Heiligabend der bürgerlichen Familie unter dem Weihnachtsbaum zu einer Art von Institution mit geheiligten, kultivierten und tabuierten Verhaltensnormen im Dienste der Stabilisierung eines patriarchalischen Familienideals. In strenger Ordnung folgten einander die Programmpunkte: nach dem Kirchgang entzündet der Vater die Weihnachtskerzen; ein Glöckchen erklingt, und die Kinder betreten das Weihnachtszimmer; Weihnachtswünsche und Familienküsse beschwören den Familienfrieden; Hausmusik, Weihnachtspotpourri und Weihnachtsgedichte müssen zuweilen noch *vor* dem Empfang der Geschenke vorgetragen werden. Und dann kommen die Gaben, die in manchen Familien Weihnachtsmann oder Knecht Ruprecht persönlich bringen, gehören doch auch diese anonymen Gabenbringer zur bürgerlichen Institution Weihnachten. Das Erscheinen eines Knecht Ruprecht im großbürgerlichen Hause der Buddenbrooks hat Thomas Mann geschildert:

»... nachmittags im Wohnzimmer... wurde wie alljährlich und doch auch diesmal ganz überraschenderweise ein ›alter Mann‹ gemeldet, welcher ›nach dem Kleinen frage‹. Er wurde hereingebeten, dieser alte Mann, und kam schlürfenden Schrittes in einem langen Pelze, dessen rauhe Seite nach außen gekehrt und der mit Flittergold und Schneeflocken besetzt war, ebensolcher Mütze, schwarzen Zügen im Gesicht und einem ungeheuren weißen Barte, der wie die übernatürlich dicken Augenbrauen mit glitzender Lametta durchsetzt war. Er erklärte, wie jedes Jahr, mit eherner Stimme, daß *dieser* Sack – auf seiner linken Schulter – für gute Kinder, welche beten könnten, Äpfel und goldene Nüsse enthalte, daß aber andererseits *diese* Rute – auf seiner rechten Schulter – für die bösen Kinder bestimmt sei... Es war Knecht Ruprecht. Das heißt natürlich nicht so ganz und vollkommen der echte und im Grunde vielleicht bloß Barbier Wenzel in Papas gewendetem Pelz; aber soweit ein Knecht Ruprecht überhaupt möglich, war er dies, und Hanno sagte auch dieses Jahr wieder, aufrichtig erschüttert und nur ein- oder zweimal von einem nervösen und halb unbewußten Aufschluchzen unterbrochen, sein Vaterunser her, worauf er einen Griff in den Sack für die guten Kinder tun durfte, den der alte Mann dann überhaupt wieder mit sich zu nehmen vergaß.«

Was hat es nun mit den weihnachtlichen *Schenkriten* auf sich? In einem der Fragebogen des »Atlas der deutschen Volkskunde«, der seit 1927 Verbreitungskarten im Sinne der Kulturraumforschung erarbeitete, heißt es im Zusammenhang mit der Weihnachtsbescherung: »Wer bringt am Heiligen Abend nach der Meinung der kleinen Kinder die Geschenke?«[3].

Diese Frage spiegelt die verbreitete Meinung wider, daß zum weihnachtlichen Termin die Kinder in Unwissenheit über die Spender ihrer Geschenke bleiben sollen, daß die Rollen der wahren Geber – Eltern, Großeltern, Paten usw. – von Ersatzfiguren besetzt werden, denen Wunsch und Dankbarkeit der Kinder stellvertretend gelten. Die Antworten aus allen Schulorten des damaligen Deutschland haben in schöner Klarheit die Machtbereiche der Gebergestalten für die Zeit um 1930 abgegrenzt:

Zu Weihnachten teilten sich »Weihnachtsmann« und »Christ-

3) *Atlas der deutschen Volkskunde.* Neue Folge, hrsg. von Matthias Zender, Erläuterungen Bd. I, Marburg 1959-1964, S. 25.

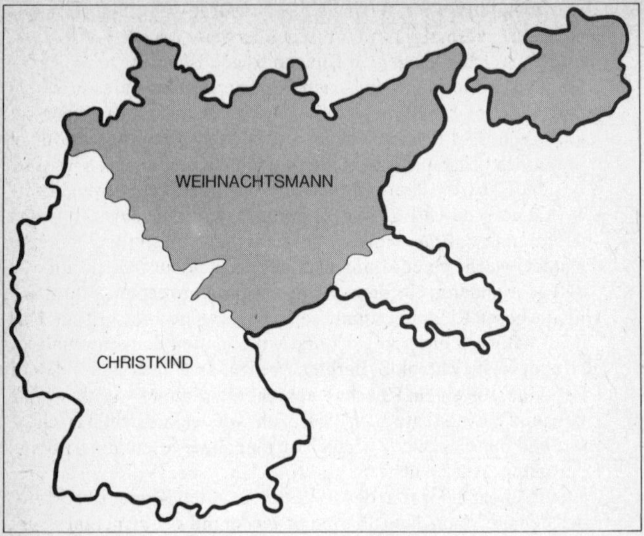

Verbreitungskarte von 1930

kind« in die Ehre, Geschenke zu bringen. Das Christkind schenkt in ganz West-, Südwest- und Süddeutschland genau bis zur westfälisch-friesischen, hessisch-niedersächsischen, hessisch-thüringischen, bayrisch-thüringischen Grenze und wandert dann durch Südthüringen und das südliche Sachsen bis nach Schlesien. Der Weihnachtsmann dagegen bringt seinen Gabensack uneingeschränkt im gesamten mittel-, nord- und ostdeutschen Gebiet und muß lediglich in Thüringen in verstärktem Maße den Knecht Ruprecht neben sich dulden. Die auf den ersten Blick sichtbare grobe Zuordnung des Christkindes zum katholischen, des Weihnachtsmannes zum protestantischen Bereich genügt nur oberflächlichen Ansprüchen. Denn der Befund von 1930 dokumentiert gewissermaßen den Abschluß einer Entwicklung, die sich im 19. Jahrhundert vollzogen hat und zu einer Umkehr der ehemals herrschenden Situation führte, nach der gerade das »weibliche« Christkind für die evangelischen und die männliche Nikolausgestalt für die katholischen Gebiete als Gabenbringer gegolten hatten, wobei sich der Beschertermin von Nikolaus auf Weihnachten verschob und die bürgerliche Familie ihren Heilig-Abend-Kult entfaltete[4].

Es erhebt sich bei einer kulturhistorischen Betrachtung sogleich die Frage nach Charakteristik und Alter der Gestalten, ist doch das gabenbringende Christkind keineswegs identisch mit dem neugeborenen Erlöserkind in der Wiege. Vielmehr scheint es jenen vielfältigen Umzugsbräuchen zu entstammen, in denen außer Maria und Joseph mit dem Jesuskind engelhafte Gestalten als Herolde und Begleiter mitgingen, weißgewandete Mädchen mit offenem Haar, deren Anführerin das häufig verschleierte »Christkind« war. Ohne hier auf die Vielfalt dieser Gestaltengruppen eingehen zu wollen, sei angedeutet, daß die Vorbilder der frommen »Umzugchristkinder« in Kirchendarstellungen und Engelsbildern zu sehen sein mögen. Frühzeitig entwickelten sie während ihres Stuben- oder Gassenspieles in bescheidenem Maße ihre gabenbringende Funktion, wenn sie heimlich von den Eltern vorher zugesteckte kleine Geschenke und Leckereien an die andächtigen Kinder verteilten. Im thüringisch-sächsischen Gebiet vermischten sich die Namen »Christkind« und »Heiliger Christ« für die gleiche Gestalt des weißgekleideten und häufig auch verschleierten weiblichen Gabenbringers. Dessen Tradition reicht jedoch nicht weiter als bis zum 16. Jahrhundert zurück, da Luther energisch den populären katholischen Kirchenheiligen St. Nikolaus mit seinem kräftigen Kultbereich zurückzudrängen und durch den »Heiligen Christ« zu ersetzen suchte. Noch 1535 und 36 treten in den Lutherschen Haushaltsrechnungen Beträge auf für Niclasgeschenke an die Kinder und das Gesinde zum 6. Dezember, – deutliche Zeugen des damals selbst noch im Hause des Reformators geübten Schenkbrauches. Zehn Jahre später sind solche Angaben verschwunden zugunsten der Geschenke des »Heiligen Christ« am Weihnachtstag.

Für das Lutherland Thüringen nun ist es leicht nachzuweisen, wie wenig die Ersetzung des papistischen Bischofsheiligen durch einen »lieben heiligen frommen Christ« gelungen ist. Solch blutar-

4) Weber-Kellermann, Ingeborg: *Über den Brauch des Schenkens.* 1968, S. 1ff.

mer und gesichtsloser Anonymos konnte die auf Konkretisierung drängende Volksphantasie kaum befriedigen. Sie schuf sich unmittelbar eine Verkörperlichung dieses Begriffes in Gestalt eines lichten verschleierten weiblichen Christkindes, das nun auch in den Kerngebieten des Protestantismus als Gabenbringer an die Stelle des Nikolaus trat.

Der Weg von jenem Einkehrspiel-Engel zur Symbolgestalt des schenkenden Christkindes war leicht zu finden. Er führte in die gleiche Richtung wie die gesamte Wandlung der alten Kirchen- und Mittwinterfeier mit ihren dörflichen Umzugsbräuchen zum häuslichen Familien- und Kinderfest.

Aber noch ausdrucksvoller bezeugt der andere große Gabenbringer, der *Weihnachtsmann,* solche Umformungen als Zeichen der Sozialgeschichte des 19. Jahrhunderts. Äußerlich vereinten sich in ihm alle Eigenschaften der mittwinterlichen Nikoläuse und rauhen Perchten. Die ihn nun hauptsächlich auszeichnende schenkende Funktion hat ihr Vorbild in einer der Nikolauslegenden, in der der Heilige drei Töchter eines verarmten, aber frommen Edelmannes auf wunderbare Weise ausstattet, so daß sie sich glücklich verheiraten können[5], – Züge, um die sich ein reich ausgestattetes, klösterlich-mittelalterliches Schenkbrauchtum in ganz Westeuropa entfaltete.

Aber noch andere Legendenelemente haben die Gestalt des Nikolaus und damit auch die des Weihnachtsmannes geprägt. Da ist St. Nikolaus als Patron der Schiffer und Kaufleute, dessen Verehrung sich an den großen See- und Handelsstraßen entlangzieht, nachdem im Jahre 1087 apulische Kaufleute die Gebeine des großen ostkirchlichen Heiligen auf abenteuerlichem Wege aus Kleinasien nach Bari entführt hatten. Und da ist die Legende des Bischofs von Myra, der drei arme wandernde, von einem bösen Gastwirt im Walde zerstückelte Scholaren wieder zusammenflickte und zum Leben erweckte. Sie machte St. Nikolaus zum Schüler-Patron und Wohltäter der Kinder. Alle diese legendären Züge aber verbanden sich auf mitteleuropäischem Boden mit

5) Meisen, Karl: *Nikolauskult und Nikolausbrauch.* Düsseldorf 1931, S. 26f.

Der heilige Nikolaus als Kinderpatron

vorchristlichen Elementen, mit dem Ruprecht und rauhen Percht[6], der entweder brummend oder kettenrasselnd den freundlichen Bischof begleitete – mit sorglicher Arbeitsteilung in strafende und schenkende Funktionen – oder aber sich mit ihm zu einer mehr oder weniger harmonischen Symbiose verband, wie sie Thomas Mann geschildert hat.

Bis etwa 1800 blieb Nikolaus der einzige Gabenbringer. Das 19. Jahrhundert aber brachte dann eine neue mythische Gabenbringergestalt auf den Plan, den Weihnachtsmann, zusammengewachsen aus vielen Einzelzügen mittwinterlicher Traditionen und doch von epochaler Einmaligkeit. Ein Bild seiner entdämonisierten und harmonisierten Figuration schuf Moritz von Schwind mit seinem »Herrn Winter« (1847) für eine Bilderfolge, die die »Münchner Bilderbogen« durch ganz Deutschland und halb Europa verbreiteten. Der Text dazu lautet:

> »Die Christnacht ist gekommen. Aus allen Häusern scheint festliches Licht, und das Jauchzen fröhlicher Kinderstimmen dringt auf die mit Schnee bedeckten Straßen. Dort wandert ein alter Mann und schaut an allen Türen, ob man ihm nicht öffnen und den geschmückten Christbaum von ihm als Geschenk annehmen will.«

Damit wurde nichts Geringeres publiziert als das erste Konterfei des Weihnachtsmannes. Pelzrock und Stiefel entlieh er dem Knecht Ruprecht, und mit seinem wallenden Glitzerbart paßte er sich den kindlichen Gottvatervorstellungen an. So begann er um die Mitte des vorigen Jahrhunderts seinen Siegeszug. Heute ist die Grenze seines Machtbereiches gegenüber der Atlasverbreitungskarte von 1930 nach Westen und Süden vorgerückt, insbesondere in den Städten, woran die Schokoladenindustrie keinen geringen Anteil hat. Das Entscheidende aber ist, daß dieser Weihnachtsmann weniger draußen auf den Dorfgassen zu finden war als vielmehr im innerfamiliären Bereich des Bürgerhauses, nicht als Umzugsgestalt in einem Trupp von Perchten, sondern als spezieller Gabenbringer für die Kinder der auf Individualität bedachten Bürgerfamilie.

6) Spamer, Adolf: *Weihnachten.* 1937, S. 62ff.

Das erste Porträt des »Weihnachtsmannes«

Es läßt sich, wie die Atlaskarte 37 zeigt, ein erstaunlich dicht belegtes Netz von ziemlich einheitlichen volkstümlich-kindlichen Glaubensvorstellungen über die mythischen Geschenkbringer zu Weihnachten feststellen. Mag nun schon diese Uniformität, die ältere Glaubensformen weitgehend vermissen läßt, das geringe Alter dieser Gestalten bescheinigen, so stammt ja der Weihnachtsmann dokumentierbar direkt aus dem 19. Jahrhundert, und seine ständig wachsende Popularität als Gabenbringer läßt sich erst seit diesem Zeitpunkt nachweisen. Wo nun liegt der Grund für diese Tatsache, die verrät, daß erst von dem genannten Zeitpunkt an ein breiteres elterliches Bedürfnis nach solch geheimnisvoll verborgenen, mit märchenhaften Eigenschaften ausgestatteten schenkenden Wesen für die Vorstellungswelt der

Kinder bestand? Vor die Beantwortung dieser Frage stellt sich eine weitere nach der dominierenden Funktion dieser Gabenbringer und damit nach einer Sozialgeschichte des Schenkens, in unserem Zusammenhang des Schenkens an Kinder.
Die Wortgeschichte von »schenken« kennt die umfassende Bedeutung von »geben« erst für das späte Mittelhochdeutsche; ursprünglich hat es (mit der Grundbedeutung von »schief halten«) den Sinn von »einschenken« in ein Trinkgefäß. Jacob Grimm behandelte 1848 in seiner gelehrten Berliner Akademierede ausführlich die sprachgeschichtliche Möglichkeit, »die beiden bedeutungen des gießens und gebens (zu) einigen«[7], und kommt zu dem Schluß:

> »so lehren beide verba geben und schenken einstimmig, daß unsere gastfreien vorfahren aus dem darreichen des trunks den abstracten begriff des gebens überhaupt ableiteten«.

Aber noch einen zweiten Begriff sieht Grimm inhaltlich und wortgeschichtlich aufs engste mit »geben« gekoppelt, und zwar: »binden«, womit das hohe Alter von »Angebinde« laut Grimm durch die Sprache bestätigt wird. »Angebinde« nun im Sinne von eingebundenem oder angeheftetem Geschenk, wie es z.B. der Pate dem Täufling ins Steckkissen gibt, führt hin zu jener Beziehung zwischen Geschenk und Recht, der auch Jacob Grimm in seiner Akademierede so breiten Platz einräumt.

> »Wenn insgemein alles recht aufgestiegen ist aus dem schoß der sitte, so zeigt sich dieser zusammenhang zwischen beiden ganz augenscheinlich an der schenkung... wie jeder vertrag zwei leute, z.b. der kauf einen käufer und verkäufer, setzt auch die schenkung einen geber und empfänger voraus und dem geben stellt unsere sprache ein nehmen..., das ist annehmen zur seite«.

Damit hat Grimm das Wesentliche der älteren Schenkbräuche gekennzeichnet: Immer handelt es sich um eine Aktion auf Gegenseitigkeit, deren Normen rechtlich oder zumindest gewohnheitsrechtlich und sittenmäßig verbrieft sind. Besonders deutlich wird solch rechtsmoralischer Hintergrund bei den Minnegaben

7) Grimm, Jacob: »Über Schenken und Geben«, in: *Kleinere Schriften* II. Berlin 1865, S. 173, 205, 210.

und Brautgeschenken. Aber auch das Verhältnis zwischen Erwachsenen und Kindern findet auf dieser Ebene seine feste Regelung, und mit der Ehre der Patenschaft übernimmt der Pate zugleich die feste Verpflichtung, zu bestimmten Terminen des Jahres- und Lebenslaufes das Kind mit vorgeschriebenen Gaben zu beschenken. Z.B. kauft der Pate das Taufkleid, überreicht den Patenbrief und bindet den Patentaler ins Taufkissen, schenkt zu jedem Weihnachtsfest ein Kleidungsstück, zu Neujahr eine Brezel, zu Ostern eine bestimmte Anzahl Eier, bei Schulbeginn den Ranzen, zur Konfirmation und Firmung eine Uhr oder Kette, zur Hochzeit ein größeres Geldgeschenk. Das wären also Geschenke, deren das Kind unter normalen Umständen fest versichert sein darf, auf die es nach der Sittennorm ein Recht hat und die ihrerseits wiederum bestimmte Gegenleistungen einschließen wie z.B. die Einladung des Paten zu allen Familienfesten.
Noch strenger geregelt waren die Gebeverpflichtungen zwischen Arbeitgeber und Arbeitnehmer, zwischen Dienstherrschaft und Gesinde.
In vielen Bereichen des Volkslebens erleben die Teilnehmenden das Schenken in jenem von Jacob Grimm gekennzeichneten Sinne der Gegenseitigkeit: der Gebende ist sich seiner Pflichten gegenüber dem Nehmenden bewußt, aber auch der aus dem Geben erwachsenden Rechte; der Nehmende kennt seine Rechte gegenüber dem Gebenden in vollem Umfang, aber auch die Pflichten, die ihm wiederum aus der Annahme des Geschenkes entstehen. Dieses Wechselspiel trifft auf die Großen wie auf die Kinder gleichmäßig zu. Immer ist in irgendeinem Sinne das Prinzip des »do ut des« entscheidend[8].
Von solcher Sachlage her wird sogleich der Unterschied zu den mythischen weihnachtlichen Gabenbringern deutlich. Das Verhältnis ist einseitig geworden, denn Weihnachtsmann und Christkind kann man nicht beschenken, höchstens durch Artigkeit. Man weiß auch nicht genau, was sie bringen werden, selbst wenn der Wunschzettel rechtzeitig abgeschickt wurde. Der Bereich,

8) vgl. Mauss, Marcel: (Essai sur le Don.) *Die Gabe.* Frankfurt a.M. 1968.

aus dem sie kommen und in den sie sich das übrige Jahr hindurch wieder zurückziehen, liegt als »Himmel«, »Wichtelland«, »Paradies« in mythisch-unerreichbarer Ferne, so daß man den Gabenspendern nicht einmal richtig danken kann. Diese absolute Anonymität des Schenkenden für die kindliche Welt, die Konzentration auf einzelne und einzigartige mythische Gestalten wie Christkind und Weihnachtsmann geht in der bürgerlichen Gesellschaft parallel mit einer großen Zunahme an Schenk-Vermögen. Denn nie zuvor wurde, von Jahr zu Jahr sich mehrend, so viel verschiedenes und neuartiges Spielzeug geschenkt wie von den weihnachtlichen Gabenbringern dieser Epoche.

Bei näherem Zusehen stellt sich auf solche Weise auch die Hochkonjunktur der Spielzeugherstellung im 19. Jahrhundert mehr in einen brauch- und sozialgeschichtlichen Kontext als etwa in einen Kausalzusammenhang mit der Industrialisierung.

Die großen Herstellungszentren für Spielzeug in Deutschland und darüber hinaus waren das Berchtesgadener Land und das Grödener Tal in Südtirol, der Thüringer Wald und das Erzgebirge, sämtlich ärmliche Waldgebiete, deren Bevölkerung von eh und je neben karger Landwirtschaft, bzw. vergehendem Erzbergbau auf Nebenerwerb angewiesen war. Daß es sich dabei meist um Holzhandwerke handelte, lag nahe, und so fand man hier die Kleingewerke der Schindelmacher und Rechenbauer, der Holzschuh- und Muldenmacher, der Löffelschnitzer und Schachtelmacher, der Dreher und Schaffelmacher, der Geigen- und Pfeifenbauer. Hölzerne Spielzeuggegenstände waren zuerst nur Nebenprodukte.

Das änderte sich völlig im Verlauf des 19. Jahrhunderts. Der Messebedarf in Nürnberg, Leipzig und Frankfurt a. M. an buntem Holzspielzeug nahm ständig zu; die Aufkäufer brachten erst neue Muster und dann Musterbücher in die Herstellungsgebiete, nach denen die Holzhandwerker arbeiten sollten. Später nahmen sich im Zuge kapitalistischer Wirtschaftsentwicklung die Verleger dieses Geschäftes an: sie fungierten als Zwischenhändler zwischen Hersteller und Absatzmarkt, und mit wachsender Konjunktur machten sie das große Geschäft mit der begehrten Ware,

Holzspielzeug aus Berchtesgaden

während die holzverarbeitende Waldbevölkerung, ohne Ahnung von der tatsächlichen Marktsituation, sozial in den Zustand einer ausgebeuteten, auf Stücklohn angewiesenen Heimarbeiterschaft absank[9]. Die Verleger vergrößerten ihre Einzugsgebiete bis zu den abgelegensten Dörfern, die sie zur Spielzeugherstellung aufforderten; Rohstoffe, Leim, Farbe, Papier usw. mußten die Heimarbeiter selbst bezahlen. Die ganze Familie stand im Arbeitsprozeß, der sich als eine Art von Serienarbeit in Arbeitsteilung darstellte: der Vater drechselte und schnitzte, die Mutter klebte und setzte zusammen, die Kinder und Großmütter bemalten die fertigen Stücke. Aber dann, wenn Ablieferungstag war und man mit den Rückentragkörben weit über die Berge zum Verleger wandern mußte, konnte man mit einem sicheren Barbetrag rechnen, der allerdings selbstmörderisch gering war. Die Reifentiere hießen »Elendsvieh«, und um die Jahrhundertwende informierte eine große Ausstellung in Berlin über die elende Lage der Heimarbeiter in der Spielzeugbranche, wobei errechnet wurde, daß die

9) Fritzsch, Karl Ewald und Manfred Bachmann: *Deutsches Spielzeug.* Hamburg 1965, insbes. S. 28ff.
Spielzeug der bürgerlichen Zeit. Zeugnisse für Kindererziehung und Kinderarbeit. Ausstellung im Marburger Universitätsmuseum 1973/74.

Kinder durchschnittlich einen Stundenlohn von 2 Pfennig, die Erwachsenen von 15 Pfennig verdienten[10].
Dieser oft beschriebene Zustand hätte sich nicht ohne den großen boom entwickeln können, den der Spielzeugmarkt im 19. Jahrhundert erlebte. Die Spielzeugherstellung wurde zum Kataloggeschäft, – ausgehend von Bestelmeiers vornehmem Magazin nützlicher Spielsachen für die Jugend, nach dem die reichen Bürgerleute schon um 1800 die Geschenke für die Gabentische ihrer Kinder bestellt hatten, bis hin zu einer Fülle von Katalogen in der 2. Hälfte des 19. Jahrhunderts, die deutlich das breite Spektrum des weitverzweigten Spielzeughandels spiegeln. Der Struwwelpeter-Hoffmann hat um 1850 mit deutlicher revolutionärer Tendenz in seinem Bilderbuch vom König Nußknacker und dem armen Reinhold die ganze Skala des damaligen, auf dem Frankfurter Christkindchesmarkt angebotenen Spielzeugs besungen: Häuschen, Bäumchen und Kirche, Hampelmann und Nußknakker, Holzsoldat zu Fuß und auch zu Pferde.

»König Nußknacker, so heiß ich,
Harte Kerne, die zerbeiß ich.
Süße Kerne schluck ich fleißig,
doch die Schalen, ei, die schmeiß ich
lieber andern hin,
weil ich König bin!«

Der gewaltige Zuwachs des Spielzeugrepertoires hing aber keineswegs vorrangig mit Mechanisierung und Industrialisierung zusammen. Das Material war nach wie vor Holz, die Gegenstände von den billigen Arbeitskräften in den Heimarbeitergegenden von Hand gedreht, geschnitzt, gemalt: Karussels und Klingkästchen, Arche Noah und Puppenstube, Bauernhaus, Schäferei und Pferdestall, Baukästen in schön bemalter Spanschachtel, Nickreiterchen und Pfeiftiere in unübersehbarer Vielfalt und farblichem Reichtum.
All diese Herrlichkeiten schenkten nun Christkind und Weihnachtsmann am Heiligen Abend.

10) Bilder aus der deutschen Heimarbeit. Einführung von Leopold von Wiese. Sozialer Fortschritt 63/64, 1906.

Spielzeugbuden auf dem Frankfurter Christkindchesmarkt um 1840

Die Suche nach den gesellschaftlichen Hintergründen für einen solchen Zuwachs an Gebemacht führt in das bürgerliche Familienleben des 19. Jahrhunderts, wie es in den vorangegangenen Kapiteln dargestellt wurde. Von seiner Struktur blieb auch der Geist des Schenkens nicht unbeeinflußt. Gewiß weiß man seit langem, daß es seit den Römern Neujahrsgeschenke gab, die nach Festlegung des Geburtstags Christi auf den 25. Dezember zu Weihnachtsgeschenken wurden im Sinne von Glückwunschgaben. Sie leben bis heute fort in den Geldspenden an Brief- und Zeitungsträger, an Mülleute, Hausmeister und Schornsteinfeger zum 1. Januar. Aber über ein Weihnachtsfest als häusliche Geschenkfeier ist erst aus nachreformatorischen Feiern der Städte zu hören. In den Stadthaushalten formte sich allmählich unter dem Einfluß höfischer Geschenkriten das Gabenfest unter dem Weihnachtsbaum. Barocke Bildfreude und aufklärerische Erziehungstendenzen mögen zusätzlich den Boden für die als pädagogisches Druckmittel so gut benutzbaren übernatürlichen Gabenbringer bereitet haben. Die Hauptmotivierung liefert jedoch die Sozialgeschichte des Bürgertums.

Das geordnete glückliche Familienleben, wie es seit dem Biedermeier die bürgerliche Ethik pries, bereitete auch einer neuen Schenkkultur den Boden, Indikator für die prägenden Kräfte des Bürgertums als der neuen führenden Sozialschicht. Durch sie verwandelten sich die Jahresfeiern zu Familienfesten mit dem vornehmlichen Sinn, den Kindern Spielzeug zu schenken. Vom Bürgertum her kam die Nachfrage. Hier war der große Konsument der wachsenden Spielzeugherstellung, während sich auf dem Lande das Schenken noch lange Zeit auf nützliche Gegenstände beschränkte.

Die neuen Schenkobjekte nun, denen sich die Produkte einer schnell wachsenden Schokoladenindustrie zugesellten, bedurften auch einer neuen Szenerie für den Schenkakt. Eine derartige Fülle bunter und süßer Gaben in ihrer neuartigen Form und Qualität sollte nicht auf realistischem Wege in die Kinderstuben gelangen; Eltern, Großeltern und Paten wollten für solche Art des Schenkens ihren Kindern gegenüber nicht mehr offiziell verantwortlich zeichnen, entsprechend den Tabus, mit denen Geld und alle Realitäten des Lebens belegt waren.

So suchten und fanden sie jene geheimnisvollen Gabenbringer, »Christkind« und »Weihnachtsmann«. Altüberlieferte Vorstellungen wandelten sich in Gestalt und Funktion zu neuen mythischen Wesen für die Kinderwelt des bürgerlichen Jahrhunderts. Tief war die Gestalt des Weihnachtsmannes der Bürgerfamilie integriert: eine überhöhte Vaterfigur, gütig und strenge zugleich, geliebt und gefürchtet, von unbestechlicher Gerechtigkeit und unantastbarem Urteil, verbreitete er Angst und Hoffnung in den Weihnachtsstuben. Alles paßte zusammen: die ein wenig theatralische Kostümierung und die verstellte Stimme, ja, der ganze ernsthaft-spielerische und himmlisch-märchenhafte Charakter der Figur. Gründlich hat sich seither ihr Kontext gewandelt und sie mehr und mehr zum Werbegag für den Weihnachtskonsum umfunktioniert.

Mit der fortschreitenden Verbürgerlichung der Lebensformen in allen Schichten der Bevölkerung und der wachsenden Konsumabhängigkeit verbürgerlichen sich auch mehr und mehr die

Bürgerfamilie unter dem Weihnachtsbaum

Schenksitten. Das einst gültige Gesetz der Gegenseitigkeit, wie es Jacob Grimm analysierte, verwandelte sich in festliche Handlungen mit gesellschaftlicher Korrektivfunktion: man schenkt, weil man etwas geschenkt bekam, oder annehmen muß, etwas geschenkt zu bekommen.

Für die Kinder trifft das allerdings nicht zu. Es läßt sich jedoch beobachten, daß Weihnachtsmann und Christkind, also die anonymen Gabenbringer, sich auf die Gläubigkeit immer jüngerer Jahrgänge verlassen müssen, heute auf höchstens Vier- bis Sechsjährige. Auch diese Prozesse dürften wieder mit der zunehmenden Rationalisierung der Gefühlsbeziehungen zwischen den Familienangehörigen zusammenhängen, mit einer Entmythologisierung auf allen Gebieten, aber auch mit der synthetischen vorgeformten Weihnachtsfeiernorm, wie sie Keks- und Kuchenfabriken, Schallplatten, Radio und Fernsehen verbreiten.

An dem alten, autoritär strukturierten Familienkult ein wenig despektierlich zu kratzen, blieb der heutigen Jugend vorbehalten. Ihre Versuche um Autoritätsabbau reichen von dem gutmütigen

Der Weihnachtsmann im Dienste der Werbung

Schimpfwort »alter Weihnachtsmann« bis zu den Weihnachtsspottliedern, die zuletzt Rühmkorf[11] veröffentlicht hat:

»Oh Tannebaum, Oh Tannebaum,
der Weihnachtsmann will Äppel klaun,
er zieht sich die Galoschen an,
damit man ihn nicht hören kann.«[11]

Hier wird der allmächtige Gabenbringer in einem Antitext als Äpfeldieb denunziert, einer Respektsperson ihr Image geraubt, – vielleicht auch um eigene kindliche Furcht zu überwinden?
Wie gestalten nun die jungen Familien einer sich demokratisierenden Gesellschaft das Weihnachtsfest? Viele lehnen den festlichen Termin um seiner familiären Zwänge willen rundwegs ab und flüchten nach Mallorca. Das ist aus der Unsicherheit ihres kulturellen Bewußtseins und der gleichzeitig sie beherrschenden Konsumabhängigkeit die einfachste Lösung. Aber ist das eine Lösung?
Was bedeuten ihnen und ihren Kindern Weihnachtsbaum und anonyme Gabenbringer? Der soziale Kontext der patriarchalen

11) Rühmkorf, Peter: *Über das Volksvermögen.* rororo 1180, 1970, S. 51.

Bürgerfamilie, in deren Einbettung sie sich im 19. Jahrhundert so reich entfalteten, hat sich verschoben, verwischt und teilweise aufgelöst. Von emanzipatorischen Bewegungen werden die Mitglieder der Familien erfaßt und zwar zunehmend bis zu immer jüngeren Jahrgängen, wodurch das Sich-Einfügen in bestehende Autoritätsverhältnisse – und dazu diente zweifelsohne der Weihnachtsmann – eine immer geringere Rolle spielt.
Zum Feste feiern gehört Muße, gehört Freude am Spiel, gehört Kreativität. Diese Möglichkeiten für das Weihnachtsfest ausgeschöpft zu haben, muß als positiver Kommentar dem Bürgertum des 19. Jahrhunderts bescheinigt werden. Man sollte das auch bei einer kritischen Betrachtung nicht vergessen.
Das heute weit verbreitete Unbehagen am Weihnachtsfest aber ist ein kultureller Indikator für soziale Veränderungen in der Gesellschaft, für eine gewisse Abkehr vom bürgerlichen Leitbild, für die Suche nach Befreiung von den Zwängen bürgerlicher Familiennormen[12], die sich gerade zu Weihnachten als so besonders mächtig erweisen.
Traditionen sind jedoch durchaus variabel. Jede Generation sollte sie überprüfen und neu gestalten. Die Weihnachtszeit kann man auch heute genießen: als eine willkommene Gelegenheit für freudige Überraschungen, besonders an Kinder, – als eine Zeit bewußt gepflegter Kommunikation, auch zwischen sonst Fremden, – als einen Freiraum für den spielenden Menschen im Rhythmus des Jahres.

12) Bausinger, Hermann: *Verbürgerlichung* 1973, S. 24ff.

Nachwort zur 6. Auflage

Seit dieser sozialgeschichtliche Abriß 1974 erschien, hat sich für die Familie in der Bundesrepublik manches verändert, was in den minimalen Verbesserungen der bisherigen 5 Auflagen keinen Ausdruck finden konnte. Es scheint daher an der Zeit, in einem kurzen Nachwort zumindest Tendenzen anzudeuten, mit denen der Text dieses Buches weitergeführt wird, ohne jedoch abgeschlossen werden zu können.

1953 entstand in Bonn ein »Bundesministerium für Familienfragen« (das heutige Bundesministerium für Jugend, Familie und Gesundheit), womit die Familie erstmals in der Geschichte als eine politische Größe erkannt und auch eingesetzt wurde. Das betraf sowohl ihre Qualität als Ort der Regeneration für die arbeitende Bevölkerung wie den politischen Plan, nach den Wirren der Nachkriegszeit an dieser Stelle von neuem zu einem Aufbau alter Ordnungen ansetzen zu können. Mit dem »Wirtschaftswunder« schwanden die Entbehrungen. Viele berufstätig gewesene Ehefrauen und Mütter kehrten nun an den häuslichen Herd zurück. Der Ehemann und Vater übernahm wieder die alleinige wirtschaftliche und soziale Sicherung der Familie. Es bedeutete einen Prestigezuwachs, sagen zu können: »Meine Frau braucht nicht zu arbeiten!« Die Entscheidung darüber oblag zumeist dem Ehemann und Vater.

So kam es, daß sich mit dieser neuen politischen Rolle der Familie zugleich ein altgewohntes statisches Bild ihrer Sozialstruktur verband: aus der Asche sollte zu Nutz und Frommen des Staates »die Familie« wiedererstehen. Dieses Ziel wurde mit den verschiedensten Mitteln verfolgt, u.a. auch mit einschlägigen Familien-Fernsehserien. So zeichnete z.B. die Erfolgsserie »Familie Hesselbach«, 1960–1963 in 42 Folgen, hervorgegangen aus einer 87 Folgen umfassenden Hörfunksendung der Jahre 1951–1956, eine »heile« deutsche Familie patriarchalischer Struktur. Der Einfluß einer solchen Serie auf Denken und Verhalten der Zuschauer wurde exemplarisch in mehreren Ortschaften untersucht (vgl. S. 213).

An dieser Stelle wird die Bedeutung eines historischen Rückblicks auf die FAMILIE offenbar, denn es haften ihr so viele Rückstände aus ihrer eigenen Vergangenheit an, daß man die Gegenwart ohne geschichtliches Wissen nicht zu deuten vermag.
»Seit Tausenden von Jahren hält sich das Gerücht von den angeborenen ›typisch männlichen‹ und ›typisch weiblichen‹ Charaktermerkmalen, denen man durch unterschiedliche Erziehung gerecht werden müsse. In Wirklichkeit aber sind diese verschiedenen Eigenschaften meist nur notwendige Ergebnisse einer ungleichen Behandlung. Wenn elterliche Erziehung schon in den ersten Lebensjahren die Rollen verteilt – Aggressivität, Tatkraft und eigenen Willen des einen Geschlechts fördert, des anderen nach Möglichkeit unterdrückt –, wie sollen diese Kinder als Erwachsene Gleichberechtigung verwirklichen können? Kindergärten und Schulen, die angeblich Gleichheit praktizieren, richten nicht viel aus, solange die Erziehung in der Familie Jungen und Mädchen auf unterschiedliche Positionen im späteren Leben drillt: die einen auf die leitenden, herrschenden, zu denen Selbstvertrauen und Durchsetzungskraft erforderlich ist, die anderen auf die untergeordneten, die den sogenannten ›weiblichen‹ Eigenschaften gerecht werden« (DIE ZEIT, 22.7.1977).
Diese engagierte Meinungsäußerung einer 20jährigen von 1977 ist in ihrer Tendenz auch heute leider nicht veraltet. Immer noch gelten weithin die Rollenklischees geschlechtsspezifischer Erziehung und Einübung auf das Leben. Die Briefschreiberin erkennt richtig den Ursprung dieser anscheinend unüberwindlichen Festlegungen im Geist des dauerhaft überlebenden Patriarchalismus, d.h. der vaterbestimmten Familienordnung[1].
Wie äußert sich in der Gegenwart das traditionelle Rollenverhalten von Vater und Mutter, Sohn und Tochter, Bruder und Schwester, älterer und jüngerer Generation, und welche entscheidenden Veränderungen sind zu bemerken?
»Das üblicher Rollenverhalten in der Familie führt dazu, daß die Jungen sich schon bald dem anderen Geschlecht gegenüber über-

1) Weber-Kellermann, Ingeborg: Die Familie. Frankfurt/Main ²1978, S. 40f.

legen fühlen. Sie finden es unter ihrer Würde, bei der Hausarbeit zu helfen, und später als Ehepartner halten sie es für selbstverständlich, daß die Frau neben ihrem Beruf auch noch die gesamte Hausarbeit übernimmt. Mädchen erhalten meist eine schlechtere Ausbildung als Jungen; dies wird mit dem Argument, Mädchen heiraten sowieso bald, begründet. Dadurch, daß den Mädchen ihre Rolle, später als Ehegattin und Mutter zu wirken, schon von Geburt an anerzogen wird, halten sie es selbst auch für sinnlos, etwas Richtiges zu lernen« (DIE ZEIT, 22.7.1977).
Diese Klage einer 18jährigen steht auch heute noch für viele, denn das Rollenverhalten wurde und wird von klein auf den Kindern anerzogen.
Tatsächlich gelten kluge und gut ausgebildete Frauen bis heute oft als unerotisch und zu anstrengend für eine Ehe. Was wirklich »typisch weiblich« und »typisch männlich« ist, wurde bisher weder von Psychologen noch von Soziologen überzeugend festgestellt, denn was dafür gilt, ist meist nur die Folge einer überlieferten Erziehungsmethode:

»Ein Junge weint doch nicht!«	»Ein Mädchen macht sich nicht schmutzig!«
»Hau zurück, wenn dich ein anderer schlägt!«	»Ein Mädchen haut sich nicht!«
»Ein Junge spielt nicht mit Puppen!«	»Als Mädchen mußt du öfter mal im Haushalt helfen!«

Mit dem Spielzeug fängt es an. Wenn ein Erwachsener allein einen Spielzeugladen betritt, wird als erstes vom Verkaufspersonal die Frage an ihn gerichtet, ob es sich um ein Geschenk für einen Jungen oder ein Mädchen handelt – und damit jede freie Entscheidung sofort gehemmt. Denn der Junge erhält etwas zur Eisenbahn, einen Bausatz, einen Technikkasten: also ein konstruktives Spielzeug; das Mädchen eine Puppe, etwas zum Puppenhaus, eine Ausstickgarnitur: also ein passives Spielzeug. Daran hat sich leider seit Kaisers Zeiten kaum etwas verändert, und die Kinder fügen sich zumeist in die ihnen zugeschriebenen Rollen.

Wenn ein Mädchen einmal ausgesprochene technische Interessen zeigt, so heißt es: an dir ist ein Junge verlorengegangen!
Diese Rollenklischees, die viele Kinder aus allen sozialen Schichten (vielleicht zunehmend weniger bei Intellektuellen) seit frühester Kindheit verinnerlichen müssen, bestimmen dann auch das fernere Leben, führen zu zahlreichen Konflikten und hindern Frauen wie Männer an einer individuellen Lebensentfaltung.
»Deutsche Vater-Figur unverändert« berichtet der SPIEGEL: »In jeder dritten deutschen ›Vollfamilie‹ (Mann berufstätig, Frau zu Hause, mindestens zwei Kinder) hat der Vater während einer Arbeitswoche entweder ›nie‹ oder höchstens ›zweimal‹ Zeit, sich mit seinen Kindern zu beschäftigen. Dagegen gehört jeder zweite einem Verein, einer politischen Partei oder sonst einer Organisation an, an deren Veranstaltungen jeder vierte ein- bis zweimal pro Woche oder häufiger teilnimmt. An einem größeren Bekanntenkreis hat der Vater geringeres Interesse als seine Frau, mit der er sich hauptsächlich über ›schulische Leistungen und Probleme der Kinder‹ unterhält. Von seiner Arbeit mag nur jeder zehnte ›jeden Tag‹ etwas erzählen, 54 Prozent tun es ›vielleicht zweimal oder weniger pro Woche‹. Entscheidungen werden ›letzten Endes‹ etwas häufiger in seinem Sinne getroffen.« (Alle Angaben stammen aus den ›Materialien zum zweiten Familienbericht 1975 der Bundesregierung‹, herausgegeben vom Deutschen Jugendinstitut.)
Auch die Aufwerter der Nur-Hausfrau beziehen ihre Maßstäbe aus dem geschilderten alten Rollenspiel. Wenn Männer abhängige Hausmütterchen bevorzugen, die ihnen willig den Führungsanspruch überlassen und ihnen keine Hausarbeiten aufbürden, so handelt es sich zumeist um Fragen des sozialen Prestiges nach altem Muster: der Mann ernährt die Familie, die Frau hütet Haus und Kinder. – Wenn aber heute Frauen zu dem Schluß kommen, daß die Familienhausfrau unabkömmlich, unentbehrlich und unersetzbar sei und ohne sie Familie und Gemeinwesen nicht überleben können[2], so erscheint mir diese These allzu beschwichtigend.

2) Pross, Helge: Die Wirklichkeit der Hausfrau. Reinbek b. Hamburg 1976, S. 169ff. u. 255

Die von Helge Pross befürchteten neuen weiblichen Klassenschranken zwischen der »Familienrolle« in den Grundschichten und der »Berufsrolle« in den Mittelschichten können sich doch nur dann aufrichten, wenn gerade die Väter der unteren Schichten im Patriarchenstatus verharren und ihre Söhne darin erziehen – aber nicht, wenn sich einmal die gesamte Gesellschaft zu demokratischen Verhaltensmustern bekehren sollte.
Dem kann man leider entgegnen, daß bis dahin ein weiter Weg sei. Bei einer Umfrage des Infas-Institutes 1976 wollte z.B. nur jeder 25. Bundesbürger den Ehefrauen das Recht zubilligen, Verträge abzuschließen[3]. Auch solche Einschätzungen hängen vor allem mit der Erziehung zu Geschlechtsrollenstereotypen zusammen. Frauen nehmen gerne an, daß für beide Geschlechter dieselben allgemeinen Wertvorstellungen gelten; sie wollen zwar nicht wie Männer, aber doch wie Menschen behandelt werden. Männer unterstreichen lieber die prinzipielle Verschiedenartigkeit der Geschlechter und ihrer Orientierungen[4]. Solche Feststellungen beleuchten die Schwierigkeit, hier zu einem einigermaßen objektiven Urteil zu gelangen. Denn mit dem sozialen Strukturwandel als einem langandauernden geschichtlichen Prozeß der modernen Industriegesellschaft hat das subjektive Bewußtsein über die Rollenverteilung innerhalb der Familie nicht immer Schritt gehalten.

Ehe mit und ohne Trauschein

Eine tiefgreifende Unsicherheit gegenüber der traditionellen Institution »Familie« wird in den Aussagen der Statistik deutlich. Danach ist die Zahl der Eheschließungen seit 1950 ständig gesunken, und zwar um die Hälfte (je 1000 Einwohner von 10,7 auf 5,4). Demgegenüber ist wahrscheinlich die Zahl der Paare gestie-

3) ddp Bonn 16.2.1976
4) Zahlmann-Willenbacher, Barbara: Kritik des funktionalistischen Konzepts geschlechtstypischer Arbeitsteilung. In: Eckert, Roland (Hg.), Geschlechtsrollen und Arbeitsteilung. Mann und Frau in soziologischer Sicht. München 1979, S. 69

gen, die ohne Trauschein zusammenleben und statistisch nicht erfaßbar sind, doch von der Gesellschaft zunehmend anerkannt werden: ein Zeichen wachsender persönlicher Freiheit.
Parallel dazu sinkt allerdings ständig die Zahl der Lebendgeborenen; um 1900 betrug sie noch 36:1000 Einwohner, sank in den zwanziger Jahren unter die Hälfte, stieg in der NS-Zeit wieder auf 20:1000 und geht nun laufend zurück. Während vor dem Ersten Weltkrieg 5–6 Kinder pro Familie das Übliche waren, sind es heute 1–2. Jede Statistik kann allerdings täuschen und braucht einen Kommentar, um lebendig zu werden.
Am Ereignis Eheschließung läßt sich der Wandel der modernen Familie besonders deutlich erkennen. Im Verhältnis zu den Zeiten vor 1–2 Generationen hat sich hier vielleicht am meisten zeichenhaft verändert, wenn diese Prozesse auch äußerst diffus verlaufen und quantitativ kaum zu erfassen sind. Früher – d.h. noch vor wenigen Jahrzehnten – sprach man von einem nicht legalisierten Zusammenleben nur hinter vorgehaltener Hand. »Wilde Ehe« nannte man solch eheähnliche Verhältnisse in besseren Kreisen; als »Unzucht« bezeichnete man sie bei den Unterschichten. Aber bald nach dem Kriege begann die Gesellschaft, solch Verhalten milder zu beurteilen. Es kamen die weithin tolerierten »Onkelehen« auf, bei denen meist deshalb nicht zum Standesamt gegangen wurde, weil die Frau dann ihre Kriegerwitwenrente verloren hätte.
Mag sein, daß diese Art von Ehepaaren ohne Trauschein so etwas wie gesellschaftliche Pioniere gewesen sind. Ihre Kinder gehen noch unbefangener mit den alten Tugendnormen um. Die »papierlosen Ehen« erobern sich, ausgehend von Intellektuellen- und Studentenkreisen, zunehmend immer weitere Bereiche der Gesellschaft, und zwar in allen Industrienationen. Begründungen dafür gibt es viele: durch die verbesserten Verhütungsmittel, vor allem durch die Antibabypille, haben junge Paare einen Grad der Sicherheit in der Geburtenplanung gewonnen, den es bis dahin in der Geschichte der Familie noch nie gegeben hat. Ein weiterer Grund für neue Formen des Zusammenlebens ist der deutliche Wandel im Lebensplan und Selbstverständnis der Geschlechter.

Statt der Versorgungserwartung durch die Eheschließung, statt des Übergangs von der Vaterabhängigkeit in die vom Ehemann stehen heute zunehmend gleichberechtigte Personen einander gegenüber, die ein partnerschaftliches Verhältnis erwarten. Zukünftige Generationen werden zu entscheiden haben, ob sich heute für die Familie wiederum ein historischer Umbruch in eine neue offene Gesellschaftsform vollzieht.
Nun gehört es jedoch auch zu den Zeichen unserer Zeit, daß solche Veränderungen nicht zwanghaft ablaufen und neben neuen, mutigen, ungewohnten Aktivitäten ebenso die alten traditionellen Verhaltensweisen ihre Stellung bewahren. Dazu trägt sicher auch die Furcht vieler Männer vor qualifizierten und beruflich erfolgreichen Frauen bei, ein Faktum, das ihre überlieferten Vorstellungen von männlicher Überlegenheit und Stärke in Frage stellt. Das erbringen übrigens gleichermaßen Umfragen und Beobachtungen in der Bundesrepublik wie auch in der DDR. Eine bescheidene Hausfrau ist also vielerorts nach wie vor als Ehepartnerin mehr gefragt als eine selbständig denkende weibliche Persönlichkeit. Für diese Stabilität überholter Einstellungen gibt es eine ganze Reihe von äußeren Zeichen, deren Inhalt meist gar nicht reflektiert und hinterfragt wird, die aber für die Ausübenden den Schein des altbewährten ehelichen Rollenspiels widerspiegeln, wie die weiße Braut mit Kranz und Schleier.
Das moderne Eherecht schreibt der Frau nicht mehr die Annahme des männlichen Familiennamens vor. Viele Kombinationen sind erlaubt, und diese Änderung kennzeichnet einen großen Schritt vorwärts auf dem Weg der gesellschaftlichen Emanzipation. Sie schließt gleichzeitig mit ein, daß der früher so stark beachtete Wechsel vom »Fräulein« zur »Frau« keine tiefergehende Bedeutung mehr besitzt, denn jedes erwachsene weibliche Wesen hat in der Behördensprache und ganz allgemein das Recht auf die Anrede mit »Frau«. Diese Tatsache verbannt ein besonders deutliches herabsetzendes Merkmal der alten patriarchalischen Gesellschaft aus dem Sprachgebrauch und damit auch aus dem öffentlichen Bewußtsein – zumindest erlaubt sie das –; die Frau wird nicht mehr nach ihrer Qualität: verheiratet oder unverheira-

tet benannt, eine Unterscheidung, die im Hinblick auf die Männerwelt nie jemand in den Sinn gekommen wäre; jeder 16jährige hat von jeher das Recht auf die Anrede »Herr« und nicht »Männlein«, was dem »Fräulein« entspräche. Diese Veränderung in der Anredeform hat erst in den letzten Jahren stattgefunden und wird durchaus noch nicht in allen Schichten und politischen Gruppierungen anerkannt. Sie bedeutet eine bewußte Abkehr von der gesellschaftlichen Vorrangstellung der »Gattin und Mutter« gegenüber der unverheirateten Frau und eine Hinwendung zur Gleichberechtigung als Mensch.

Man sollte diese zaghaften Schritte auf dem Wege zu neuen Gesellschaftsformen nicht unterschätzen. Daß sie dicht neben konservativen und auch reaktionären Gesinnungen stehen, beweist den Pluralismus der Demokratie. Dabei gehen die Veränderungen – und auch das ist etwas Neues – quer durch alle sozialen Schichten. Sie betreffen am meisten das Leben der Frau, ihre intellektuelle und erotische Persönlichkeit. Was noch bis in die fünfziger Jahre tabuisiert war oder gern belächelt wurde, gehört für heutige junge Menschen meist zu den Selbstverständlichkeiten, und zwar in den verschiedensten individuellen Schattierungen. Das Leben ist natürlicher geworden, freier von gesellschaftlicher Heuchelei.

Die Erwerbstätigkeit der Frauen in der Gegenwart – 46,6%, also fast die Hälfte – könnte ein positives Zeichen für eine wachsende weibliche Emanzipation bedeuten. Solange sich aber die Einstellung zu Ehe und Familie und zur Arbeitsteilung innerhalb dieser sozialen Primärform nicht grundsätzlich ändert, führt das Berufsleben der Frau neben Haushalt und Kindererziehung oft nicht zur beglückenden Selbstverwirklichung, sondern nur zu einer unerträglichen Überlastung, die in einer wachsenden Zahl von Scheidungen ihren Ausdruck findet. Das alte Scheidungsrecht, nach dem eine Ehe nur geschieden werden konnte, wenn ein Gatte einer Eheverfehlung für schuldig befunden wurde (Schuldprinzip), löste 1977 eine Rechtsreform ab: die Zerrüttung einer Ehe ist nun der Maßstab, und die Lösung vollzieht sich unter dem Zeichen der Gleichberechtigung von Mann und Frau.

Die Ehe als Statuskontrakt – nicht als Leistungskontrakt, der dauernd hinterfragt und nachgewiesen werden muß – findet in solchen Gesetzen klaren Ausdruck. Die Zerbrechlichkeit eines vornehmlich auf Gefühlen und Abhängigkeiten aufgebauten Verhältnisses, die übergroße gegenseitige Erwartung der Partner relativiert sich in der Gegenwart vielfach auf eine mehr unabhängige Beziehung, in der gemeinsame Interessen und Gespräche die »ewige Liebe« ersetzen. Auch für diesen Prozeß ist das weitverbreitete Desinteresse an ausgeformten Trauritualen ein deutliches Zeichen. Wenn die Hochzeit »das Fest des Lebens« sein soll und in den alten Bräuchen eine Fülle von Symbolen den Abschied, den Übergang von einer freien und leichten in eine gebundene, verantwortungsvolle Lebensphase kennzeichnete, so ist für moderne junge Leute keine entscheidende Überraschung mehr mit der Eheschließung verbunden. Ähnliches gilt aber auch für die Scheidung. Nicht einmal die Mutterbindung der Kinder ist selbstverständlich. Wohl gelten noch weitgehend die Rollenklischees, nach denen auch heute westdeutsche Gerichte überwiegend bei Scheidungen die Kinder den Müttern zusprechen. Aber derartige stereotype Entscheidungen in Sorgerechtsfällen entsprechen nicht mehr der heutigen Realität. Es ist eine überholte Vorstellung, daß eine Mutter einen Vater ersetzen könne, aber nicht umgekehrt. Damit wird wiederum nur eine Aufrechnung von männlich-väterlichen gegen weiblich-mütterliche Qualitäten vollzogen. Aber solche Verallgemeinerungen sind wenig nützlich, um zwischenmenschliche Probleme zu verstehen. Es erhebt sich die alte Frage, was denn »typisch« männliche und weibliche Eigenschaften seien? Die Antwort darauf würde zunächst den Abbau jahrhundertealter Vorurteile erfordern, die immer aufs neue verfestigt werden – in der Gegenwart besonders durch die Werbung.

Familie (31/29/1), der Leistungsgesellschaft und Fremdbestimmung müde, sucht **PARTNER** für altern. Lebensführung ohne Ideologie.
Näheres unter ZK 6716 DIE ZEIT, Postf. 106820, 2000 Hamburg 1

Die wohletablierte Familie im Rahmen der Leistungsgesellschaft mit ihrer traditionellen Rollenzuordnung hat sehr an Beliebtheit eingebüßt. Ob damit eine Gefahr für Ehe und Familie überhaupt verbunden ist, hängt von der jeweiligen Vorstellung über diese soziale Primärform ab. Das ständisch normierte Familienleben vergangener Zeiten, wobei die normfreie Klasse der Arbeiter eine gewollte oder ungewollte Ausnahme machte, paßt nicht mehr in die freiere Lebenslandschaft der Gegenwart. Einst war alles entsprechend dem Besitzstand vorgeschrieben und das Leben von der Wiege bis zur Bahre im Äußeren geordnet. Abhängigkeiten verschiedenster Art bildeten die Regel, und Abweichungen fielen auf. Wenn heute solch eingefahrene Lebensformen viele aus der jüngeren Generation ablehnen, so ist das – darüber muß man sich klar sein – nichts anderes als vor allem eine Verweigerung der bürgerlichen Werte und Normen, aber nicht unbedingt eine Ablehnung familiären oder familienähnlichen Zusammenlebens. Viele suchen und erfinden neue Verhaltensweisen, formalisierte und spielerische Muster der alltäglichen zwischenmenschlichen Beziehungen. Fast alles ist erlaubt, nur frei von Zwängen soll das Leben sein.

Doch neue Verhaltensmuster sind vielfach noch Zukunftsmusik und vielleicht auch nach mehr als tausend Jahren patriarchalistischer Sippen- und Familienordnung und eingeübter Machtverteilung zu schwer, um in einer Generation zu gelingen. Von vielen Kreisen werden sie zudem als schädlich und familienfeindlich abgelehnt. Es ist deshalb problematisch, aus dem diffusen Bild der

heutigen Gesellschaft eine klare Kontur der »Familie« herauszusehen.
Besonders schwer zu bewältigen ist die moderne ungebundene Lebensform wohl für die alte Generation. Wohnraum oder Nervenkraft der Jüngeren, zuweilen auch beides, reichen oft für ein Zusammenleben nicht aus. So bleibt für viele als letztes Refugium das Altersheim, was für die mittleren und unteren Bevölkerungsschichten gleichbedeutend ist mit einer Situation der Beengung, lieblosen Bevormundung, der Einsamkeit und Unselbständigkeit. Wo früher – wenn auch sicher nicht immer in schöner Harmonie – die Familie Obhut und Versorgung der alten Generation übernommen hat, treten heute Institutionen der öffentlichen Fürsorge an deren Stelle. Die Anonymität der menschlichen Beziehungen gerade in der letzten Lebensphase, der Mangel an Zuwendung, ja oft einfach an Wissen über die Menschen, die den Großeltern am nächsten stehen, ist für diese kaum zu begreifen. So haben gerade die Alten zuweilen den schwersten Anteil an der Modernisierung und Öffnung der Gesellschaft zu tragen und am meisten unter der Individualisierung ihrer Mitglieder zu leiden.
Aber auch hier sind alternative Aktivitäten im Fluß. Die »Senioren« wurden nicht nur von der Touristik und der Unterhaltungsindustrie als neue Zielgruppe entdeckt; sie beginnen auch selbst, sich für Bereiche zu interessieren, an die man früher im Zusammenhang mit älteren Menschen nicht gedacht hat. Dabei kommt heraus, daß das familiäre Zusammenleben zuweilen für die ältere Generation eine unnötige Fixierung auf Passivität und Abbau bedeutete, eben auf all die Dinge, die traditionell mit »alt sein« zusammengedacht werden. Loslösung von der Familie kann bei erträglicher Gesundheit auch bedeuten, einen schönen unabhängigen Lebensabschnitt seinen Möglichkeiten entsprechend frei zu genießen.

Mit den siebziger Jahren beginnt in der Bundesrepublik ein Defizit der Bevölkerungsentwicklung, d.h. es werden weniger Kinder geboren, als Menschen sterben:

1971 umfaßten 88,9% der Familien 2–4 Personen; daraus folgt für 1972 ein Geburten»überschuß« von minus 0,5%[5].

Die Gründe für den Geburtenrückgang bei den Deutschen – wie übrigens auch bei den meisten anderen Industrienationen – sind in ganz verschiedenen Motiven zu suchen: sichere Antikonzeptiva (Pille), überlegte Familienplanung, Konsumorientierung (Kinder als Kostenfaktoren), aber auch berechtigte Selbstverwirklichungswünsche der Frauen. Jedenfalls zeigt sich in diesen Zahlen, die von manchen Kreisen gern als Zeichen eines wachsenden individuellen Egoismus denunziert werden, daß die Zeiten vorbei sind, in der sich eine Gesellschaft als nationale Größe quantitativ nach ihrer Mitgliederzahl bewertete.
Aber auch in anderen Erscheinungen treten erstmalig in unserer Zeit ganz neue Einstellungen auf, vor allem im Unehelichenproblem. Auf der einen Seite haben Rechtsreformen dem unehelich geborenen Kind bessere ökonomische und psychologische Lebensbedingungen beschert und es aus seiner unverschuldeten Randgruppensituation herausgeholt. Auf der anderen Seite finden manche jungen Frauen heute den Mut zu einem eigenen Kind ohne legalen Vater oder auch zur Abtreibung. Was im 19. Jahrhundert ein Tragödienthema war, ist auch heute noch kein Lustspiel, aber bleibt doch im Rahmen des Besprechbaren und gesellschaftlich Möglichen. Eindrucksvoll berührt der halbwegs erfolgreiche Kampf gegen den § 218, über den früher nur hinter vorgehaltener Hand gesprochen wurde.
Das führt zu einer neuen Sexualerziehung der Kinder, der endgültigen Abkehr vom Klapperstorchglauben – vielleicht dem größten Schritt nach vorn in der kindlichen Erziehung, der stärksten Hilfe für eine positive Sozialisation. Die heute lebende mitt-

5) vgl. 2. Familienbericht

lere und ältere Generation kennt nur zu gut die Nöte und Verhinderungen, die für einen heranwachsenden Menschen aus mangelnder Aufklärung erwachsen, und weiß daher die von Sexualtabus befreite Luft zu schätzen, die die heutigen Kinder umgibt. Andere Innovationen der letzten Jahrzehnte sind Spielplätze auch für größere Kinder (in den zwanziger Jahren waren schon Buddelkästen für die Kleinen eine Errungenschaft); seit 1969/70 das Konzept der Gesamtschule in der BRD, die die schichtenspezifischen Schulsysteme ersetzen und eine Chancengleichheit anstreben sollte. Dennoch besucht heute nur jedes 10. Arbeiterkind eine Oberschule (1974 war es jedes 6.). Kinder der unteren Sozialschichten sind nach wie vor schulisch benachteiligt[6]; dazu kommt die große Problemgruppe der Gastarbeiterkinder.
Es soll also hier keineswegs das Hohelied einer stetigen Evolution auf dem Gebiet der Familien- und Kindheitsentwicklung angestimmt werden. Der Pluralismus der Erscheinungen schließt auch viel Negatives mit ein. Neben dem Lernspaß der »Sesamstraße« steht die Fernsehsucht vieler Kinder, die – oft allein vor dem Bildschirm – ihnen unerklärlichen Szenen und Ängsten ausgesetzt sind. – Neben der vernünftigen Aufklärung in der Biologiestunde gibt es die verfrühten Sexualgespräche und auch -handlungen, ebenso wie die fortgesetzte Tabuisierung des Themas seitens vieler Eltern, und auf beiden Wegen wird das Kind in gefährlicher Weise indoktriniert und in seinen wahren Bedürfnissen gehemmt. – Demgegenüber transportieren Fibeln und Lesebücher auch im Zeitalter der Emanzipation oft das Bild von der Mutter als »Heimchen am Herd«, von den alten Rollenklischees für Jungen und Mädchen, von einer heilen Welt mit blühenden Gärten und biederen Handwerksleuten. – Wohl sind die Prügelstrafen offiziell verpönt und in den Schulen verboten; dennoch werden in der BRD jährlich 6000 Fälle grober Kindesmißhandlung vermutet und ca. 200 Todesfälle registriert[7]. – Die ganze Weltpolitik

6) Klafki, Wolfgang: Gesamtschule. In: Wörterbuch der Erziehung. München 1974, S. 229ff.

7) Arbeitsgruppe Kinderschutz: Gewalt gegen Kinder. (= rororo 6934); Reinbek b. Hamburg 1975, S. 25

dreht sich um Frieden und Entspannung, aber die Spielzeugindustrie produziert ungehindert Kriegsspielzeug, und leider gibt es genug Eltern, die solche Dinge für ihre Kinder kaufen[8].
Die Reihe solcher gefährlichen Ungereimtheiten wäre beliebig fortzusetzen und zeigt deutlich die unklare Bewußtseinslage unserer Generation. Es bleibt ganz unbestritten, daß auch heute noch keinesfalls ein Optimum an geschlechtsspezifischer und sozialer Offenheit und Chancengleichheit erreicht ist. Doch werden die Probleme zumindest von vielen gesehen und die Ansprüche von Kindern und Jugendlichen aller Gruppen anerkannt. Lernendürfen ohne Vorurteile und Ängste, die Schule als humaner Arbeitsplatz des Kindes – das wären erstrebenswerte Lernziele auch für die Eltern.
Ein Beispiel, an dem der Symbolwert von Alltagskultur sichtbar wird, ist die Kinderkleidung. Mit Jeans und T-Shirts, mit Frisuren und Schuhen probten Kinder und Jugendliche zaghaft oder trotzig den Aufstand gegen die Welt der Eltern und Erwachsenen und waren im ganzen damit so erfolgreich wie vielleicht die Jugendbewegung in der Zeit um den Ersten Weltkrieg. Es ging ihnen um das Gefühl einer Selbstsicherheit, um Befreiung von elterlicher und modekommerzieller Fremdbestimmtheit, um ihre eigene Wahl aus dem Angebot, um ihre Kraft zur Verweigerung, um ihren selbstbestimmten Stil. Und jeder weiß aus seinen Jugenderinnerungen, welch hohen Stellenwert gerade Kleidungsstücke für das kindliche Bewußtsein haben.

Ausblick

Zusammenfassend ist kein klarer Blick in die Zukunft zu gewinnen. Es ist wohl gerade typisch für eine demokratische Epoche, nicht eindeutig und ohne Ideologien zu sein. In der hierarchisch gegliederten Gesellschaft der Vergangenheit bestand das Be-

8) Kauffmann, Heiko: Die Militarisierung des Kindes. In: Zwischen Utopie und heiler Welt. (Hgg. von Ch. Oberfeld, H. Kauffmann u. J. Becker), Frankfurt a. M. 1978, S. 253 ff.

dürfnis nach zeichenhafter Abgrenzung, besonders nach unten. Das galt auch für die Familie und ihre patriarchal-autoritäre Struktur, in der die Kinder stets den schwächeren Teil bildeten und das Erziehungsziel Anpassung und Gehorsam hieß. Diese Zeit einer autoritären Machthierarchie als sozialer Norm ist vorbei, wenn ihre Nachwehen auch noch vielfach spürbar sind und sie von manchem zurückgewünscht wird. Darum sind die Familienformen der Gegenwart so diffus und schwer zu ordnen. Der Übergang nach vielen Jahrhunderten des Patriarchalismus in eine Welt der Mitbestimmung und Partnerschaft auch am Familientisch vollzieht sich langsam und unter Schwierigkeiten, aber doch als ein unaufhaltsamer Lernprozeß. Erst spätere Generationen werden verstehen, in welch großem geistigen Umbruch sich in den sechziger, siebziger und achtziger Jahren unseres Jahrhunderts die Familie als kleinste menschliche Gemeinschaft befunden hat – einem mindestens ebenso entscheidenden Wandel wie einst nach der Französischen und in der industriellen Revolution um 1800. Es gibt für diese Veränderungen keine anderen Vorschriften und Regeln als die des offenen Gesprächs, der Toleranz, des gegenseitigen Verstehens zwischen den Generationen und Geschlechtern und der gänzlichen Verbannung von Macht.

Marburg, im Oktober 1980 Ingeborg Weber-Kellermann

Alphabetisches Verzeichnis der benutzten und weiterführenden Literatur

Adolphs, Lotte: *Industrielle Kinderarbeit im 19. Jahrhundert.* Duisburg 1972

Adorno, Theodor W.: *Jargon der Eigentlichkeit. Zur deutschen Ideologie.* Frankfurt/M. 1964

Alt, Robert: *Bilderatlas zur Schul- und Erziehungsgeschichte.* 2 Bde, Berlin 1965

Ariès, Philippe: *Geschichte der Kindheit.* München – Wien 1975

Arnim, Bettina von: *Dies Buch gehört dem König!* 1847 (= Sämtl. Werke, hrsg. von Waldemar Oehlke, Berlin 1920-1922, Bd. VI)

Artus, Helmut M.: »Kultur als System«, in: *Zs. f. Vkde* 69, 1973, S. 1-18

Bächtold, Hanns: Die Gebräuche bei Verlobung und Hochzeit mit besonderer Berücksichtigung der Schweiz. Eine vergleichende volkskundliche Studie.
(= Schriften der Schweizerischen Gesellschaft für Volkskunde, Bd. 11). Basel und Straßburg 1914

Bäumer, Gertrud und Helene Lange: *Handbuch der Frauenbewegung.* 5 Bde. 1901ff.

Bäumer, Gertrud: *Die Frau in Gesellschaft und Staatsleben in der Gegenwart.* Stuttgart 1914

Baumert, Gerhard und E. Hüllninger: *Deutsche Familien nach dem Kriege.* (= Monographie 5, Gemeindestudie d. Inst. f. Sozialwiss. Forschung) Darmstadt 1954

Baumgarten, Karl: »Die Tischordnung im alten mecklenburgischen Bauernhaus«, in: *Dt. Jb. f. Volkskunde* 11, 1965, S. 5-15

Bausinger, Hermann: *Verbürgerlichung – Folgen eines Interpretaments.* In: Kultureller Wandel im 19. Jh. Göttingen 1973, S. 24-49

Bausinger, Hermann: *Volkskunde.* Darmstadt (o. J.)

Bebel, August: *Die Frau und der Sozialismus.* 1. Aufl. Stuttgart 1879, hier zitiert 26. Aufl. Stuttgart 1896

Becker, Albert: *Frauenrechtliches in Brauch und Sitte.* Kaiserslautern 1913

Becker, Horst: *Die Familie.* Leipzig 1935

Begemann, Helmut: *Strukturwandel der Familie.*

Beitl, Richard: *Der Kinderbaum. Brauchtum und Glauben um Mutter und Kind.* Berlin 1942

Bergmann, Klaus: *Agrarromantik und Großstadtfeindschaft.* Meisenheim am Glan 1970

Bericht der Bundesregierung über die Situation der Frauen in Beruf, Familie und Gesellschaft. (Drucksache V/909) vom 9. Dez. 1964
Bimmer, Andreas Christian: *Traditionelles Verhalten als Konstitutivum autoritärer Strukturen – dargestellt am Beispiel Marburger Studentenfamilien.* Diss. Marburg 1972
Bogatzky, C.H. v.: *Der christliche Haus- und Ehestand.* Halle 1756
Boor, Helmut de (Hrsg.): *Das Nibelungenlied.* Nach der Ausgabe von Karl Bartsch. Wiesbaden [15]1959
Bosse, R.: *Das Familienwesen oder Forschungen über seine Natur, Geschichte und Rechtsverhältnisse.* Stuttgart-Tübingen 1835
Brandes, E.: *Über das Du und Du zwischen Eltern und Kindern.* Hannover 1809
Brauch und seine Rolle im Verhaltenscode sozialer Gruppen. Eine Bibliographie deutschsprachiger Titel von 1945-1970. Marburg 1973
Braun, Rudolf: *Industrialisierung und Volksleben.* Erlenbach und Zürich 1960
Braun, Rudolf: *Sozialer und kultureller Wandel in einem ländlichen Industriegebiet im 19. und 20. Jahrhundert.* Zürich 1965
Braun, Rudolf: »Probleme des sozio-kulturellen Wandels im 19. Jahrhundert«, in: *Kultureller Wandel im 19. Jahrhundert.* Göttingen 1973, S. 11-23
Brepohl, Wilhelm: *Industrievolk im Wandel von der agraren zur industriellen Daseinsform. Dargestellt am Ruhrgebiet.* Tübingen 1957
Brunner, Otto: »Das ›ganze Haus‹ und die alteuropäische Ökonomik«, in: *Familie und Gesellschaft.* Tübingen 1966, S. 23-56
Bruns, A.: *Die Arbeitsverhältnisse der Lehrlinge und Gesellen im städtischen Handwerk in Westdeutschland bis 1800.* Diss. Köln 1938
Bücher, Karl: *Die Frauenfrage im Mittelalter.*[2] 1910
Bühler, Johannes: *Die Kultur des Mittelalters.* Stuttgart 1954
Bürgin-Kreis, Hildegard: »Der Wandel der Familie in Sitte und Recht in den letzten 150 Jahren«, in: *Schweiz. Arch. f. Volkskunde* 49. 1953, S. 101-131
Buttgereit, M.: *Familie. Soziologische Materialien.* (= Pädag. Forsch. 40: Gesellschaft und Erziehung 11), Heidelberg 1969

Caesar, Beatrice: *Autorität in der Familie. Ein Beitrag zum Problem schichtenspezifischer Sozialisation.* (rde 366) Hamburg 1972
Carlsson, Lizzie: »Vom Alter und Ursprung des Beilagers im germanischen Recht«, in: *Zs. Savigny RG, Germ. Abt.* 77, 1960, S. 311-323
Caro, Georg: *Sozial- und Wirtschaftsgeschichte der Juden im Mittelalter und der Neuzeit.* Leipzig 1908
Chartschew, A.G. und S.I. Golod: *Berufstätige Frau und Familie.* Berlin 1972
Claessens, Dieter: *Familie und Wertsystem. Eine Studie zur »zweiten so-*

zio-kulturellen Geburt« des Menschen. Berlin 1962
Claessens, Dieter: »Die Familie in der modernen Gesellschaft«, in: *Familie und Gesellschaft.* Tübingen 1966, S. 235-266
Claessens, Dieter und Ferdinand W. Menne: »Zur Dynamik der bürgerlichen Familie und ihrer möglichen Alternativen«, in: *Soziologie der Familie.* Opladen 1970, S. 169-198
Claessens, Dieter und Petra Milhoffer (Hrsg.): *Familiensoziologie. Ein Reader als Einführung.* Fischer Tb. Frankfurt a.M. 1973
Conze, Werner (Hg.): *Sozialgeschichte der Familie in der Neuzeit Europas. Neue Forschungen.* Stuttgart 1976.

Davidis, Henriette: *Die Hausfrau. Praktische Anleitung zur selbständigen und sparsamen Führung von Stadt- und Landhaushaltungen.* Leipzig 1860. (zitiert nach 5.-8. Aufl. 1876)
Debus, Friedhelm: »Die deutschen Bezeichnungen für die Heiratsverwandtschaft«, in: *Dt. Wortforsch. in europ. Bezügen.* Gießen 1958, S. 1-116
Demleitner, Josef: »Hofübergabe und Heirat im bayerischen Alpenvorland«, in: *Volk und Volkstum* III. München 1938, S. 54-66
Deneke, Bernward: *Hochzeit.* München 1971
Deuerlein, Ernst: *Gesellschaft im Maschinenzeitalter. Bilder aus der deutschen Sozialgeschichte.* (rororo tele 15), Hamburg 1970
Dietrich, Richard: »Berlins Weg zur Industrie- und Handelsstadt«, in: *Berlin. Neun Kapitel seiner Geschichte.* Berlin 1960, S. 161-198
Dirx, Ruth: *Das Kind, das unbekannte Wesen. Geschichte, Soziologie, Pädagogik.* Hamburg 1964
Dombois, Hans A. und Fr. K. Schumann: *Weltliche und kirchliche Eheschließung.* Gladbeck 1953
Dubnow, Simon: *Die Geschichte des jüdischen Volkes in der Neuzeit.* Berlin 1927
Dünninger, Josef: »Das 19. Jahrhundert als volkskundliches Problem«, in: *Rhein. Jb. f. Volkskunde* 5, 1964, S. 281-294
Dunker, Hans: *Werbungs-, Verlobungs- und Hochzeitsgebräuche in Schleswig-Holstein.* Hamburg 1930
Durkheim, Émile: »La prohibition de l'inceste«, in: *Année sociologique* 1, 1898, S. 1-70
Durkheim, Émile: »Introduction à la sociologie de la famille«, in: *Annales de la Faculté des Lettres de Bordeaux,* 10, 1888
Durkheim, Émile: »Origines du mariage dans l'espèce humaine d'après Westermarck«, in: *Revue Philosophique* 1895
Durkheim, Émile: »La famille conjugale«, in: *Revue Philosophique* 1921

Ebel, H.: »Arbeitszeit und Familienstruktur«, in: *Arbeitswissenschaft* 3, 1964, S. 137ff.

Eckhardt, Karl-August: »Beilager und Muntübergang zur Rechtsbücherzeit«, in: *Zs. Savigny RG, Germ. Abt.* 47, 1927, S. 174-197
Emmerich, Wolfgang: *Germanistische Volkstumsideologie.* Tübingen 1968
Engels, Friedrich: *Der Ursprung der Familie, des Privateigentums und des Staates,* (nach der 4. – letzten – von E. selbst besorgten Ausgabe von 1891) Berlin 1946
Erdmann, Walter: *Die Ehe im alten Griechenland.* München 1934
Erlich, Vera St.: »Das erschütterte Gleichgewicht in der Familie«, in: *Kölner Zs. f. Soz. u. Sozialpsych.* 12, 1960, S. 400-420

Fehrle, Eugen: *Deutsche Hochzeitsbräuche.* Jena 1937
Feige, Johannes: *Der alte Feierabend.* München 1936
Feldeck, J. von: *Kern Einer vollständigen Hauß- und Landes-Wirthschaft, Oder Der Wohlerfahrene Böhmisch- und Oesterreichische Haußhalter.* Leipzig 1718
Franz, Heinrich: »Der Tod im hessischen Volksglauben«, in: *Hess. Bll. f. Volkskunde* 24, 1925, S. 44-63
Die Frau in Beruf, Familie und Gesellschaft. Eine zusammenfassende Darstellung des Berichts der Bundesregierung über die Situation der Frauen in Beruf, Familie und Gesellschaft. Hrsg. vom Presse- und Informationsamt der Bundesregierung, Bonn 1966
Freud, Sigmund: *Abriß der Psychoanalyse. Das Unbehagen in der Kultur.* (Fischer-Bücherei 47), Frankfurt/M.-Hamburg 1953
Freybe, Albert: *Die heilige Taufe und der Taufschatz in deutschem Glauben und Recht, in der Sitte des Volkes und der Kirche, in deutscher Sage und Dichtung.* Gütersloh 1900
Freybe, Albert: *Das alte deutsche Leichenmahl in seiner Art und Entartung.* Gütersloh 1909
Friedberg, E.: *Das Recht der Eheschließung.* Leipzig 1865
Frölich, Karl: »Die Eheschließung des deutschen Frühmittelalters im Lichte der neuen rechtsgeschichtlichen Forschung. Ergebnisse und Ausblicke«, in: *Hess. Bll. f. Volkskunde* 27, 1928, S. 144-194
Fromm, Erich: *Autorität und Familie.* Sozialpsychologischer Teil. Paris 1936, S. 77-135
Fuhse, F.: *Sitten und Gebräuche beim Essen und Trinken.* Diss. Göttingen 1891

Gantner, Theo: *Liebe und Hochzeit.* Ausstellung im Schweizerischen Museum für Volkskunde Basel, Februar 1972 bis Mai 1973.
Garve, Christian: *Über den Charakter der Bauern und ihr Verhältniß gegen die Gutsherren und gegen die Regierung. Drey Vorlesungen in der Schlesischen Oekonomischen Gesellschaft.* Breslau 1786
Gavazzi, Milovan: »Das Los der Großfamilie auf dem Balkan«, in: *Die*

Kultur Südosteuropas. Ihre Geschichte und ihre Ausdrucksformen. München 1964, S. 74-75
Geiger, Werner: *Studien zum Totenbrauch im Odenwald.* Diss. Frankfurt 1960
Geramb, Viktor von: *Wilhelm Heinrich Riehl. Leben und Werk (1823-1897).* Salzburg 1954
(Germershausen, Chr.F.): *Die Hausmutter in allen ihren Geschäften.* Leipzig 1778/81
(Germershausen, Chr.F.): *Der Hausvater in systematischer Ordnung.* Leipzig 1783/1786
Gierke, Otto: *Deutsches Privatrecht.* Bd. I: allg. Teil und Personenrecht. Leipzig 1895
Gifford, Edward S.: *Liebeszauber.* Stuttgart 1964
Göhre, Paul: *Drei Monate Fabrikarbeiter und Handwerksbursche. Eine praktische Studie.* Leipzig 1891
Griessmair, Johannes: *Knecht und Magd in Südtirol, dargestellt am Beispiel der bäuerlichen Dienstboten im Pustatal.* Innsbruck 1970
Gunda, Béla: »Der Einfluß der Gesellschaftsorganisation auf die Entwicklung der Bauweise«, in: *Sociologus* 13, 1963, S. 121-136

Haas, W.: *Leben unter einem Dach. Die Familie damals und heute.* Freiburg-Basel-Wien 1963
Habakkuk, H.J.: »Family Structure and Economic Change in Nineteenth-Century Europe«, in: *Journal of Economic History* 15, 1955, S.1-12
Hävernick, Walter: *Schläge als Strafe. Ein Bestandteil der heutigen Familiensitte in volkskundlicher Sicht.* Hamburg 1964
Hahn, Alois: *Einstellungen zum Tod und ihre soziale Bedingtheit. Eine soziologische Untersuchung.* Stuttgart 1968
Hain, Mathilde: *Tod und Begräbnis.* Frankfurt 1960
Hammer, Dorothea: *W.H. Riehl und seine Betrachtungen über die deutsche Familie.* Diss. Leipzig 1940
HdA = Handwörterbuch des deutschen Aberglaubens. Hrsg. von Hanns Bächtold-Stäubli. 10 Bde. Berlin und Leipzig 1927-1942
Hanika, Josef: *Hochzeitsbräuche der Kremnitzer Sprachinsel.* Reichenberg i. Böhmen 1927
Hanika, Josef: »Die verlassene Braut im Hochzeitsbrauch und die Aufgebotsszene in Wittenweilers Ringe«, in: *Bayer. Jb. f. Volkskunde* 1957, S. 103-112
Hanss, J.: *Religiöses Brauchtum in der katholischen Familie.* ²1949
Hauser, H.: *Die geistigen Grundlagen des Eherechts an der Wende des 18. und 19. Jahrhunderts.* Diss. Heidelberg 1940
Haushofer, H.: *Die Landwirtschaft im technischen Zeitalter.* Stuttgart 1972

Heeger, Fritz: »Frauenrechtliches im fränkischen Brauchtum«, in: *Bayer. Jb. f. Volkskunde* 1963, S. 133-143
Heiligendorff, W.: »Eltern und Kinder«, in: *Hwb. d. dt. Märchens.* Berlin und Leipzig 1930/34, Bd. I, S. 527-532
Hemmer, Ragnar: »Über das Beilager im germanischen Recht«, in: *Zs. Savigny RG,* Germ. Abt. 76, 1959, S. 292-301
Hemmer, Ragnar: »Nochmals über das Beilager im germanischen Recht«, in: *Zs. Savigny RG,* Germ. Abt. 78, 1961, S. 298-309
Herold, Ludwig: »Volksbrauch und Volksglaube bei Geburt und Taufe im Karlsbader Gebiet«, in: *Hess. Bll. f. Volkskunde* 44, 1953, S. 5-49
Hochzeit. München (1964)
Höhn, H.: »Sitte und Brauch bei Tod und Begräbnis«, in: *Volkstüml. Überlieferung in Württemberg,* hrsg. v.d. Württemberg. Landesstelle f. Volkskunde. Stuttgart 1961, S. 170-220
Hoffmann, Julius: *Die »Hausväterliteratur« und die »Predigten über den christlichen Hausstand«. Ein Beitrag zur Geschichte der Lehre vom Hause und der Bildung für das häusliche Leben.* Diss. Göttingen 1954
Hofmann, Ernst: »Volkskundliche Betrachtungen zur proletarischen Familie in Chemnitz um 1900«, in: *Wiss. Zs. d. Humboldt-Universität zu Berlin.* Gesellschafts- und sprachwiss. Reihe 20, 1971, S. 65-81
Hofmann, F.: Über den Verlobungs- und Trauring. (= Sitzungsber. der k. k. Wiener Akad. der Wissenschaften, phil.-hist. Klasse, Bd. 65) 1870
Hofmann, J.A.: *Handbuch des deutschen Eherechts, nach den allgemeinen Grundsätzen des deutschen Rechts sowohl als der besonderen Landes-, Stadt- und Orts-Rechte.* Jena 1789
Horkheimer, Max: »Bemerkungen zur philosophischen Anthropologie«, in: *Zs. f. Sozialforschung* 4, 1935, S. 1-25
Horkheimer, Max, Erich Fromm, Herbert Marcuse u.a. (Hrsg.): *Studien über Autorität und Familie. Forschungsberichte aus dem Institut für Sozialforschung.* Paris 1936
Horkheimer, Max: »Autorität und Familie in der Gegenwart« (Deutsch 1960), in: Claessens, *Familiensoziologie.* Frankfurt a.M. 1973, S. 79-94
Horn, Klaus: *Dressur oder Erziehung. Schlagrituale und ihre gesellschaftliche Funktion.* Frankfurt a.M. 1967
Hübner, Rudolf: *Grundzüge des deutschen Privatrechts. Leipzig* ²1913
Huizinga, Johan: *Herbst des Mittelalters.* ⁷1953

Kähler, Wilhelm: *Gesindewesen und Gesinderecht in Deutschland.* Jena 1896
Key, Ellen: *Das Jahrhundert des Kindes.* 1902
Das Kind. Kleine Enzyklopädie. Leipzig 1972
Kisch, Guido: *Forschungen zur Rechts- und Sozialgeschichte der Juden in Deutschland während des Mittelalters.* Zürich 1955

König, René: *Materialien zur Soziologie der Familie.* Bern 1946; ²Köln 1974
König, René: »Die Familie der Nachkriegszeit«, in: *Hess. Hochschulwochen f. staatswiss. Fortbildung.* Bd. 13. Bad Homburg v.d.H. 1957
König, René: *Soziologische Orientierungen.* Köln und Berlin 1965
König, René: »Alte Probleme und neue Fragen in der Familiensoziologie«, in: *Kölner Zs. f. Soz. u. Sozialpsych.* 18, 1966, S. 1-20; auch in Claessens, *Familiensoziologie.* Frankfurt a.M. 1973, S. 123-143
König, René: »Das Problem der Frühehe«, in: *Krise der Ehe.* München 1966, S. 35-49
König, René: »Ehe und Ehescheidung«, in: Wilhelm Bernsdorf (Hrsg.), *Wörterbuch der Soziologie.* Stuttgart ²1969, S. 197-207
König, René: »Soziologie der Familie«, in: *Hb. d. empir. Sozialfg.* II. Stuttgart 1969, S. 172ff.; ² VII, Stuttgart 1976, S. 1–217
König, René: »Familie und Familiensoziologie«, in: Wilhelm Bernsdorf (Hrsg.), *Wörterbuch der Soziologie.* Stuttgart ²1969, S. 247-262
König, René: *Die Familie der Gegenwart. Ein interkultureller Vergleich.* München 1974
Köstler, Rudolf: »Raub-, Kauf- und Friedelehe bei den Germanen«, in: *Zs. Savigny RG,* Abt. Germ. 63, 1943, S. 92-136
Kötter, Herbert: »Die Generationen auf dem Lande«, in: Hans Muthesius (Hrsg.), *Die Fürsorge im Spannungsfeld der Generationen.* 1921, H. 221, S. 144ff.
Kramer, Dieter: »Sozialkulturelle Lage und Ideologie der Arbeiterschaft im 19. Jahrhundert«, in: *Kultureller Wandel im 19. Jahrhundert.* Göttingen 1973, S. 112-124
Kramer, Karl-S.: »Das Haus als geistiges Kraftfeld im Gefüge der alten Volkskultur«, in: *Rhein.-westf. Zs. f. Volkskunde* 11, 1964, S. 30-43
Kriegk, G.L.: *Deutsches Bürgertum im Mittelalter.* I 1868, II 1871
Kroeschell, Karl: »Die Sippe im germanischen Recht«, in: *Zs. Savigny RG,* Germ. Abt. 77, 1960, S. 1-25
Kuczynski, Jürgen und Ruth Hoppe: *Geschichte der Kinderarbeit in Deutschland 1750-1939.* Bd. I u. II, Berlin 1958
Kulischer, Josef: *Allgemeine Wirtschaftsgeschichte des Mittelalters und der Neuzeit.* 2 Bde. Berlin² 1958
Kyll, Nikolaus: *Das Kind in Glaube und Brauch des Trierer Landes.* Trier 1957

Landau, Georg: *Sitte und Brauch in Hessen vor hundert Jahren.* Kassel und Basel 1959
Lange, Richard Erwin: *Sterben und Begräbnis im Volksglauben zwischen Weichsel und Memel.* Würzburg 1955
Lange, Helene: *Lebenserinnerungen.* Berlin 1925
Langer-El Sayed, Ingrid: *Frau und Illustrierte im Kapitalismus. Die In-*

haltsstruktur von Illustrierten Frauenzeitschriften und ihr Bezug zur gesellschaftlichen Wirklichkeit. Vorwort von Manfred Teschner. Köln 1971
Lauffer, Otto: »Deutsche Lebensformen der Familie«, in: *Nd. Zs. f. Volkskunde* 21, 1943, S. 49-60
Lauffer, Otto: »Jungfernkranz und Brautkrone«, in: *Zs. f. Volkskunde* N.F. 2, 1931, S. 25-29
Le Play, Frédéric: *Les ouvriers européens. Etudes sur les Travaux, la vie domestique et la condition morale des populations ouvriès de l'Europe.* 6 Bde. Paris 1855, ²1877
Le Play, Frédéric: *L'organisation de la famille, selon le vrai modèle signalé par l'histoire de toutes les races et tous les temps.* Paris 1871
Lévi-Strauss, Claude: »The Family«, in: H.L. Shapiro (Hrsg.), *Man, Culture and Society.* New York 1956, S. 261-285
Lévi-Strauss, Claude: (Anthropologie structurale. Paris 1960); *Strukturale Anthropologie.* Frankfurt a.M. 1967
Lévi-Strauss, Claude: *Les structures élémentaires de la parenté.* Paris 1949
Liebe und Hochzeit. Aspekte des Volkslebens in Europa. Antwerpen 1975
Lincke, Werner: *Das Stiefmuttermotiv im Märchen der germanischen Völker.* Berlin 1933
Lüthi, Max: *Die Gabe im Märchen und in der Sage.* Bern 1943
Lüthi, Max: »Familie und Natur im Märchen«, in: *Volksliteratur und Hochliteratur.* Bern und München 1970, S. 63-78
Lüthi, Max: *Märchen.*⁴ Stuttgart 1971

Marcuse, Herbert: *Ideen zu einer kritischen Theorie der Gesellschaft.* (edition suhrkamp 300). Frankfurt a.M. 1969
Mac Lennan, J. Ferguson: *Primitive Marriage.* 1865; *The Patriarchal Theory.* 1885
Mahler, Elsa: *Die russischen dörflichen Hochzeitsbräuche.* Wiesbd. 1960
Marić (Mayer), A.: *Die bäuerliche Hauskommunion (Zadruga) in den Königreichen Kroatien und Slavonien.* Heidelberg 1910
Marković, M.: *Die serbische Hauskommunion.* Leipzig 1903
Marx, Lothar Franz: *Kurze Lebensgeschichte heiliger Dienstboten des weiblichen Geschlechtes. Ein Geschenk für junge Christen, für Mädchen insbesondere, die zu diesem Stande herangebildet werden. Frankfurt a.M.* ²1830
Matl, Josef: »Die Kultur der Südslawen«, in: *Hb. d. Kulturgesch.* Frankfurt a.M., 1966, Lieferung 101-105, S. 3-118
Mayntz, Renate: *Die moderne Familie.* Stuttgart 1955
Mayntz, Renate: *Soziale Schichtung und sozialer Wandel in einer Industriegemeinde.* Stuttgart 1958
Meier, John: *Ahnengrab und Brautstein.* (= Untersuchungen zur deutschen Volkskunde und Rechtsgeschichte, 1. Heft). Halle 1944

Meier-Böke, August: »Liebe und Ehe im lippischen Volksbrauch«, in: *Lippische Mitt. aus Geschichte und Landeskunde* 26, 1957, S. 210-241
Meier-Oberist, Edmund: *Kulturgeschichte des Wohnens im abendländischen Raum.* Hamburg 1956
Meletinskij, Eleasar: »Die Ehe im Zaubermärchen«, in: *Acta Ethnographica Academiae Scientiarum Hungaricae* 19, 1970, S. 281-292
Meyer, Elard Hugo: *Der badische Hochzeitsbrauch des Vorspannens,* Freiburg i.Br. und Leipzig 1896
Meyer, Herbert: »Friedelehe und Mutterrecht«, in: *Zs. Savigny RG,* Germ. Abt., 47, 1927, S. 198-286
Mezger, Fritz: »Oheim und Neffe«, in: *Zs. f. vergl. Sprachforschg. auf d. Gebiete d. indogerm. Sprachen* 76, 1960, S. 296-302
Mitgau-Heidelberg, J.H.: *Familienschicksal und soziale Rangordnung. Untersuchungen über den sozialen Aufstieg und Abstieg.* Leipzig 1928
Mitterauer, Michael: *Zur Familienstruktur in ländlichen Gebieten Österreichs im 17. Jahrhundert.* In: Beiträge zur Bevölkerungs- und Sozialgeschichte Österreichs. Wien 1973, S. 168-222.
Mitterauer, Michael u. Reinhard Sieder: Vom Patriarchat zur Partnerschaft. München 1977
Möller, Helmut: »Christian Friedrich Sintenis. Ein vergessener Autor am Ausgang der Hausväter-Zeit«, in: *Zs. f. dt. Philol.* 78, 1959, S. 164-180
Möller, Helmut: »Altdeutsch. Ideologie, Stereotyp, Verhalten«, in: *Hess. Bll. f. Volkskunde* 57, 1966, S. 9-30
Möller, Helmut: *Die kleinbürgerliche Familie im 18. Jahrhundert. Verhalten und Gruppenkultur.* Berlin 1969
Möser, Justus: *Patriotische Phantasien.* 4 Bde. Berlin 1774-1786
Morgan, Lewis Henry: *Die Urgesellschaft. Untersuchungen über den Fortschritt der Menschheit aus der Wildheit durch die Barbarei zur Zivilisation.* Stuttgart 1891 (= Übersetzg. d. engl. Ausgabe von 1877)
Müller, Ernst Wilhelm: »Über Grundformen der Verwandtschaft«, in: *Kölner Zs. f. Soz. u. Sozialpsych.* 18, 1966, S. 335-354
Musiat, Siegmund: »Spätfeudale Taufordnungen als Quelle zur obersorbischen Brauchforschung«, in: *Letopis,* Reihe C, 10, 1967, S. 49-89

Naumann, Ida: *Altgermanisches Frauenleben.* Jena 1929
Neckel, Gustav: *Altgermanische Kultur.* Leipzig 1925
Neckel, Gustav: *Liebe und Ehe bei den vorchristlichen Germanen.* Leipzig und Berlin 1932; ^{2}1934
Neidhardt, Friedhelm: *Die Familie in Deutschland,* Opladen 1966; ^{4}1975
Neubecker, F.K.: *Die Mitgift in rechtsvergleichender Darstellung.* Leipzig 1909
Niemeyer, Annemarie: *Zur Struktur der Familie. Statistische Materialien.* Berlin 1931

Oeter, Ferdinand (Hrsg.): *Familie und Gesellschaft.* Tübingen 1966
Peter, Ilka: *Gasslbrauch und Gasslspruch in Österreich.* Salzburg 1953
Peuckert, Will-Erich: *Ehe. Weiberzeit – Männerzeit – Saeterehe – Hofehe – Freie Ehe.* Hamburg 1955
Pfeil, Elisabeth: *Die Familie im Gefüge der Großstadt. Zur Sozialtopographie der Stadt.* Hamburg 1965
Pfeil, Elisabeth: »Die Frau in Beruf, Familie und Haushalt«, in: *Familie und Gesellschaft.* Tübingen 1966, S. 141-176
Pfeil, Elisabeth: »Die Großstadtfamilie«, in: Claessens, *Familiensoziologie.* 1973, S. 144-168
Pieske, Christa: *Das freudige Ereignis und der jungen Kindlein Aufzucht.* München 1963
Planck, Ulrich: *Der bäuerliche Familienbetrieb zwischen Patriarchat und Partnerschaft.* Stuttgart 1964
Planck, Ulrich: »Die Landfamilie in der Bundesrepublik Deutschland«, in: Claessens, *Familiensoziologie.* 1973, S. 169-204
Plosz, Heinrich: *Das Kind in Brauch und Sitte der Völker.* Leipzig 1912
Popp, Hermann: *Das Werden der deutschen Familie.* Weimar 1914
Probst, Johann Gottlieb August: *Handwerksbarbarei oder die Geschichte meiner Lehrjahre. Ein Beytrag zur Erziehungsmethode deutscher Handwerker.* Halle-Leipzig 1790
Propp, Vladimir: *Morphologie des Märchens.* Hrsg. von K. Eimermacher. München 1972
Pross, Helge: »Notizen zur gegenwärtigen Situation der Familie«, in: *Bll. f. dt. u. internat. Politik* 11, 1966, S. 128-134

Rehm, M.: *Das Kind in der Gesellschaft.* München 1925
Reich, Wilhelm: *Massenpsychologie des Faschismus.* (2. Aufl. Kopenhagen 1934). Neudruck 1969
Reimann, H.J.: *Die Familie in Jeremias Gotthelfs Dichtungen.* 1939
Retzlaff, Hans: *Bauernhochzeit im Elsaß.* Berlin 1937
Richter, Horst Eberhard: »Konflikte und Krankheiten der Frau«, in: Claessens, *Familiensoziologie.* 1973, S. 209-308
Riehl, Wilhelm Heinrich: *Die bürgerliche Gesellschaft.* (= Bd. 2 von »Die Naturgeschichte des Volkes als Grundlage einer deutschen Sozialpolitik«). 1851. (hier zitiert nach der 9. Aufl., Stuttgart 1897)
Riehl, Wilhelm Heinrich: *Die Familie.* (= Bd. 3 von »Die Naturgeschichte des Volkes als Grundlage einer deutschen Sozialpolitik»). 1855. (hier zitiert nach der 10. Aufl. Stuttgart 1889)
Rörig, Maria: *Haus und Wohnen in einem sauerländischen Dorfe.* Münster 1939
Rosenbaum, Heidi: *Familie als Gegenstruktur zur Gesellschaft. Kritik grundlegender Ansätze der westdeutschen Familiensoziologie.* Stuttgart 1973

Rosenbaum, Heidi: Familie und Sozialstruktur. 1977.
Rosenbaum, Heidi (Hrsg.): *Familie und Gesellschaftsstruktur.* Materialien zu den sozioökonomischen Bedingungen von Familienformen. Fischer Taschenbuch 6521
Rosenmayr, Leopold: »Die Wiener Familie in der Gegenwart«, in: Nels Anderson (Hrsg.), *Recherches sur la famille*, Bd. 3. Göttingen 1958
Rühle, Otto: *Das proletarische Kind.* Berlin 1911
Rühle, Otto: *Illustrierte Kultur- und Sittengeschichte des Proletariats.* Mit einem Vorwort von A. Lunatscharski und 492 Illustrationen. Ausgewählt und beschriftet von Dr. Fritz Schiff. Bd. I, Berlin 1930
(Rudolphi L.E.G.): *Ueber die häusliche Erziehung.* Berlin 1789
Rumpf, J.D.F.: *Der Haus-, Brot- und Lehrherr in seinem ehelichen, väterlichen und übrigen hausherrlichen Verhältnissen gegen Gesinde, Gesellen und Lehrlinge.* Berlin 1823

Saller, Karl: »Sexualität und Sitte in der vorindustriellen Zeit«, in: *Familie und Gesellschaft.* Tübingen 1966, S. 113-140
Salomon, A. und M. Baum (Hrsg.): *Das Familienleben der Gegenwart. 192 Familienmonographien.* Berlin 1930
Samter, Ernst: *Familienfeste der Griechen und Römer.* Berlin 1901
Sanders, I.T.: *Balkan Village.* Lexington 1949
Sarasin, Fritz: »Die Anschauungen der Völker über Ehe und Junggesellentum«, in: *Schweiz. Arch. f. Volkskunde* 33, 1934, S. 99-151
Sartori, Paul: *Die Speisung der Toten.* Dortmund 1903
Sartori, Paul: *Sitte und Brauch.* 3 Bde. Leipzig 1910 (1. Teil: Hauptstufen des Menschendaseins)
Schäfer, Harald: *Struktur-Untersuchungen zur Situation der Familie vor und auf dem Bildschirm.* Marburg 1973
Schauerte, Heinrich: »Volkskundliches zur Taufe«, in: *Zs. f. Volkskunde* 53, 1956/57, S. 77-90; »Volkskundliches zur Taufe«, in: *Europ. Kulturverflechtg. im Bereich der volkstüml. Überlieferung.* Göttingen 1967, S. 41-62.
Schelsky, Helmut: »Die gegenwärtige Problemlage der Familiensoziologie«, in: *Soziologische Forschung in unserer Zeit.* Köln und Opladen 1951, S. 282-296
Schelsky, Helmut: »Die Flüchtlingsfamilie«, in: *Kölner Zs. f. Soz. u. Sozialpsych.* 3, 1951, S. 159-178
Schelsky, Helmut: *Wandlungen der deutschen Familie in der Gegenwart.* Stuttgart 1953; [5]1967
Schenk, Annemie und Ingeborg Weber-Kellermann: *Interethnik und sozialer Wandel in einem mehrsprachigen Dorf des rumänischen Banats.* Marburg 1973; Kap. »Familie«, S. 91-123
Schmidt, Leopold: »Brauch ohne Glaube«, in: *Volksglaube und Volks-*

brauch. Berlin 1966, S. 289-312; *Hochzeitsbrauch im Wandel der Gegenwart.* Wien 1976
Schmidt, Wilhelm: *Geburtstag im Altertum. Religionsgeschichtliche Versuche und Vorarbeiten.* VII. Band. Gießen 1908
Schmitz, Carl August: *Grundformen der Verwandtschaft.* Basel 1964
Schnapper-Arndt, Gottlieb: *Fünf Dorfgemeinden auf dem Hohen Taunus. Eine sozialstatistische Untersuchung über Kleinbauerntum, Hausindustrie und Volksleben.* Leipzig 1883
Schneider, Lothar: *Der Arbeiterhaushalt im 18. und 19. Jahrhundert.* Berlin 1967
Schrader, O.: *Die Schwiegermutter und der Hagestolz.* Braunschweig 1904
Schröder, Edward: »Brautlauf und Tanz«, in: *Zs. f. deutsches Altertum* 61, 1924, S. 17-34
Schulte, Otto: »Taufsitten und Taufbräuche in einem oberhessischen Ort vor 250 Jahren und heute«, in: *Hess. Bll. f. Volkskunde* 7, 1908, S. 65-78
Schulze, Wally: »Kinderarbeit und Erziehungsfragen in Preußen zu Beginn des 19. Jahrhunderts«, in: *Soziale Welt* 9, 1958, S. 299-309
Schultz, Alwin: *Das Alltagsleben einer deutschen Frau zu Anfang des achtzehnten Jahrhunderts.* Leipzig 1890
Schwägler, Georg: *Soziologie der Familie. Ursprung und Entwicklung.* (Mit einem einleitenden Essay von W.E. Mühlmann) Tübingen 1970
Schwalm, Johann Heinrich: »Baste Eckerds Freierei. Schwälmer Kulturbilder aus der 2. Hälfte des 19. Jahrhunderts«, in: *Hessenland* 43, 1932 S. 145-152
Segalen, Martine: »Photographie de noces, mariage et parenté en milieu rural«, in: *Ethnologie française* 2, 1972, S. 123-140.
Sicard,E.: *La Zadruga Sud-Slave dans l'évolution du groupe domestique.* Paris 1943
Sicard, E.: *Problèmes familiaux chez les Slaves du sud.* Paris 1947
Silbermann, Alphons: *Vom Wohnen der Deutschen.* Köln 1963
Sintenis, Christian Friedrich:
I. *Der Mensch im Umkreis seiner Pflichten.* Leipzig 1804/07
II. *Das größere Buch für Familien.* 1/2, 1805/07
Sohm, Rudolf: *Das Recht der Eheschließung aus dem deutschen und canonischen Recht geschichtlich entwickelt.* Weimar 1875
Sohm, Rudolf: *Institutionen, Geschichte und System des römischen Privatrechts. München und Leipzig* ^{17}1933
Spamer, Adolf: »Sitte und Brauch«, in: *Handbuch der Deutschen Volkskunde,* Hrsg. v. Wilhelm Peßler. Potsdam 1935, II, S. 33-236
Spamer, Adolf: *Der Bilderbogen von der »Geistlichen Hausmagd«. Ein Beitrag zur Geschichte des religiösen Bilderbogens und der Erbauungsliteratur im populären Verlagswesen Mitteleuropas.* Bearbeitet und mit einem Nachwort versehen von Mathilde Hain. Göttingen 1970

Staudt, Reinhold: *Studien zum Patenbrauch in Hessen.* Darmstadt 1958
Steinitz, Wolfgang: » A finnugor rohonsági elnevezesek rendsvere.« (Das System der finnisch-ugrischen Verwandtschaftstermini), in: *A Magyar Tudomany os Akadémia Nyelv – és Irodalomtudomanyi Osztály ának Kózleményei* 10, 1957, S. 321-334
Stephan, G.: *Die häusliche Erziehung in Deutschland während des 18. Jahrhunderts.* Wiesbaden 1891
Strobel, Hans: *Bauernbrauch im Jahreslauf.* Leipzig 1937
Strübin, Eduard: *Baselbieter Volksleben.* Basel 1952

Taylor, G.A.: *Wandlungen der Sexualität.* Düsseldorf-Köln 1957
Thönissen, Werner: *Frauenemanzipation.* 1969
Thurnwald, Hilde: *Gegenwartsprobleme Berliner Familien.* Berlin 1948
Thurnwald, Richard: »Zadruga« und »Familienformen«, in: *Reallexikon der Vorgeschichte von Ebert.* Berlin 1924-29, S. 458
Thurnwald, Richard: *Werden, Wandel und Gestaltung von Familie, Verwandtschaft und Bünden im Lichte der Völkerforschung.* Berlin und Leipzig 1932 (= Bd. 2 von: *Die menschliche Gesellschaft.* Berlin und Leipzig 1931-1934).
Thurnwald, Richard: »Soziale Organisation und Verwandtschaftsnamen bei Primitiven«, in: *Grundfragen menschlicher Gesellung.* Berlin 1957, S. 70-76
Treue, Wilhelm: *Illustrierte Kulturgeschichte des Alltags.* München 1952
Trier, Jost: »Vater. Versuch einer Etymologie«, in: *Zs. Savigny RG,* Germ. Abt. 65, 1947, S. 232-260.
Tyrell, Hartmann: Probleme einer Theorie der gesellschaftlichen Ausdifferenzierung der privatisierten modernen Kleinfamilie, in: *Zs. f. Soziologie* 5 (1976), S. 393–417
Tyrell, Hartmann: Historische Familienforschung und Familiensoziologie, in: *Kölner Zs. f. Soziologie u. Sozialpsychologie* 29 (1977), S. 677–701

Vierkandt, A.: *Familie, Volk und Staat in ihren gesellschaftlichen Lebensvorgängen. Eine Einführung in die Gesellschaftslehre.* Stuttgart 1936
Vinski, Zdenko: *Die südslawische Großfamilie.* Zagreb 1938
Virchow, Rudolf: *Die Not im Spessart. Eine medizinisch-geographisch-historische Skizze.* 1852. Neudruck Darmstadt 1968

Weber, Marianne: *Ehefrau und Mutter in der Rechtsentwicklung.* Tübingen 1907
Weber, Max: *Die protestantische Ethik und der Geist des Kapitalismus.* Tübingen ^{3}1934
Weber-Kellermann, Ingeborg: »Die Volksballade von der schönen Jüdin im europäischen Zusammenhang mit dem Lied von den 2 Königskin-

dern«, in: *Schweiz. Arch. f. Volkskunde* 58, 1962, S. 151-162
Weber-Kellermann, Ingeborg: »Der Berliner. Versuch einer Großstadtvolkskunde und Stammescharakteristik«, in: *Hess. Bll. f. Volkskunde* 56, 1965, S. 9-30
Weber-Kellermann, Ingeborg: *Erntebrauch in der ländlichen Arbeitswelt des 19. Jahrhunderts.* Marburg 1965
Weber-Kellermann, Ingeborg: *Deutsche Volkskunde zwischen Germanistik und Sozialwissenschaften.* Stuttgart 1969
Weber-Kellermann, Ingeborg: »Familienforschung im 19. Jahrhundert zwischen Volkskunde und Gesellschaftslehre«, in: *Kontakte und Grenzen.* Göttingen 1969, S. 329-336.
Weber-Kellermann, Ingeborg: »Hochzeits- und Ehestandslieder«, in: *Hb. d. dt. Volksliedes.* Bd. 1/I,Freiburg 1973, S. 551-574
Weber-Kellermann, Ingeborg: *Die Familie. Geschichte, Geschichten und Bilder.* Insel, Frankfurt a. M. 1976, ²1977
Weinhold, Karl: *Altnordisches Leben.* Berlin 1856
Weinhold, Karl: *Die deutschen Frauen in dem Mittelalter.* Wien 1882
Wolff, Joachim: *Das Hochzeitsbuch.* (Heyne Tb.) 1970
Welti, Erika: *Taufbräuche im Kanton Zürich.* Zürich 1967
Wernher der Gartenaere: *Meier Helmbrecht.* Hrsg. von Friedrich Panzer. Tübingen ⁵1949
Wiegelmann, Günter: *Alltags- und Festspeisen. Wandel und gegenwärtige Stellung.* Marburg 1967
Wikmann, K.R.V.: *Einleitung der Ehe.* Åbo 1937
Wilkens, Leonie von: *Tageslauf im Puppenhaus.* München 1956
Heinrich Wittenwilers *Ring.* Hrsg. von E. Wiessner, Darmstadt 1964
Wolfram, Richard: »Weiberbünde«, in: *Zs. f. Volkskunde* 42, 1933, S. 137-146
Wossidlo, Richard: *Mecklenburgische Volksüberlieferungen.* 3. Bd.: *Kinderwartung und Kinderzucht.* Wismar 1906
Wurst, F., H. Wassertheurer und K. Kimeswenger: *Entwicklung und Umwelt des Landkindes.* Wien-München 1961
Wurzbacher, Gerhard: *Leitbilder gegenwärtigen deutschen Familienlebens.* Stuttgart 1952; ⁴1969
Wurzbacher, Gerhard (Hrsg.): *Die Familie als Sozialisationsfaktor.* Stuttgart 1968; ²1977

Zachariae, Theodor: »Etwas vom Binden, Sperren und Einkreisen«, in: *Zs. d. V. f. Volkskunde* 35-36, 1925-1926, S. 149-164
Zallinger, Otto: *Die Ringgaben bei der Heirat und das Zusammengeben im mittelalterlich-deutschen Recht.* Sitzungsberichte der k. k. Wiener Akademie der Wissenschaften, phil.-hist. Klasse, Bd. 212. Wien 1931
Zallinger, Otto: *Die Eheschließung im Nibelungenlied und in der Gudrun.*

Akad. d. Wiss. in Wien, phil.-hist. Klasse. Sitzungsberichte Bd. 199/1. Wien 1923
Zeppenfeldt, L.: »Die Frau im mittelalterlichen Hildesheim«, in: *Hannov. Geschichtsbll.* 21, S. 225-237
Ziegler, Matthes: »Familienleben«, in: *Hwb. d. dt. Märchens.* Bd. II. Berlin 1934-40, S. 47-51
Zippelius, Adelhart: »Frühformen Mitteleuropäischer Hofanlagen. Ein Beitrag zur Frage der Kontinuität im Bereich von Haus und Hof«, in: *Rhein. Jb. f. Volkskunde* 6, 1955, S. 7-49

Zur jüngsten Entwicklung vgl. die Literatur- und Forschungsberichte:
Bimmer, Andreas C.: »Neuere sozialwissenschaftliche Arbeiten zur Familie«, in: *Zs. f. Volkskunde* 5, 1979.
Tyrell, Hartmann: »Historische Familienforschung und Familiensoziologie. Versuch einer Zwischenbilanz der historischen Familienforschung und Kritik eines Forschungsprogramms«, in: *Zs. f. Soz. u. Sozpsych.* 29, 1977.

Wichtige Ergänzungen 1981 zur modernen Familienliteratur:
1. Sozialkultur der Familie. Hrsg. Andreas C. Bimmer und Ingeborg Weber-Kellermann. (= Sonderband der Hessischen Blätter für Volks- und Kulturforschung) Gießen 1981
   Der Band enthält Beiträge der Europäischen Ethnologie zur Familienforschung aus Deutschland, Schweden, Frankreich, der Schweiz und Rumänien. Der Literaturteil behandelt die wichtigsten sozialwissenschaftlichen Neuerscheinungen zur Familie und gibt Aufschluß über den gegenwärtigen Forschungsstand.
2. Langer-El Sayd, Ingrid: Familienpolitik: Tendenzen, Chancen, Notwendigkeiten. Frankfurt a. M. 1980

Bildnachweis

S. 24 kolorierte Federzeichnung aus der 1468 datierten oberdeutschen Handschrift der Melusine des Thüring von Ringoltingen, in: Bernward Deneke, *Hochzeit,* München o. J. S. 124

S. 33 Zeichnung von Otto Ubbelohde zum Märchen vom Machandelboom. Mit freundlichet Genehmigung des N. G. Elwert Verlages, Marburg, aus: *Kinder- und Hausmärchen gesammelt durch die Brüder Grimm,* Verlag Martin Sändig, Niederwalluf 1970, Bd. I, S. 257

S. 42 Die Braut mit den Brautführern, von Michael Ostendorfer, um 1531. Bildarchiv Foto Marburg

S. 43 Die Bauernhochzeit, von Erhard Schoen, um 1527. Bildarchiv Foto Marburg

S. 44 Fragment einer stehenden Madonna, von Albrecht Dürer, Kohlezeichnung, vor 1515. Eremitage, Leningrad

S. 45 Bildnis der Mutter, von Albrecht Dürer, Silberstiftzeichnung, 1514. Staatliche Museen Preußischer Kulturbesitz Kupferstichkabinett Berlin KdZ 22

S. 46 Foto Weber-Kellermann

S. 47 Von viel und schwerer Bürde der Kinder, 16. Jh., in: *Die Holzschnitte des Petrarcameisters,* Berlin 1955, S. 206

S. 48 Verbrennung von drei Zauberinnen zu Derneburg 1555. Flugblatt, Nürnberg, Jörg Merckel, in: *Der Kelheimer Hexenhammer.* Facsimile-Ausgabe, Verlag Konrad Kölbl, München-Allach 1966

S. 50 Geburt Mariens, vom Meister des Marienlebens 1470–1480. Alte Pinakothek, München. Bildarchiv Foto Marburg

S. 52 Kapellenkirche Rottweil, Braut-Türle, 14. Jh. Foto Kramers Kunstanstalt, Dortmund

S. 53 Kirchweihfest mit Trauung, von Hans Sebald Beham, um 1533. Bildarchiv Foto Marburg

S. 77 Familienbild von Gonzales Coques, 1618–1684. Gemäldegalerie, Kassel. Bildarchiv Foto Marburg

S. 79 Familienbild von Daniel Chodowiecki, 1726–1801. »Cabinet d'un peintre«. Staatsgalerie Stuttgart, Graphische Sammlung

S. 80 Neuruppiner Bilderbogen als Wandschmuck. Sammlung Professor Dr. Klaus Lankheit, Karlsruhe

S. 84 Archiv Gerstenberg, Frankfurt a. M.

S. 92 Niedersächsisches Flett aus der Gegend von Diepholz, 1654. Germanisches Nationalmuseum, Nürnberg

S. 95 Familie beim Essen in Süderdithmarschen, von Bernhard Winter. Illustration zur Jubiläumsausgabe von Gustav Frenssen, *Jörn Uhl,* 1913

S. 101 Gemälde von Louis Krevel, Archiv Gerstenberg, Frankfurt a. M.

S. 104 Der Schadowkreis, 1830. Kaiser-Wilhelm Museum, Krefeld. Bildarchiv Foto Marburg

S. 106 Oberförster Seyd und Familie, von Joseph Hartmann, 1845. Landesmuseum, Darmstadt

S. 108 Pastor Rautenberg und die Seinen, von Julius Milde, 1833. Kunsthalle, Hamburg

S. 109 Nürnberger Bilderbogen, Sammlung Rolf von Hoerschelmann, München

S. 109 Biedermeierzimmer im Münchner Stadtmuseum

S. 111 Christoph M. Wieland mit seiner Familie, von Georg Melchior Kraus, 1775. Bibliothek, Weimar. Bildarchiv Foto Marburg

S. 111 Familienbild bei der silbernen Hochzeit des Herrn Neuß, von J. B. J. Bastiné, um 1830. Suermondt-Museum, Aachen. Bildarchiv Foto Marburg

S. 115 Die Brautwerbung, von Henri Brispot, um 1880. Foto Ludwig Glaeser, New York

S. 117 Die kaiserliche Familie, um 1900

S. 120 Foto Weber-Kellermann

S. 123 Titelblatt von Heinrich Zille zu Georg Hermanns Roman *Kubinke,* Berlin-Schöneberg o. J. (1910)

S. 128 Maschinensaal einer Baumwollspinnerei um 1830. Archiv Gerstenberg, Frankfurt a. M.

S. 130 Mittag bei Borsig, von Hans Baluschek, 1911. Kunstamt Kreuzberg, Berlin

S. 132 Barackenstadt vor Berlin um 1875, Ullstein-Bilderdienst, Berlin

S. 133 Archiv Gerstenberg, Frankfurt a. M.

S. 135 Thomas Theodor Heine, *Simplizissimus* 1929, Nr. 29

S. 142 »Wegen allgemeiner Verbesserung der Verhältnisse in Deutschland, schreibt der Hauswirt, darf er verlangen, daß wir jetzt für die Kellerwohnung Friedens-Goldmiete zahl'n!«, in: Otto Nagel, *Heinrich Zille,* Akademie der Künste, Berlin 1962, S. 94

S. 144 Oskar-Seyffert-Museum, Dresden

S. 157 In der Leutekammer, von Bernhard Winter, 1891–1964. Holzschnitt zur Jubiläumsausgabe von Gustav Frenssens Roman *Jörn Uhl,* Berlin 1913

S. 165 *Hochzeit.* Heinz Moos Verlag, München 1964, S. 56

S. 167 Heinrich Zille, um 1900, nach: Alfred Richard Meyer, *Berliner Kinderreime,* Hannover o. J.

S. 169 Alte Bildpostkarte von 1904 (?). Kunstverlag Siegfried Bäcker, Cassel, No. 2098

S. 171 Bilder aus dem deutschen Mittelalter von einem unbekannten Meister, in: *Das Hausbuch,* Insel Bücherei, Nr. 452, Abb. 7

S. 180 Bergbauernfamilie, von Rudolf Otto, um 1940. Interfoto Friedrich Rauch, München

S. 194 Reifezeit, von Johannes Beutner, 1941, aus: Eckart Hachfeld, *Museum der deutschen Seele,* Oldenburg und Hamburg o. J., S. 45

S. 196 Günther Jarosch, *Erntebrauch und Erntedank,* Jena 1939, Abb. 33

S. 211 Foto rechts Götz Fischer, Kiel

S. 213 dpa-Bilderdienst, Frankfurt a. M.

S. 215 Die Krupp-Familie um 1930, in: DER SPIEGEL Nr. 34/1968, S. 36

S. 215 Foto Pontis/Berr, München

S. 225 Christmas Tree at Windsor Castle. Zeichnung von J. L. Williams. Englischer Bilderbogen, Jackdraw No. 75, printed in Malta

S. 228 vereinfacht gezeichnet nach dem *Atlas der deutschen Volkskunde,* Karte 37, nach Belegen von 1932

S. 233 Herr Winter, von Moritz von Schwind. Münchner Bilderbogen von 1847. Verlag Braun & Schneider, München

S. 237 Münchner Bilderbogen um 1900, Verlag Braun & Schneider, München

S. 239 Heinrich Hoffmann, *König Nußknacker und der arme Reinhold,* 1851. Neuauflage 461.–470. Tausend, Darmstadt-Frankfurt a. M. o. J.

S. 241 Nürnberger Bilderbogen. Sammlung Rolf von Hoerschelmann, München. Kunstkartenserie Nr. 39: Bilder aus dem Biedermeier. Verlag Woldemar Klein, Berlin-Wilmersdorf, Nr. K 828

Im Insel Verlag erschien:

Ingeborg Weber-Kellermann, Die Familie. Geschichte, Geschichten und Bilder. 1976. 348 Seiten. Leinen; ²1977

Die Kindheit. Eine Kultur- und Sozialgeschichte über Kleidung und Wohnen, Arbeit und Spiel. 1979. 286 Seiten und 421, z.T. farbige Abb. Leinen

In Vorbereitung:
Was wir gespielt haben. Erinnerungen an die Kinderzeit. Hg. von Ingeborg Weber-Kellermann und Regine Falkenberg; ca. 350 Seiten. Leinen. 1981

Eine preußische Königstochter. Glanz und Elend am Hofe des Soldatenkönigs in den Memoiren der Markgräfin Wilhelmine von Bayreuth. Aus dem Französischen übersetzt und 1910 herausgegeben und mit einem Nachwort und Kommentaren versehen von Annette Kolb. Neu herausgegeben und mit einem Nachwort und einem Sachregister versehen von Ingeborg Weber-Kellermann. Mit zahlreichen Illustrationen von Adolph Menzel und sieben zeitgenössischen Porträts; ca. 520 Seiten. Leinen. 1981

Im Suhrkamp Verlag erschien:

Ingeborg Weber-Kellermann, Zur Interethnik. Donauschwaben, Siebenbürger Sachsen und ihre Nachbarn. 1978. 400 Seiten. Kart.

st 599 Max Frisch
Herr Biedermann und die Brandstifter
Rip van Winkle
Zwei Hörspiele
114 Seiten
Es ist die Meisterschaft Max Frischs, Unterhaltung und Belehrung, Komik und Politik zum Vorteil beider zu verschränken. Die gewollt-ungewollte Konspiration von Biedermännern und Brandstiftern, Spießern und Gangstern ist eine Burleske ersten Ranges – und zugleich ein Beitrag zur Urgeschichte des Totalitären.

st 600 Martin Walser
Ein fliehendes Pferd
Novelle
152 Seiten
»... diese Geschichte könnte zu dem gehören, das einmal übrigbleibt von einem Jahrhundert.« *Stuttgarter Zeitung*

st 601 Wolfgang Koeppen
Tauben im Gras
Roman
210 Seiten
Tauben im Gras (1951) ist der erste Roman jener »Trilogie des Scheiterns«, mit der Koeppen eine erste kritische Bestandsaufnahme der sich formierenden Bundesrepublik gab. Mit Vehemenz und unerbittlicher Schärfe analysiert Koeppen die Rückstände jener Ideologien und Verhaltensweisen, die zu Faschismus und Krieg geführt haben und die schließlich in den fünfziger Jahren die Restauration der überkommenen Verhältnisse protegierten.

st 602 Marie-Louise von Franz
Zahl und Zeit
Psychologische Überlegungen zu einer Annährung von Tiefenpsychologie und Physik
298 Seiten

In die interessanten Analysen der Eigenschaften von Zahlen gehen altchinesische kosmische Zahlenpläne und die Zahlenspekulationen der Alchimisten ebenso ein wie die zahlenphilosophischen Überlegungen moderner Mathematiker und Physiker. Hervorgehoben wird besonders der qualitative Aspekt der Zahlen, der sie nicht zu bloß quantitativen Größen, sondern zu ›Individualitäten‹ macht. Zugleich ergeben sich neue Ansatzpunkte für die Diskussion der Zeit, besonders im Hinblick auf synchronistische und andere parapsychologische Phänomene.

st 603 Herbert W. Franke
Einsteins Erben
Science-fiction-Geschichten
Phantastische Bibliothek Band 41
166 Seiten
Informationsexplosion, Überbevölkerung, Umweltverschmutzung, Kybernetik, Genetik, die Kontrolle und Versklavung des Menschen durch die Technologie, Warnung vor Konformismus und Manipulation des Menschen, die Erforschung fremder Planeten und die erstmalige Begegnung mit außerirdischen Lebewesen sind einige dieser von kritischem Geist durchdrungenen Erzählungen.

st 604 Paul Celan
Ausgewählte Gedichte
Zwei Reden
Nachwort von Beda Allemann
168 Seiten
Dieser Band enthält Gedichte aus den Sammlungen *Mohn und Gedächtnis, Von Schwelle zu Schwelle, Sprachgitter, Die Niemandsrose* und *Atemwende;* ferner die Rede zur Verleihung des Bremer Literaturpreises 1958 und die zur Verleihung des Büchner-Preises 1960 – zwei Dokumente, die zum Verständnis Celanscher Lyrik gleichermaßen bedeutend sind.

st 606 Ror Wolf
Die heiße Luft der Spiele
Mit Abbildungen
266 Seiten
Die heiße Luft der Spiele ist eine Art Ergänzungsband zu Ror Wolfs erstem Fußballbuch *Punkt ist Punkt* (st 122).

Das Material hat der Autor aufgenommen bei seinen Wanderungen durch Tribünen und Stehränge, bei Busfahrten zu gnadenlosen Auswärtsspielen, in Fan-Club-Kneipen, Spielerkabinen und an den Rändern der Trainingsplätze, wo man die wirklichen Experten trifft; die Naturdarsteller dieses nie zu Ende gehenden Total-Theaters.

st 607 E. M. Cioran
Syllogismen der Bitterkeit
Aus dem Französischen übersetzt und für die neue Auflage bearbeitet von Kurt Leonhard
104 Seiten
»Was diese Aphorismen zusammenhält, ist nicht eine Lehre, ein Denksystem, ... sondern es ist etwas schwer zu Definierendes; die Vitalität, das Lebensgefühl aus Einsamkeit, die konsequente, in ihrem Ernst an Verzweiflung grenzende Lebenshaltung, aber auch die Humanität, der Charme und die Liebenswürdigkeit einer großen Persönlichkeit.« *Süddeutsche Zeitung*

st 609 Edward Bulwer Lytton
Das kommende Geschlecht
Roman
Aus dem Englischen von Michael Walter
Phantastische Bibliothek Band 42
162 Seiten
»Dies ›the coming race‹ wäre gar nicht so leicht zu übersetzen. Es ist nämlich nicht nur ›Eine Menschheit der Zukunft‹ darin; sondern auch die Warnung des ›Die da bald kommen!‹: die Vrilya verfügen über eine Art psychischer Atomkraft, mit der sie uns Überirdische vernichten werden ... Einer der trüberen Aspekte jener Neuen Gesellschaft ist der: daß keine rechten Kunstwerke mehr entstehen wollen ...« *Arno Schmidt*

st 610 Ulrich Plenzdorf
Karla/Der alte Mann, das Pferd, die Straße
Texte zu Filmen
168 Seiten
Karla, jung wie eine Schülerin, naiv bis zur Kindlichkeit, ehrlich bis zum Fanatismus, gerät in einen eingefahrenen, bewährten und belobigten Schulbetrieb. Es bleibt nicht

aus: Karlas naiv-direktes Ehrlichkeitsprogramm kollidiert mit den verwickelten Tatsachen und Motiven des Alltags. – Der alte Mann ist ein siebzigjähriger Bauer. An einem Wintertag soll er ein Pferd, »den unnützen Fresser«, in die Stadt zum Schlachthof bringen. Auf dem Weg zur Stadt werden die Erinnerungen, Enttäuschungen und Träume eines bitteren Lebens beschworen.

st 611 Felix Timmermans
Der Heilige der kleinen Dinge
und andere Erzählungen
Aus dem Flämischen von Friedrich Markus Huebner, Karl Jacobs, Anton Kippenberg, Peter Mertens, Anna Valeton-Hoos
294 Seiten
Die Romangestalt Pallieter (st 400) hat Timmermans in der ganzen Welt berühmt gemacht. Das *Jesuskind in Flandern* nannte die Kritik sein schönstes Buch. Und nicht wegzudenken aus dem Werk des flämischen Dichters sind seine zauberischen, seine liebevollen Geschichten, deren Güte und Gläubigkeit sie uns märchenhaft entrücken.

st 612 Martin Walser
Ein Flugzeug über dem Haus
und andere Geschichten
120 Seiten
»Hier ist Walser schon ganz er selbst, hier erfüllt er die Forderung, die der sehr alte Goethe einst an die jungen Dichter seiner Zeit gerichtet hat: ›Poetischer Gehalt aber ist Gehalt des eigenen Lebens‹.« *Süddeutsche Zeitung*

st 613 Karin Struck
Trennung
Erzählung
150 Seiten
»Karin Struck ist in allem, was sie schreibt, intensiv. Sie fordert auf, fordert heraus. . . . Auf der hilflos anmutenden Suche nach einer Utopie ist eigentlich ein jeder bei Karin Struck begriffen. Ihre Vehemenz fordert das, und ihre Personen haben sich dieser Absicht einzufügen. So entsteht bei ihr Spannung bis zum Zerreißen, bis zur Hingabe, Selbtsaufgabe oder Widerstandleisten, bis zum ohnmächtigen Erleiden.« *Karl Krolow*

st 614 Walker Percy
Liebe in Ruinen
Die Abenteuer eines schlechten Katholiken kurz vor dem Ende der Welt
Aus dem Amerikanischen von Hanna Muschg
442 Seiten
Der Held, Thomas More, Arzt und Alkoholiker, der sich als schlechten Katholiken bezeichnet, lebt mit drei schönen Frauen in der Vorstadt Paradise, wo er das Ende der Welt erwartet. Als später Descartes erfand er den Lapsometer, mit dessen Hilfe er den jeweiligen Grad der Entfremdung des Menschen von sich selbst feststellt. Nur eines gelang ihm bisher nicht: das Instrument mit seinen diagnostischen Fähigkeiten für Heilzwecke zu vervollkommnen.

st 615 Mircea Eliade
Bei den Zigeunerinnen
Phantastische Geschichten
Aus dem Rumänischen von Edith Silbermann
342 Seiten
»Was bei Eliade so anzieht, so entzückt, ist eine Heiterkeit, die hoffnungsvolle Ruhe, die jede außergewöhnliche, eigentlich Furcht erregende Begebenheit nicht ins Gräßliche wendet, sondern ins Helle, recht eigentlich Beruhigte.« *Süddeutsche Zeitung*

st 616 Kasimir Edschmid
Georg Büchner. Eine deutsche Revolution
544 Seiten
Roman
»... ein Meisterwerk der deutschen Literatur im zwanzigsten Jahrhundert, einer der großen historischen Romane Deutschlands, ... der die politische Tragik, die ewig gescheiterten Kämpfe um die Wiederherstellung der Freiheit und der Menschenwürde des armen, ewig geschlagenen deutschen Volkes beschreibt, das durch die Jahrhunderte so töricht der tumbe Michel war, seine dümmsten Tyrannen auf den Thron zu heben und seine klügsten Volksfreunde in den Staub zu treten oder ins Exil zu schicken.« *Hermann Kesten*

st 618 Helm Stierlin
Eltern und Kinder
Das Drama der Trennung und Versöhnung im Jugendalter
Aus dem Englischen von Ellen Katharina Reinke und Wolfgang Köberer
272 Seiten
Auch bei anscheinend radikalen Trennungen heranwachsender Kinder von ihren Eltern bleiben unsichtbare Bindungen bis ans Lebensende weiterbestehen. Bindungen, in die u. a. Gefühle der Dankbarkeit, Rache, Scham und Schuld, der Verpflichtung und Beauftragung sowie ein Verlangen nach Wiedergutmachung und nach vorenthaltener Gerechtigkeit einfließen können.

st 619 Antike Geisteswelt
Eine Sammlung klassischer Texte
Auswahl und Einführungen von Walter Rüegg
694 Seiten
»Die vorliegende Auswahl bietet dem der Antike Vertrauten wenig bekannte Texte und neue Gesichtspunkte, dem Leser, der erst beginnt, die Welt der Antike in seine Bildung einzubeziehen, eine Grundlage, um mit der Antike vertraut zu werden: sie wird ihn einführen in die gewaltigen Katakomben unserer geschichtlichen Existenz.«
helvetia archaeologica

st 628 Georg W. Alsheimer
Eine Reise nach Vietnam
224 Seiten
Alsheimer kehrt in seine »Wahlheimat« zurück. Die Narben des amerikanischen Alptraums sind noch allgegenwärtig. So gerät die Konfrontation des Damals mit dem Heute zunächst zu einem Verfolgungswahn. Erst als er durch das Vertrauen seiner Freunde das Damals mit dem Heute verknüpfen kann, verwandeln sich in dieser Krise seines politischen Credos die gläubigen Visionen in einen gemäßigten, kritischen Optimismus. Den Prozeß, der zu dieser Einsicht führte, protokolliert Alsheimer in diesem Reisetagebuch. Alsheimers *Vietnamesische Lehrjahre* liegen als st 73 vor.

st 629 Wie der Teufel den Professor holte
Science-fiction-Erzählungen aus POLARIS 1
Phantastische Bibliothek Band 37
132 Seiten
Der Band enthält Erzählungen von Stanisław Lem, Gérard Klein, Kurd Laßwitz, Fitz-James O'Brien, Vladimir Colin.

st 630 Das Mädchen am Abhang
Science-fiction-Erzählungen aus POLARIS 2
Phantastische Bibliothek Band 38
178 Seiten
Der Band enthält Erzählungen von Wadim Schefner, Sewer Gansowski, Arkadi und Boris Strugatzki, Ilja Warschawski.

st 631 Der Weltraumfriseur
Science-fiction-Erzählungen aus POLARIS 3
Phantastische Bibliothek Band 39
144 Seiten
Der Band enthält Erzählungen von Josef Nesvadba, Gerd Ulrich Weise, Sven Christer Swahn, Vladimir Colin, Frigyes Karinthy.

st 632 Die Büßerinnen aus dem Gnadenkloster
Phantastische Erzählungen aus PHAÏCON 2
Herausgegeben und mit einem Vorwort von
Rein A. Zondergeld
Phantastische Bibliothek Band 40
122 Seiten
Der Band enthält Erzählungen von Joseph Sheridan Le Fanu, Erckmann-Chatrian, Jean-Louis Bouquet, Julio Cortázar, Manfred Wirth, Jörg Krichbaum.

st 637 Gerlind Reinshagen
Das Frühlingsfest
Elsas Nachtbuch. Annäherungen. Ein Stück
170 Seiten
Nach dem szenischen Panorama des Nazi-Deutschlands im Stück *Sonntagskinder* richtet die Autorin hier den Blick auf Neuaufbau und Restauration.

st 638 Birgit Heiderich
Mit geschlossenen Augen
Tagebuch
136 Seiten

Am Anfang die Trennung von einem Mann, am Ende die Übersiedlung aus dem ungebunden sich entfaltenden in ein geregeltes Arbeitsleben. Das Tagebuch erzählt die Geschichte zahlreicher Beziehungen zu Männern und Frauen. In dichtem Zusammenhang werden Erlebnisse, Geschichten, Beobachtungen notiert. Birgit Heiderichs Tagebuch ist reich an Apercus und an Reflexionen über Liebe, Sehnsucht, Trauer, Verzweiflung, über Frausein, Weiblichkeit, aber auch über gesellschaftliche Differenzen, es enthält Beschreibungen und Gedichte.

st 639 Herbert Gall
Deleatur
Notizen aus einem Betrieb
216 Seiten
Eine Druckerei gerät durch Modernisierung und Rationalisierung in eine Krise, der Besitzer versucht, durch Entlassungen und Verstärkung des Arbeitsdrucks ihrer Herr zu werden. Der Korrektor Herbert Gall, als empfindlicher Intellektueller in industrielle Arbeitsverhältnisse geraten, setzt sich durch das rückhaltlose, nämlich auch ihn selbst nicht schonende Aufschreiben gegen Leiden und Abstumpfung zur Wehr. »Der hier beschriebenen Arbeitsform . . . sei zum Schluß ein lateinisches Wörtchen gewidmet, ein Korrekturzeichen, mit dem Falsches markiert wird, das aus einem Text entfernt werden soll: *Deleatur* – sie möge zerstört werden.«

st 683 Marieluise Fleißer
Der Tiefseefisch
Text. Fragmente. Materialien
Herausgegeben von Wend Kässens und Michael Töteberg
188 Seiten
Der Tiefseefisch gibt ein satirisches Portrait von Bertolt Brecht als literarischem Bandenführer; zugleich ist das Stück ein Ehedrama: Fleißers Verbindung mit dem konservativen Publizisten Hellmut Draws-Tychsen. Dieser Band veröffentlicht erstmals die erhalten gebliebene erste Fassung des Stücks sowie Fragmente und Arbeitsnotizen. In einem Nachwort erläutern die Herausgeber den zeitgenössischen literarischen Kontext und geben Interpretationsansätze für die heutige Aktualität des Dramas.

Alphabetisches Gesamtverzeichnis der suhrkamp taschenbücher